# 中东欧国家
# 交通运输国别报告

Transportation Report in Central and
Eastern European Countries

主编 刘作奎 雷小芳

中国社会科学出版社

# 图书在版编目(CIP)数据

中东欧国家交通运输国别报告 / 刘作奎，雷小芳主编 . —北京：中国社会科学出版社，2022.3

ISBN 978-7-5203-9470-3

Ⅰ.①中… Ⅱ.①刘…②雷… Ⅲ.①交通运输建设—基础设施建设—研究—中欧②交通运输建设—基础设施建设—研究—东欧 Ⅳ.①F515.103

中国版本图书馆 CIP 数据核字（2021）第 271945 号

| 出 版 人 | 赵剑英 |
|---|---|
| 项目统筹 | 王 茵 喻 苗 |
| 责任编辑 | 范晨星 |
| 责任校对 | 李 剑 |
| 责任印制 | 王 超 |

| 出　　版 | 中国社会科学出版社 |
|---|---|
| 社　　址 | 北京鼓楼西大街甲 158 号 |
| 邮　　编 | 100720 |
| 网　　址 | http://www.csspw.cn |
| 发 行 部 | 010-84083685 |
| 门 市 部 | 010-84029450 |
| 经　　销 | 新华书店及其他书店 |

| 印　　刷 | 北京明恒达印务有限公司 |
|---|---|
| 装　　订 | 廊坊市广阳区广增装订厂 |
| 版　　次 | 2022 年 3 月第 1 版 |
| 印　　次 | 2022 年 3 月第 1 次印刷 |

| 开　　本 | 710×1000　1/16 |
|---|---|
| 印　　张 | 19.5 |
| 插　　页 | 2 |
| 字　　数 | 245 千字 |
| 定　　价 | 98.00 元 |

凡购买中国社会科学出版社图书，如有质量问题请与本社营销中心联系调换
电话：010-84083683
**版权所有　侵权必究**

# 目　录

## 总报告

**深化中国—中东欧国家交通合作的潜力、问题、风险及其对策** …………………………………………………（3）
　一　中国中东欧国家交通合作的进展与潜力 …………（5）
　二　中国中东欧国家交通合作存在的问题 ……………（10）
　三　中国中东欧国家交通合作的风险 …………………（14）
　四　中国中东欧国家交通合作的对策 …………………（18）

## 国别报告

### 波罗的海三国

**波海三国篇** ……………………………………………（31）
　一　交通运输发展概况 …………………………………（31）
　二　交通运输国际合作情况 ……………………………（38）
　三　与中国的合作 ………………………………………（40）

# 目录

## 维谢格拉德集团四国

**波兰篇** …………………………………………………………（47）
  一　波兰交通运输发展概况 ……………………………（47）
  二　波兰交通运输国际合作情况 ………………………（62）
  三　中波两国的交通合作 ………………………………（72）

**捷克篇** …………………………………………………………（76）
  一　捷克交通运输发展概况 ……………………………（76）
  二　捷克交通运输国际合作情况 ………………………（87）
  三　中捷两国的交通合作 ………………………………（89）

**斯洛伐克篇** ……………………………………………………（93）
  一　斯洛伐克交通运输发展概况 ………………………（93）
  二　斯洛伐克交通运输国际合作情况 …………………（97）
  三　中国与斯洛伐克合作情况 …………………………（98）

**匈牙利篇** ……………………………………………………（101）
  一　匈牙利交通运输发展概况 …………………………（101）
  二　匈牙利与周边国家双多边合作情况 ………………（111）
  三　中匈两国的交通合作 ………………………………（116）

## 东南欧四国（不含西巴尔干）

**希腊篇** ………………………………………………………（129）
  一　希腊交通运输发展概况 ……………………………（129）

二　希腊交通运输国际合作情况 ………………………（136）
　　三　中希两国的交通合作 …………………………………（139）

**罗马尼亚篇** ……………………………………………………（145）
　　一　罗马尼亚交通发展概况 ………………………………（145）
　　二　罗马尼亚交通运输国际合作情况 ……………………（156）
　　三　中国和罗马尼亚的交通合作 …………………………（157）

**斯洛文尼亚篇** …………………………………………………（161）
　　一　斯洛文尼亚交通运输发展概况 ………………………（161）
　　二　斯洛文尼亚与周边国家双多边合作情况 ……………（173）
　　三　中斯两国的交通合作 …………………………………（175）

**保加利亚篇** ……………………………………………………（180）
　　一　保加利亚交通运输发展概况 …………………………（180）
　　二　保加利亚交通运输国际合作情况 ……………………（191）

# 西巴尔干六国

**塞尔维亚篇** ……………………………………………………（203）
　　一　塞尔维亚交通运输发展情况 …………………………（203）
　　二　塞尔维亚交通运输国际合作情况 ……………………（211）
　　三　中塞两国的交通合作 …………………………………（215）

**波黑篇** …………………………………………………………（221）
　　一　波黑交通运输发展概况 ………………………………（221）

二　波黑交通运输国际合作情况 …………………………（233）
　三　中波两国的交通合作 ……………………………………（236）

**阿尔巴尼亚篇** ………………………………………………………（240）
　一　阿尔巴尼亚交通运输发展概况 …………………………（240）
　二　阿尔巴尼亚交通运输国际合作情况 ……………………（252）
　三　中阿两国的交通合作 ……………………………………（256）

**北马其顿篇** …………………………………………………………（259）
　一　北马其顿交通运输发展概况 ……………………………（259）
　二　北马其顿交通运输国际合作情况 ………………………（265）
　三　中北马两国的交通合作 …………………………………（270）

**黑山篇** ………………………………………………………………（274）
　一　黑山交通运输发展概况 …………………………………（274）
　二　黑山交通运输国际合作情况 ……………………………（279）
　三　中黑两国的交通合作 ……………………………………（282）

**克罗地亚篇** …………………………………………………………（286）
　一　克罗地亚交通运输发展概况 ……………………………（286）
　二　克罗地亚交通运输国际合作情况 ………………………（299）
　三　中克两国的交通合作 ……………………………………（302）

# 总报告

# 深化中国—中东欧国家交通合作的潜力、问题、风险及其对策

2012年中国—中东欧国家领导人首次会晤在波兰华沙举行,中国—中东欧国家合作启动。2013年中国提出"一带一路"倡议,获得了中东欧国家积极响应,中国与中东欧17国均签署"一带一路"合作备忘录。"一带一路"倡议提出以来,交通基础设施互联互通作为中国与中东欧国家贸易畅通、民心相通、资金融通和政策沟通的基础支撑和桥梁纽带,成为推进"一带一路"建设的优先领域。

中国—中东欧国家合作和"一带一路"倡议推动中国与中东欧国家发展战略对接,重大基础设施项目合作驶入快车道,中东欧国家也表达了积极参与的态度。波兰总统杜达表示,波兰支持并愿意参与"一带一路"建设,愿意将波兰的"负责任发展计划"与"一带一路"建设进行对接。塞尔维亚资深外交官日瓦丁·约万诺维奇认为,中国—中东欧合作对铁路、公路、水路等基础设施进行了现代化改造,对所有参与方都有益。由中国企业参与的塞尔维亚E763高速公路工程顺利完工;匈塞铁路、中欧陆海快线等重大合作项目继续深入推进。[①] 波黑政府代表在历次中国—中东欧国家领导人会晤与中国政府进行会谈时,

---

① 中华人民共和国中央人民政府:《"16+1合作"推动中国与中东欧国家全面合作》,2018年7月3日,http://www.gov.cn/xinwen/2018-07/03/content_5303278.htm。

积极推介波黑的基础设施建设项目，中方予以积极回应。

务实合作是中国—中东欧国家合作的主要特点。中东欧国家和中国目前开展的合作主要集中在经济和人文领域。这一方面是因为中国与中东欧国家的经济合作满足了这些国家急切发展本国基础设施的需求；另一方面是由于中东欧国家在人文领域与中国有很多共同语言，开展合作有着先天的优势。在经济领域的具体合作中，又以"铁公基"为重中之重，特别是促进地区间互联互通的铁路、高速公路、码头、机场等，是中东欧国家急需引进外资进行建设的领域。目前，中国提出并且在推进的中欧班列和中欧陆海快线，就是连接中东欧国家同中国间的重要通道。有了这两条通道，中国和中东欧国家间的货物往来进一步通畅。未来中欧间的通道将会形成多条线路、铁路和水路多点联运的复杂网络，从而在时间和成本上都能达到最优配置。①

然而，中国与中东欧国家在互联互通领域合作不断深化的进程中受到了利益相关方的一些干扰。例如，欧盟设立的投资安全审查机制和市场壁垒，美国方面的地缘政治排挤，以及中东欧国家内部的政党政治等风险。因此，深入中东欧各个国别的基本国情研究显得尤为重要，尤其是对各个国家的投资需求、政治局势、准入标准及其利益相关方的影响的系统性研判。经历新冠肺炎疫情的中东欧国家经济和政治局势将面临更大的不确定性，中国在中东欧国家互联互通领域的投资更需审慎评估内外部风险，避免或减少来自利益相关方的阻力。

从中东欧国家国内以及地区内的交通基础设施联通状况来看，该地区仍然具有较大的基础设施建设需求。由于这一地区

---

① 《中国与中东欧国家合作前景广阔——访中国社会科学院欧洲研究所中东欧研究室主任刘作奎》，2017年5月26日，http://www.china-ceec.org/chn/zdogjhz/t1465466.htm。

国家的经济发展水平、国家体量、地缘位置差异较大，在基础设施领域的具体需求也有所不同，这就要求中国在深化中国—中东欧国家互联互通合作过程中，充分兼顾中东欧国家的特殊性与普遍性，从而调动这些国家参与对华合作的积极性。

## 一 中国中东欧国家交通合作的进展与潜力

### （一）港口合作

港口合作是中国与中东欧国家互联互通合作的重要领域之一。自2019年希腊加入中国—中东欧国家合作以来，比雷埃夫斯港在打通东南欧的南部通道、联结亚得里亚海沿岸（科佩尔、里耶卡）、黑海沿岸（康斯坦察、瓦尔纳）、最后到波罗的海沿岸（格但斯克、里加）等港口之间的货物陆海联运中发挥着至关重要的作用。比港已经与匈塞铁路实现了联运对接，极大提升了中国与中东欧国家货物运输上的效率，降低了运输成本。

希腊是传统的航运强国，中国是新兴的航运大国，两国可进一步拓展在港航领域交流，如加快完善现有码头建设、投资、运营管理合作，深化在高新技术船舶、游轮游艇制造等领域交流，进一步拓展国际船舶维修、船舶交易、评估、定价等上下游产业链。以邮轮旅游合作为抓手，加强双方市场信息共享、航线开辟、政策创新等领域合作。利用希腊在集装箱枢纽港建设、海陆联运、船舶维修建造等方面先天优势，加快高端航运服务要素集群，共同建设比雷埃夫斯港。还可以以希腊比雷埃夫斯港和南北干线铁路为依托，参与希腊向中东欧腹地的铁路升级改造和建设工程。

此外，可借鉴中国与希腊在比雷埃夫斯港的成功合作案例，与中东欧其他濒海国家扩大港口合作。克罗地亚位于地中海和中东欧的交汇点,拥有里耶卡、扎达尔、斯普利特和普洛切港口,地理位置优越,在开展中欧运输多式联运上拥有投资潜力。黑海的第一大港——罗马尼亚康斯坦察港,是宁波的商品进入中东欧的便捷通道,两港合作对推进宁波与中东欧合作具有重要意义。

**(二)城市交通基础设施建设**

中东欧多数国家的人口规模在1000万以下,国土面积不足20万平方千米,仅相当于中国一个省会城市。有限的人口规模和国土面积使这些国家内部交通运输主要以公路、河运和普通铁路为主。中国同中东欧17国交通合作项目也主要以桥梁、铁路、高速公路以及港口投资经营为主。例如,2013年,由山东高速集团承建的塞尔维亚E763高速公路项目(奥布雷诺瓦茨—乌博、莱依科瓦茨—里格),是中国对中东欧融资贷款协议框架内第一个落地的基础设施项目,也是塞尔维亚首条由中国企业建设的高速公路项目。再如,中国在塞尔维亚建造的泽蒙—博尔察跨多瑙河大桥(普平大桥)项目也有一定的代表性。

事实上,除了一些大型路桥建设项目外,中东欧国家内部城市交通基础设施普遍存在老旧问题,亟待升级或重建,不少国家已经制订了中长期的城市基础设施提升改造计划,投资规模巨大,具有广阔的合作前景。例如,波罗的海地区的"波罗的海铁路"项目,该项目计划投资57.9亿欧元,2018年波罗的海三国已经达成空间建设规划,2019年爱沙尼亚和立陶宛先后动工,拉脱维亚将于2020年前后投入建设。再如波兰政府于2018年推出的中央交通港(CPK)项目,计划在华沙和罗兹之间建设一个大型基础设施,计划总投资186亿欧元,其中116亿欧元将用于扩建铁路网络。

### (三) 多式联运仍有发展空间

陆海多式（铁路、公路、港口）联运在中国—中东欧国家合作中有进一步发展空间。当前，中国同中东欧国家在多式联运合作方面的代表性项目是"中欧陆海快线"。该线路南起希腊比雷埃夫斯港，北至匈牙利布达佩斯，中途经过北马其顿斯科普里和塞尔维亚贝尔格莱德。中方可以发挥中欧陆海快线的示范效应，进一步将中欧陆海快线向北延伸至斯洛伐克、波兰以及波罗的海三国，打通南北走廊；向东扩展至保加利亚，最终与罗马尼亚康斯坦察港相连接，向西与克罗地亚、阿尔巴尼亚和黑山等国贯通起来。以黑山为例，该国巴尔港作为地中海、亚得里亚海地区深水良港，在西巴地区运输行业占有重要地位，除满足本国运输物资需求外，亦是塞尔维亚等地货物输出的可观渠道，也是自产铝土矿目前对华输送的唯一港口。巴尔港在地理位置上处于希腊比雷埃夫斯港和克罗地亚里耶卡港中点，中国宜通盘考虑其优势，以适当方式纳入运输节点中。

再如，克罗地亚，中克两国在深化铁路网现代化、多式联运港口发展以及直飞航班方面具有很好的合作前景。克罗地亚高速公路网络大部分已经建完，但是铁路网建设和现代化的空间较大。克罗地亚政府在优先处理里耶卡港口—萨格勒布—克匈边界铁路现代化项目，并与中铁集团签署了合作备忘录。中资企业尚有机会可参加的项目还包括，萨格勒布—斯普利特客运铁路现代化项目，重建和维修萨格勒布—斯普利特"武纳线"铁路，萨格勒布、斯普利特轻轨网络发展项目等。

### (四) 航空领域的互联互通合作

发展中国与中东欧国家的航空合作是推动双边人文交流最直接有效途径，有利于促进双边的民心相通和旅游业的发展。

2019年10月23日，在里加举办的第五届中国与中东欧国家高层旅游论坛上，拉脱维亚交通部长塔利斯·林卡茨（Talis Linkaits）呼吁共同开发旅游业和更多往返于中东欧国家和中国的直航航班。[①]

当前中国—中东欧国家合作中，同中国开通直航的有波兰、匈牙利、捷克和希腊等国。鉴于中东欧国家经济体量、人口规模和市场需求的差异，中国开通与每一个国家的直航航线有悖现实。但是，从中国当前已经开通的直航航线分布格局来看，波罗的海和东南欧地区有待于进一步调整与扩大直航国家的分布点。例如，可在波罗的海三国考虑开发一条季节性航线。在亚得里亚海沿岸国家中，可考虑开通与克罗地亚的季节性航线。以上国家作为中东欧地区的环海旅游目的地，来自中国的游客人数增长快速，具有一定的市场需求。

### （五）交通相关产业合作

中国与中东欧国家在航空、造船、汽车制造等交通领域的产业合作同样具有广阔的前景。自2012年至今，中国在以上领域同中东欧国家已经达成了多个合作项目，取得了显著的成绩。例如，2016年，中国光大收购了阿尔巴尼亚特蕾莎修女国际机场100%股权，并接管地拉那特蕾莎修女国际机场的特许经营权至2027年。另一个正在接洽的项目是克罗地亚的"武利亚尼克"（Uljanik）造船厂。造船业是克罗地亚的支柱产业，也是政府重点扶持的产业之一。自2018年年末以来，随着克罗地亚"武利亚尼克"造船厂的重组和重新融资计划失败，严重危及克罗地亚造船业，克罗地亚政府开始寻求能够重组该造船厂的投

---

[①] 拉脱维亚驻华大使馆：《交通部长呼吁共同开发旅游业和更多直航航班》，https://www.mfa.gov.lv/cn/847-visas-vestniecibas/china/china-news-chinese-other/64673-2019-10-29-06-54-36。

资者。在2019年杜布罗夫尼克峰会上，中方对部分收购"武利亚尼克"造船厂表现出兴趣，中船重工已经就收购造船厂进行了实地考察与评估。

值得关注的是，此次新冠肺炎疫情对中东欧国家的航空业冲击巨大，2020年3月16日，国际航空业智库亚太航空中心（CAPA）在一份声明中警告说，新冠肺炎疫情可能使大多数航空公司破产。有些公司已经陷入技术性破产，至少已经出现了实质性的债务违约。由于禁航和停飞，这些航空公司的现金流枯竭。据专家评估，由于疫情冲击，2020年欧洲航空业面临大规模的重组，"破产、裁员、求援"成为了欧洲各大航空公司的关键词。3月5日，欧洲最大的支线航空公司Flybe宣告破产，成为了疫情中第一家倒闭的航空公司。Flybe已陷财务危机，疫情成了压垮它的最后一根稻草。中东欧国家航空业同样也遭受了沉重打击，多个航空公司已经宣布裁员、减薪，艰难地维持生存。2020年9月底以来，第二波疫情在中东欧国家大肆蔓延开来，个别国家（如波兰）单日增长病例过万，政府被迫采取限制人员流动措施，导致已经亏损半年的航空公司雪上加霜。2021年中东欧国家的航空公司也面临破产清算，寻求被收购或重组的市场机遇。

**（六）与次区域间的交通倡议（规划）对接空间较大**

在中东欧国家中，从地理区位和地缘关系维度划分，中东欧可分为波罗的海地区、中欧地区、东南欧地区（不含西巴尔干）以及西巴尔干地区。除波兰与克罗地亚于2015年联合发起的链接波罗的海、黑海和亚得里亚海三海区域内国家的"三海倡议"之外，不同的次区域板块或组织内国家间都分别制订了相应的互联互通计划。例如，2018年，维谢格拉德集团四国交通基础设施事务部部长签署了联合宣言，计划共同建设连接四国首都（华沙—布拉格—布达佩斯—布拉迪斯拉发）的高速铁路。目前，该项目正在可行性论证和融资阶段，具有一定的投资参与空间。同年，维谢格拉德集团四国还与乌克兰签署了一项中东欧跨境铁路和公路建设项目。在波罗的海地区，波罗的海铁路和塔林—赫尔辛基海底铁路隧道都是该地区三国的重大基建项目。

在西巴尔干地区，2019年10月，塞尔维亚、阿尔巴尼亚和北马其顿三国领导人在塞尔维亚城市诺维萨德签署了一份"迷你申根"合作协议，外媒形容其为申根协议在西巴尔干地区的微型版。该协议旨在实现西巴尔干地区内的人员、货物、服务和资本等方面的跨国自由流通。波黑对塞尔维亚、阿尔巴尼亚和北马其顿最新倡导的"小申根区"计划表态积极。此协议预示着未来西巴尔干地区的跨国交通网络基础设施建设具有较大的投资空间，为中国进一步扩大在该地区的交通合作创造了新的机遇。此外，中国同希腊的港口合作已有成功经验，阿尔巴尼亚的都拉斯港和发罗拉港是该国主要港口，可联通西巴尔干沿海地区和东北部内陆地区，属于8号"泛欧交通走廊"的一部分。中国可考虑借鉴比雷埃夫斯港的投资方式，对阿港口投资，促进路网与港口联动开发。

## 二　中国中东欧国家交通合作存在的问题

### （一）欧盟的技术壁垒

由于中东欧国家中，有12个国家都属于欧盟成员国，在交通领域的基建标准及与之相关环保标准等都必须符合欧盟规定。虽然西巴尔干五个非欧盟国家在基础设施建设方面的规则限制相对较少一些，但由于这些国家的基建项目资金很大比例来自欧盟基金，并且作为欧盟的候选国，承受着来自欧盟层面较大的规则压力。长期以来，欧盟在中东欧地区的基础设施建设上发挥着主导角色，无论是资金援助、技术标准还是项目施工方，形成了一个内循环。尤其是来自欧盟在基建方面的垄断性技术壁垒是中国和中东欧国家交通合作的重要挑战之一。

以中国在中东欧投资的旗舰项目"匈塞铁路"为例，虽然匈塞铁路建设是中国铁路标准进入欧洲的历史性一步，欧洲大国铁路标准的限制仍存在。欧盟为确保跨欧洲高速铁路的互通，建立了详尽的铁路标准体系，其中欧洲标准委员会（CEN）与欧洲电工标准化委员会（CENELEC）负责制定铁路用机车部件与线路产品标准，国际铁路联盟（UIC）制定国际多式联运、铁路运营管理、铁路基建原材料及铁路通信标准，以保证国际联运的安全性与兼容性。例如，"跨欧洲高速铁路系统互通性指令"（96/48/EC）及其修订版（2004/50/EC）要求欧洲境内的高铁工程建设要符合安全性、有效性、环境保护、技术兼容性等核心要求。[①] 尽管中国在吸收、创新日本、法国、德国高铁原创技术的基础上形成了自己的标准，但中国高铁标准体系的国际认可度尚不高。中国所有产品装备、建筑机械、材料、人员进入欧盟成员国需要首先通过欧盟 CE 认证和当地认证，认证程序复杂、耗时费力，还要缴纳不菲的认证费用，这不仅削弱了中国企业的竞争优势，还使得许多厂商丧失进入当地市场的动力。对匈塞铁路项目的调查显示，中国政府对匈塞铁路建设的"中国元素"（铁路信号、铁路器材和原料、机车系统等）要求超过 50%，而欧盟方面则严格限制"中国元素"进入欧洲市场，导致匈塞铁路建设不断受阻。与此同时，为了适应欧盟市场的技术标准，中国铁路本已成熟的信号系统，不得不重新开

---

① 关金发、吴积钦：《欧洲铁路技术规范对我国弓网标准的借鉴意义》，《中国铁路》2014年第2期。

发一套新的系统，以满足欧盟规定，大大增加了投资成本。

再如，中国路桥集团 2017 年参加了罗马尼亚 Blaila 跨多瑙河大桥的投标，该项目是在罗马尼亚加入欧盟之前就已经规划设计的项目，中国路桥公司多年跟踪此项目。2007 年罗马尼亚加入欧盟，所有的基建项目都要符合欧盟层面的招投标规定，该项目不得不暂时叫停。10 年之后，该项目以新的规定重新招投标，意大利公司中标。据公开的消息，由于财务状况不佳，意大利公司履行合同很不顺畅，造成了项目的停滞。

### （二）中东欧国家的差异性问题

中国—中东欧国家合作提出以来，中东欧国家对华合作需求仍然存在，但较之成立之初的合作动力有所减退。主要原因在于中东欧 17 国之间的经济发展水平、营商环境、政局稳定性、基础设施状况差异导致他们在互联互通领域的对华合作需求不同。例如，波罗的海三国面积小、三国人口总规模约 600 万，与中国的一个二线城市相当，因而对高速铁路的需求不大。连接三国及其各国之间的交通工具主要以公路为主。由于缺乏连接波罗的海各国南北铁路线，导致三国的公路系统承受较大压力。因此，在交通领域发展同波罗的海三国的合作可将重点放在波罗的海地区的铁路连接上。

与之相邻的维谢格拉德集团四国地处中欧地带，是沟通西欧和东南欧的枢纽，经济体量相对较大，人口规模接近 7000 万。除了波兰之外，其他三国都属于内陆城市，在基础设施方面以发展铁路和航空运输为重点。欧盟出台了泛欧交通运输网络（TEN-T）计划，但其规划方向以东西向联通为主，对中东欧地区的南北向联通重视不够。这也是波兰与克罗地亚等 12 个国家发起致力于推动中东欧地区南北向的基础设施联通的首要目标之一，也为中国参与该地区国家的交通合作创造了条件。

靠近波罗的海、黑海、亚得里亚海以及爱琴海的中东欧国家对港口合作有着较大兴趣。例如，靠近波罗的海的立陶宛、爱沙尼亚、拉脱维亚和波兰，靠近亚得里亚海的斯洛文尼亚和克罗地亚，靠近黑海的罗马尼亚，靠近爱琴海的希腊。对于以上国家，可因地制宜地挖掘其陆海联运的基础设施建设需求。此外，基于各国工业基础的差异，个别中东欧国家在航空和汽车制造业领域具有领先优势，这为开展飞机与汽车制造合作提供了契机。例如，世界上领先的轻型类飞机设计和制造商之一——斯洛文尼亚蝙蝠飞机制造厂，该公司与中国句容通用航空飞机制造项目达成了投资合作协议。

### （三）中东欧基础设施建设资金不足且偿还能力有限

中东欧国家经济发展水平与西欧国家差距较大，尤其是西巴尔干大部分国家更为落后。它们国内的重大交通基础实施建设项目以及跨国间的道路联通项目大都来自欧盟凝聚基金的支持。维谢格拉德集团四国（波兰、匈牙利、捷克、斯洛伐克）经济发展水平相对较好，国内投资环境稳定，负债率较低，贷款偿还能力有保障。保加利亚、西巴尔干国家普遍面临着基础设施落后且建设资金不足问题。然而，这些国家国内经济发展水平低，债务偿还能力差。

以塞尔维亚为例，其基础设施建设所需的大部分投资资金是通过中国国有银行、俄罗斯、土耳其、阿塞拜疆以及国际开发银行和欧洲投资银行的贷款获得，塞尔维亚政府的预算只构成资金来源的一小部分。2020年以来的新冠肺炎疫情对塞尔维亚的经济造成了重创，未来塞尔维亚经济增长动力以及偿还债务本金和利息的能力是一个考验。另外一个案例是北马其顿。近年来，北马其顿重点开展交通基础设施投资和建设活动。基础设施建设所需的大部分投资资金主要通过世界银行、欧洲投资银行、欧洲复兴开发银行等贷款获得，北马其顿政府的预算只构成资金来源的一小部分。目前，北马其顿经济增长动力以及未来偿还债务本金和利息也面临一定的压力。

此外，基础设施建设也为黑山带来了较高水平债务。根据黑山财政部预测，2020年年底黑山公债率将达GDP的82.5%。特别是随着新增工程、汇率差价等因素，高速公路建设成本上升，接近10亿欧元，成为黑山国内反对党及部分欧盟高官、西方媒体指摘的问题点。

## 三 中国中东欧国家交通合作的风险

### （一）欧盟的疑虑与限制

自中国—中东欧国家合作启动起来，中国与中东欧国家在交通领域的基础设施建设合作上逐渐获得了突破。最具代表性的高铁建设项目就是匈塞铁路，它是中国铁路成套技术和装备首次进入欧洲市场，具有较强的示范效应。然而，该项目却引发了欧盟的关注。2017年，欧盟委员会启动了对匈塞铁路匈牙利段的调查，其原因在于匈段铁路建设可能未完全遵循欧盟基础设施建设的相关规定。

中东欧国家入盟以来，其大型基础设施建设项目的融资主要来自欧盟结构基金。欧盟把结构基金的分配和使用作为缩小东西欧经济社会发展差距的主要工具。中东欧国家基础设施建设市场是一块大蛋糕，自20世纪90年代经济转轨以来，其大多数市场份额已逐步由西欧国家的跨国公司所垄断，这就决定了结构基金在欧盟统一市场中特殊的流动线路图，即欧盟把结构基金拨付给中东欧成员国后，通常也是由在中东欧国家的西欧跨国公司承建融资规划项目，相当于大多数结构基金又回流到西欧国家。①

另外，欧盟对中国进入西巴尔干市场感到不安。欧盟一直以来是西巴尔干国家的最大贸易伙伴和投资者，随着中国与西巴尔干国家的经济合作不断深入，欧盟对于中国"抢占"其市场日益担忧。例如，欧洲主流媒体《法兰克福汇报》以《桥梁、港口、铁路与自由？》为题指出"中国在该地区的影响力之大，从中国和克罗地亚经济关系中就可以明显看出。克罗地亚有史以来造价最高的一个基建项目，目前正由中国路桥集团兴建，即位于克罗地亚南部的佩列沙茨大桥。加上辅路匝道和其他配套设施，整个工程造价超过5亿欧元"。而这笔资金的绝大部分，即3.57亿欧元由欧盟提供。这令欧洲本土基建企业愤愤不平，如在招标过程中被淘汰出局的奥地利建筑公司Strabag。慕尼黑安全会议发布的年度报告中，以一个章节的篇幅阐述巴尔干局势，并对该地区陷入"债务陷阱外交"提出警告。

### （二）美国因素的干扰

2017年以来，随着特朗普上台，中美两国的战略竞争日益白热化。美国开始加大对中国—中东欧国家合作的干预。前期的手法主要是通过对中东欧国家的密集访问，鼓吹"中国威胁论""一带一路""债务陷阱"论等方式施加政治压力，并给予警告。2019年年底以来，美国在东盟峰会期间的"印太商业论坛"上宣布启动致力于亚太地区基础设施建设的新倡议——"蓝点网络计划"（Blue Dot Network）。该计划由美国海外私人投资公司（OPIC）、澳大利亚外交与贸易部（DFAT）及日本国际协力银行（JBIC）三方共同发起，旨在"统筹政府、私营部

---

① 高晓川：《"一带一路"倡议下影响中国中东欧国际合作的制约因素分析》，观察者网，2018年1月23日，https://www.guancha.cn/gaoxiaochuan/2018_01_23_444181.shtml。

门和民间社会，以开放、包容的方式将全球基础设施建设的标准提至高质量、可信赖的程度"。值得注意的是，2020年10月19日，在爱沙尼亚首都塔林举行的三海倡议峰会上，美国国务卿蓬佩奥通过远程网络会议，再次抹黑中国。同时，蓬佩奥还趁机推销了美国发起的蓝点网络。波兰总统府幕僚长克日什托夫·什切尔斯基（Krzysztof Szczerski）在接受媒体采访时称："蓝点网络项目是美国对中国在世界范围内基础设施攻势的回应。"为此，美国正在推进两个计划，一个是成立了美国国际开发金融公司，该机构将在三海地区投资10亿美元；另一个是计划将三海倡议纳入到蓝点网络之中。[①]

一个案例是，塞尔维亚作为一个小国，需要考虑欧盟、俄罗斯、中国与美国关系平衡，可能会对中国施工项目产生不利影响。9月4日的《贝普经济正常化协议》对中塞交通合作带来的负面影响不容忽视。9月22日，美国国际开发银行在塞尔维亚成立办事处，根据协议，美国将计划投资修建从布亚诺瓦茨（Bujanovac）到吉兰（Gjilan）到斯特普斯（Strpce）的公路，以及修建一条穿越梅达（Merdar）到普里什蒂纳（Pristina）的铁路，这表明美国与中国在塞尔维亚交通领域的竞争态势日益明显。

### （三）中东欧国家内部政党政治的影响

中国与中东欧国家在互联互通领域的合作属于经济议题，但不可否认的是这些国家内部的执政党和国家元首对华态度是

---

① K. Szczerski, "Pozyskaliśmy dla Polski i Trójmorza znaczące fundusze z USA"（我们从美国获得了波兰和三海倡议的大量资金），Oficjalna strona Prezydenta Rzeczypospolitej Polski, 16 lutego 2020, https://www.prezydent.pl/kancelaria/aktywnosc-ministrow/art, 2055, k-szczerski-pozyskalismy-dla-polski-i-trojmorza-znaczace-fundusze-z-usa.html。

促成项目合作与落地的基本前提。由于中东欧国家大部分都属于半总统制，同时设有总统和总理两个职位，总统的权力来源一般与总理权力来源不同，形成了一种二元式的权力制衡架构。例如，波兰、捷克、塞尔维亚等国的总统都是由选民直接选举产生，总理则是由议会中获胜的多数党领袖担任。总统和总理来自同一党派时，其对外政策容易达成一致。然而，一旦两者来自不同党派时，常常会导致行政权力的分裂，对外政策上缺乏统一性与稳定性。

以波兰为例，回溯中国—中东欧国家合作在波兰的创设与发展过程，在2012年首届中国—中东欧国家领导人会晤之前，2011年波兰国内政局的重大变化为中波两国政治关系的战略接近创造了基本条件。2010年7月，与波兰总理图斯克同属一个党派的科莫罗夫斯基成功当选波兰总统，由此波兰对外政策全面走向了务实合作的道路。随后，2011年新任波兰总统科莫罗夫斯基访问了中国。反观此前的波兰政局，由于总统来自议会中最大的反对党，该党属于典型的亲美疑欧仇俄派，因而缺乏对华合作的主观意愿与动力。该例证充分证明了政党政治对中国—中东欧国家合作的重要影响。再如，中国的"铁杆"朋友塞尔维亚，国家总统虽是虚位元首，但拥有外交及解散国会的权力。国家总统和总理同时来自塞尔维亚前进党，该党主席武契奇长期以来持亲华态度。值得说明的是匈牙利，该国总统虽是国家元首，但其由议会选举产生，并对议会负责，并无实际权力。国家行政权力主要由对华友好的总理欧尔班掌握，这是中国在中东欧地区的高铁旗舰项目匈塞铁路得以顺利推进的重要原因之一。

然而，近年来个别国家出现了反华的态势（如捷克），对中捷务实合作关系造成了影响。自2018年下半年以来，捷克国内右翼势力制造一系列事端，引发中捷关系趋紧。2018年10月，捷克参议院成立了欧洲最大的"西藏之友"小组。2020年9

月，捷克参议长不顾总统和总理反对，一意孤行地窜访中国台湾，公然挑战中国的主权底线。究其缘由，捷克国会政党组成具有复杂性，总统和总理均无法对参议院议长形成有效干预。总理巴比什所创立的中右翼民粹主义政党"ANO 2011"在众议院作为最大政党，但由于无法在200个议席中取得单独过半的席位，因而不得不与捷克社会民主党（ČSSD）组成勉强过半的联合政府。捷克参议院则是自由派的阵地，81席当中，"ANO 2011"跟捷克社会民主党两个执政党仅能获得20席，反对派政党包含维特齐所属的公民民主党（ODS）则有59席，这是导致捷克参议院以50票赞成、1票反对通过了赴台行程的政治基础。

另外一个案例是斯洛伐克。2017年4月，斯政府批准了《2017—2020年斯洛伐克与中国经济关系发展构想》，旨在加强与中国在投资、贸易、交通、旅游、科研和创新等领域的合作。而维谢格拉德集团其他三个成员国尚未制定类似文件。同年7月，政府任命财政部国务秘书达娜·梅阿格尔为负责"一带一路"事务谈判的全权代表。由于斯洛伐克政府各部委之间对于与中国发展关系的看法不一致，导致《2017—2020年斯洛伐克与中国经济关系发展构想》的行动计划至今没有获得政府批准。此外，在阿尔巴尼亚，从美欧在阿影响力看，在涉及美国、欧盟重点关注的领域，阿尔巴尼亚政府出于国家利益和外交政策考量，多保持同美欧一致的立场。另外，2021年，阿将举行大选，存在政府更迭的可能，导致中方在阿重大长期投资的风险上升。

## 四　中国中东欧国家交通合作的对策

### （一）深化与中东欧国家地方政府间的城市交通合作

2012年中国—中东欧国家合作倡议启动以来，中国与中东欧国家在交通领域的地方政府层面合作不断加强，走在前列的省份有中国浙江、河北、四川、辽宁等。主要的合作项目是中欧班列，如波兰罗兹省与四川省之间开通的"蓉欧快铁"，已经成为中国—中东欧国家物流合作的典范之一。2017年，位于波兰中部的罗兹经济特区与成都国际铁路枢纽签署协议，成为中国政府新丝绸之路的一部分。作为蓉欧快铁的终点站城市，罗兹是波兰重要的交通枢纽和物流中心，拥有波兰最大的内陆集装箱码头。成都则作为中国西部中心城市，是首批国家陆港型物流枢纽，承载"一带"与"一路"建设的重要使命。因此，成都和罗兹之间在跨境物流合作方面具有突出的区位优势和较大的合作需求。

大多数中东欧国家国内的地方政府具有较高自治权，并且地方领导人并不完全来自执政党，有时候与中央政府的对华合作政策相悖，这恰恰为中国—中东欧国家合作提供了一个可供周旋的合作空间。即使在同一个国家内部，也在城市交通基础设施状况、地理区位、经济发展水平等方面存在着较大差异，对外寻求合作的需求也有所不同。因此，在未来的中国—中东欧国家交通合作中，要深入调研与挖掘中东欧国家大、中城市交通领域的基础设施需求，主动创造新的合作机遇。

**（二）提升与中东欧及欧盟整体层面交通倡议对接的可能性**

当前，中东欧地区在东西向和南北向，以及次区域之间同时存在多个互联互通倡议，如欧盟层面的泛欧交通网络及其西巴尔干延长线，中东欧地区的"三海倡议"，西巴尔干地区推出的"迷你申根"计划等。尤其在2018年9月，欧盟颁布了题为"连接欧洲和亚洲——欧盟战略的基石"的报告。[①] 欧盟欧亚连

---

① European Commission, "Connecting Europe and Asia-Building blocks for an EU Strategy", 2018, https://www.eesc.europa.eu/en/our-work/opinions-information-reports/opinions/connecting-europe-and-asia-building-blocks-eu-strategy.

接战略在天然气和交通运输互联互通方面涉及多数"三海倡议"成员国。例如，中欧和东南欧（CESEC）互联互通优先项目，主要包括保加利亚—希腊的互联、保加利亚—塞尔维亚的互联、加强罗马尼亚的天然气系统等。同时，三海地区国家被欧盟确定为泛欧交通运输网络（TEN-T）的九条核心走廊中的五条走廊的一部分，主要包括波罗的海—亚得里亚海走廊、地中海走廊、莱茵—多瑙河走廊等。不难看出，"三海倡议"在能源和交通运输领域的互联互通成为欧盟欧亚连接战略的有机组成部分。

因此，在中东欧地区开展交通合作不仅需要加强中国与中东欧国家的对话，还需要强化与欧盟层面的战略沟通与对接。例如，在国际合作过程中，强调和申明支持西巴尔干入盟是中国的一贯立场，在理念和舆论上坚定支持欧洲一体化。在此基础上，中国与中东欧国家可在《里加声明》涉及的"三海港区合作"框架下开展合作。为更好地促进"一带一路"倡议和泛欧交通运输网络在设施、政策和资金等方面的无缝对接，首先，中欧双方可以构建一个对接机制，应充分考虑"一带一路"和"欧版新丝路"的各自诉求，加强双边政策沟通，制定出对接的实施方案和行动路线图。其次，在各个领域进行对接合作。像《中欧合作2020战略规划》就已经提出类似的合作，包括基础设施、金融、研发等领域，这些是对接的优先领域。比如，中欧可以充分发挥亚洲基础设施投资银行、丝路基金、欧洲投资银行、欧洲复兴开发银行等金融机构的作用，推动金融合作。

### （三）从"少而大"的项目模式转向"多而小"的项目模式

中东欧地区多个国家的交通基础设施老旧，亟待改善、升级或重新建设，具有广阔的投资潜力。当前，中国在中东欧地区的基建投资基本上都聚焦在"规模大、投资资金高、周期长"

的项目上，主要涉及跨海大桥、跨国高速公路、高铁等项目。从某种程度上，这些大项目在中国—中东欧国家合作的早期推进中，发挥了立竿见影的示范效应，有助于提高中东欧国家的参与动力。

然而，从当前中国—中东欧国家合作在中东欧地区遭遇的来自欧盟和美国方面的阻力来看，一味追求那些数亿美元，甚至数十亿美元投资的大型基建项目，有以下几个弊端：第一，中东欧地区一些国家仍然属于欠发达国家（如大部分巴尔干国家），受制于经济发展水平，导致它们的债务偿还能力较差。中国对这些国家以贷款形式投资建设的大型基础设施建设项目存在亏损风险。第二，该地区的基础设施建设资金主要来自欧盟的结构基金，同时项目的承担方也主要由欧盟内部的基建企业分得"蛋糕"。中国作为一个新来者，在该地区不断增加的大型基建项目容易招致欧盟的市场排挤，甚至是政治疑虑。

因此，适度转换思维、调整合作方向，在以大项目为引领的背景下，结合中东欧各国的经济发展水平、地理区位、国内交通联通状况，因地制宜地开发一国内部的城市间铁路和高速公路建设，以及城市内部的地铁线路、电车升级、公路维护翻新、河道运输等交通项目。事实上，这些中小项目可以发挥大项目所不能扮演的角色。首先，发展中小项目有利于中国—中东欧国家合作的健康、稳定与可持续发展，实现在中东欧国家真正意义上的深耕细作；其次，这些项目惠及的范围比较广泛，因而有利于改善所在国民众的对华印象，促进两国之间的民心相通；最后，中小项目的投资相对较少，回收周期快，来自第三方的阻力小，承担国的债务负担也相对较轻，因而更有助于项目的落地与实施。

### （四）进一步挖掘中东欧国家在城市基建及交通产业方面的合作需求

除了传统领域的基建项目之外，延展双边在交通产业领域的合作大有可为。以斯洛文尼亚、保加利亚、北马其顿和黑山为例，目前中资企业这些国家交通运输领域的投资比较有限，但未来待进入的投资领域还有很多。

中国可与斯洛文尼亚当地企业一同开发新的运输技术（如电动汽车），新的货运管理运营模式，互相学习和借鉴新的技术和管理方式。在未来中欧班列规划中，可以将斯洛文尼亚列为潜在国家，增加经过斯洛文尼亚的铁路货物运输量。

对于中国和保加利亚的交通合作，可以吸取中塞之间的经验，进行资源的置换——中方输出基础设施规划建设方面的技术、经验与资金，保方提供中欧之间人才与商品之间流动的通道。两国之间也可以利用好当下形势，结合市场特点，灵活变通探索新路径。保加利亚在新兴科技领域正处于发展的上升期，中国企业在继续推动基础设施建设项目的同时，应拓展思路，积极探索智能交通、共享交通、绿色交通、电商物流网络等新兴领域的合作可能性。

充分利用北马其顿政府正在对全国公路运输网，包括国家级和地方级公路的改造和翻修机会，增加中企与北马其顿在城市交通领域的合作。积极鼓励中方企业提高经营的国际化水平，考虑联合北马其顿有实力的设计、施工企业联合投标，施工中增加北马其顿本土经营比例，共同合作开展业务。

黑山交通基础设施翻修及新建同样具有较大潜力，中国宜利用技术、劳动力等多方面优势，在现有高速公路项目的正面效应影响下，进一步推动中企有序参与黑山市场。

### (五) 加强中东欧地区的国别研究智库建设

自中国—中东欧国家合作提出以来，国内中东欧领域的地区与国别研究智库如雨后春笋般涌现出来。据不完全统计，以"中东欧研究中心""波兰研究中心""捷克研究中心""塞尔维亚研究中心""保加利亚研究中心"等命名的且挂靠在高校的区域与国别研究智库达到近20家。遗憾的是，多数国别研究中心的聚焦方向比较单一，基本上以语言文化、政治外交研究为主，缺乏政治、经济、外交、文化的综合性研究型智库。另外，智库的建设过程缺乏与企业、政府三者间的对话与交流，尤其是缺乏到目的国的田野调查，这导致中东欧研究领域的相关智库研究过于泛泛而谈，无法有效回应当前中国与中东欧国家在互联互通中遭遇到的各种问题和风险。

中国企业进入中东欧地区的投资是一个涉及面广泛的综合性工程。如何才能促使中资企业更好、更便捷、更安全地在中东欧地区落地，亟待国内中东欧研究领域的相关国别研究智库确定发展定位（基础型研究/应用型研究/基础与应用相融合），经过实地调研后，积极撰写并提交"一手、前沿和带有问题解决意识"的智库研究报告，助力中国与中东欧国家双边项目的对接与落地。

未来，亟待加强与努力的方向包括以下两个方面。

第一，强化中东欧地区的基础国情研究，包括一国的政局变化、历史文化、民族性格、社会风俗等。例如，由于波黑国内政治结构的复杂性，中波在规划、建设、实施项目时所用的沟通成本较高。波黑实体项目向中国进出口银行申请贷款时需波黑政府发支持函，但因波黑政治复杂时常耽搁项目进展。部分项目存在负面舆论。波黑媒体对中国在波项目除客观事实报道外，也存在负面舆论。部分波黑媒体通过援引西方智库等研究机构的报告,指出中国在波黑的投资存在较大的政治、安全隐患。同时,波黑反对党也经常利用中国投资问题为切入点,批评执政党的方针政策。

第二,鼓励基础研究扎实的智库同时参与到服务中国—中东欧国家合作的建设中,以课题申报的形式对涉及中国同具体国别交通合作项目的可行性进行系统性论证,并提交相关咨询报告,打通企业与学者之间的信息壁垒。例如,在涉及交通领域的投竞标法律法规方面,欧盟对于中国企业的进入,一贯要求按照欧盟自己的标准,如轨道车辆的TSI认证的强制性要求,给中国车辆进入欧洲市场设置了极大的障碍,至今还没有中国公司真正地克服该障碍。再如,投资中东欧国家基建项目所需遵守的环保标准。欧盟整体对各成员国的环保要求比较高,罗马尼亚也设有多个自然保护区、风景区,多瑙河三角洲被欧盟列为重点的保护区域,不允许有工业生产。而且,罗马尼亚2019年新出台的环保法,对环保要求更为苛刻,要求企业对污染程度进行自我评价,同时环保部门对企业的污染程度进行分级,不同级别的环保要求不同,当然缴纳的费用也不同。因此,建议中国企业在进行项目运作之前,了解项目的污染程度以及环保评级。

### (六)采取三方或者多方合作的方式减少风险

欧洲企业与中国企业开展第三方合作前景看好。欧洲承包商发展历史悠久,施工技术和管理方法先进,项目投融资与运营经验丰富;其设计、咨询企业和金融服务机构等在国际上众多国家承担业主代表、设计咨询等重要角色,具有标准、语言、文化等方面的优势。中国企业则凭借资金实力、施工技术和管理水平在一些新兴市场、发展中国家的市场占有率较高。目前,英国、意大利、德国等多个国家与中国企业在第三国合作态度积极，希望发挥各自优势，开展第三方市场合作。近年来，中方已经在中东欧国家中的三方或多方合作方面积累了一些成功经验。比如，佩列沙茨跨海大桥项目已经成为中国、克罗地亚、欧盟开展三方市场合作的典范项目。2020年5月，塞尔维亚与法国签署协议，计划与法国和中国联合建造贝尔格莱德地铁项目。这种三方或者多方合作的方式一方面可以减少中企巨大的资金压力，另一方面也可以化解部分风险特别是政治风险，不失为促进中国企业对境外投资的一种有效合作方式。

## 国别报告

波罗的海三国

# 波海三国篇

## 一 交通运输发展概况

随着欧盟民众生活水平的提高,交通运输部门的经济重要性趋于下降,这也反映在波海三国的经济结构当中。但就目前而言,三国交通运输部门仍在国民经济中占据重要地位。在立陶宛,运输物流行业一度贡献了12.3%的GDP,在所有欧盟国家中占比最大(2016年)。在拉脱维亚,2019年运输仓储部门贡献了全国GDP的8.2%,产值近22亿欧元,相关领域从业人数占全国总就业人数的11.6%。在爱沙尼亚,2019年交通运输部门创造了17亿欧元产值,占全国GDP的7%;交通运输行业从业人数占全部就业人数的7.5%。[①]

### (一)主要运输方式

波罗的海三国以公路交通作为主要运输方式,铁路、水运、航空、管道等多种方式共同发展(见图1、图2)。

---

[①] 本部分所引所有数字如无特殊说明,均来自爱沙尼亚统计局 Statistics Estonia(https://www.stat.ee/transportation)、拉脱维亚中央统计局 Central Statistics Burea(https://www.csb.gov.lv/en/sakums)和立陶宛官方统计门户网 Official Statistical Portal(https://osp.stat.gov.lt/en/),查询日期:2020年7月15日。

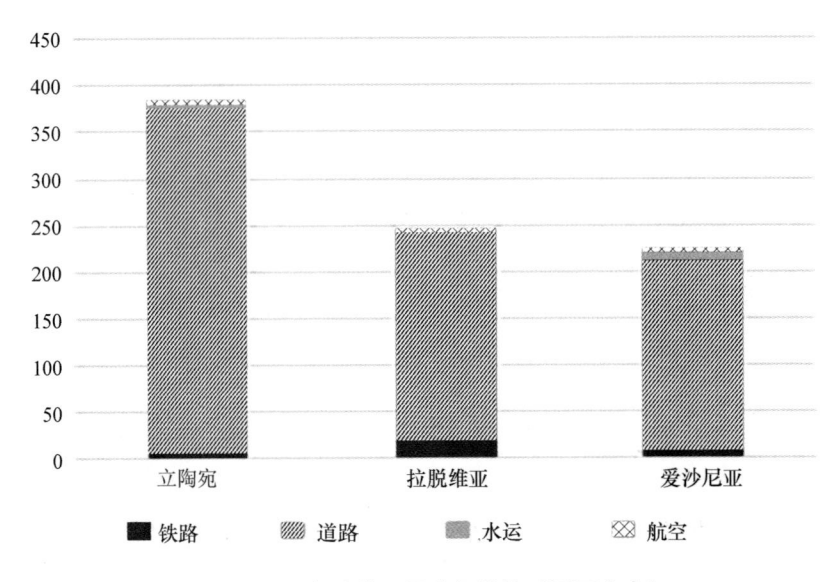

图 1 2019 年波海三国客运结构（百万人次）

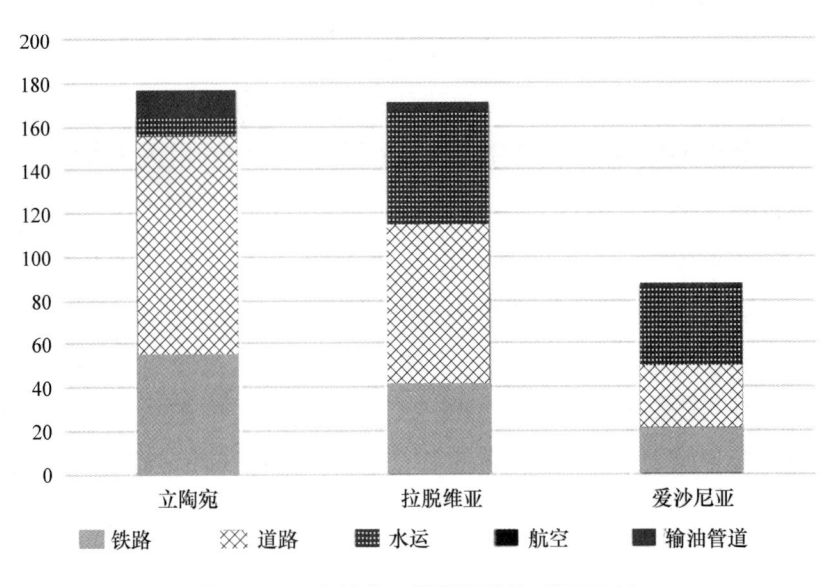

图 2 2019 年波海三国货运结构（百万吨）

## 1. 公路

截至 2019 年，拉脱维亚公路总长为 58426 千米，立陶宛为

84003 千米，爱沙尼亚为 58974 千米。道路运输主要货物为谷物、木材和原材料等。自 2010 年以来，拉脱维亚、立陶宛公路运输量逐年增长，而爱沙尼亚则经历了一定下滑。

### 2. 铁路

截至 2019 年，拉脱维亚铁路总长 2347 千米，爱沙尼亚铁路总长 2164 千米，立陶宛铁路总长 1910 千米。波罗的海三国的铁路均采取俄式 1520 毫米轨距。除中心城市周围有少数铁路段进行了电气化升级外，大多数仍为老式单轨路段。欧盟资金支持建设的波罗的海铁路预计将于 2026 年完工。新铁路将使用欧洲标准轨距，连接波罗的海三国和波兰，并将三国顺畅连入欧洲大陆铁路网。

铁路运输方面，除立陶宛保持稳步增长外，拉脱维亚和爱沙尼亚的货运量均有所下滑。铁路客运量在立陶宛和爱沙尼亚都有所上升，而拉脱维亚使用火车出行人数下降，但客运总量仍位居三国之首。

### 3. 水运

尽管水运占据份额不大，但对波罗的海国家来说，利用其地理位置优越的港口十分重要。东西向运输走廊经由陆路运输来到波海地区的货物可以通过港口去往瑞典、德国、荷兰等其他欧洲国家，因此波罗的海三国的所有主要港口都在海运领域相互竞争。爱沙尼亚有 45 个大小港口，其中最重要的有塔林港、穆加港和帕尔迪斯基港。拉脱维亚有三个主要无冰港——里加港、文茨皮尔斯港和利耶帕亚港，以及 7 个小型港口。立陶宛最重要的港口是克莱佩达港。

爱沙尼亚是水上客运方面的领跑者，客运旅客人数远超拉脱维亚和立陶宛。其中大多数是往返于爱沙尼亚和芬兰、瑞典或俄罗斯之间的国际旅客。塔林和赫尔辛基，斯德哥尔摩和圣彼得堡之间的定期渡轮为爱沙尼亚带来了稳定的国际客流，并且客运量呈上升趋势（见图3、图4）。

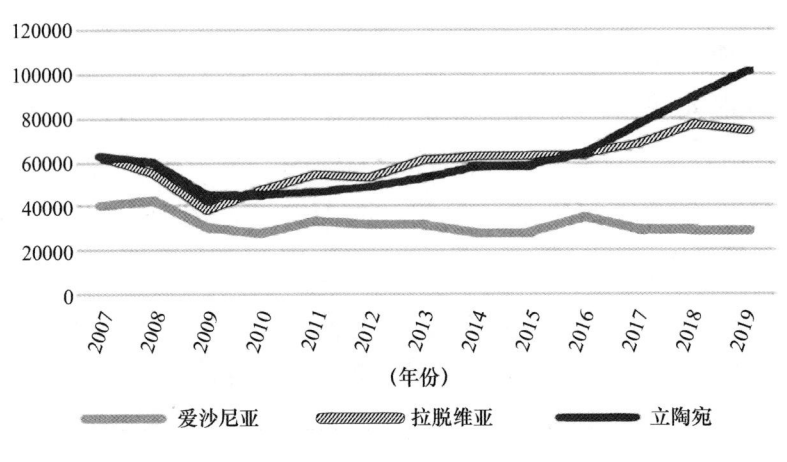

**图3　波海三国公路货运量变化趋势（千吨）**

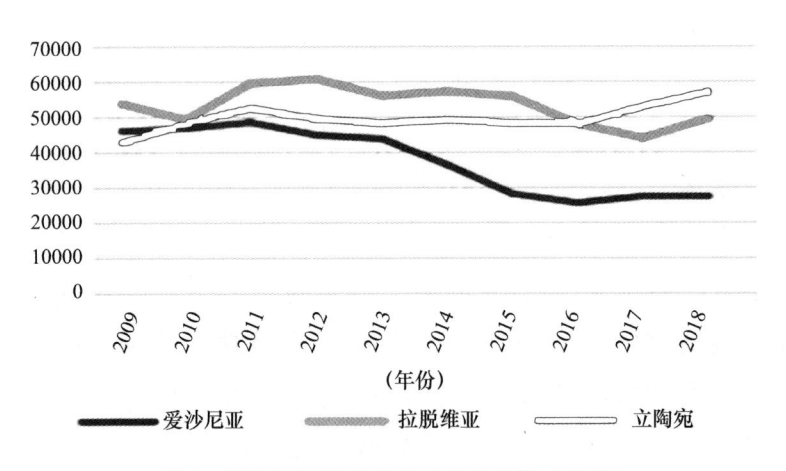

**图4　波海三国铁路货运量变化趋势（千吨）**

2015—2019年，拉脱维亚港口的货物年吞吐量维持在7000万吨左右，这使拉脱维亚成为波罗的海国家中海上运输的领跑者。而立陶宛唯一克莱佩达港是三国中最大的集装箱港口。集装箱作为一种高效、便捷的货物运输方法已在运输业中得到越来越广泛地使用。克莱佩达港口的集装箱装卸量在2005—2018年增长了三倍，尤其是在2018年，与2017年相比，产生了59%的大幅增长。克莱佩达港口的航线也最为发达，并且运力尚未饱和。在政府和欧盟资金对该港口的巨额投资下，克莱佩达仍有很大潜力留待开发（见表1）。

表1　　　　　　　　　　波海三国主要港口

| 国家 | 爱沙尼亚 | 拉脱维亚 | 立陶宛 |
| --- | --- | --- | --- |
| 主要海港 | 塔林港，穆加港，帕尔迪斯基港 | 里加自由港，文茨皮尔斯自由港，利耶帕亚自由港 | 克莱佩达港 |
| 2018年港口输送旅客 | 13.2（百万人次） | 1063（千人次） | 376（千人次） |
| 2018年港口货物吞吐量 | 35.9（百万吨） | 66.21（百万吨） | 46（百万吨） |
| 2018年港口集装箱运输量 | 241（千TEU） | 474（千TEU） | 750（千TEU） |

### 4. 空运

波罗的海三国的机场都属于国有企业。爱沙尼亚有一个国际机场——塔林国际机场和12个地区级机场。拉脱维亚有两个国际机场（里加、利耶帕亚），立陶宛有三个民用机场（维尔纽斯、考纳斯和帕兰加）和一个军用机场。

按机场的飞机起降量（44%）、旅客人数（44%）和货运航班数量计算，拉脱维亚均领先于其他两个国家。2019年，拉脱维亚国际机场的乘客人数增长了10.57%，有780万人次使用拉脱维亚机场。而使用爱沙尼亚和立陶宛机场的人数分别为600万人次和530万人次。与其他方式相比，空中货运在这三个国家的货物运输中发挥的作用都非常有限。里加机场货运航线的主要目的地是阿富汗，用于北约的军事用途。

近年来，波罗的海国家的航空业保持增长趋势。几年之内，里加国际机场的客流量有望每年超过 800 万人次。

**5. 管道运输**

波海三国管道运输主要用于石油产品以及天然气的过境运输。拉脱维亚与立陶宛之间的 500 毫米直径双向天然气管道（Lithuania-Latvia Interconnection）建于 1962 年，在 2013 年进行升级改造，目前允许每日由立陶宛向拉脱维亚至多输送 648 万立方米的天然气，而由拉脱维亚向立陶宛则可以每日最多输送 624 万立方米。该管道与爱沙尼亚—拉脱维亚之间的天然气管道（Estonia-Latvia Interconnection）相连，后者又称维莱史—塔林管道（Vireši-Tallinn pipeline），建于 1992 年，长 290 千米，管道直径 700 毫米，日最大输送量 700 万立方米（方向：拉脱维亚至爱沙尼亚）。芬兰与爱沙尼亚之间的 Balticconnector 双向输气管道于 2020 年 1 月开始运营，全长 151 千米，形成了芬兰、爱沙尼亚和拉脱维亚的联合天然气市场。除此之外，波洛茨克（白俄罗斯）—文茨皮尔斯（拉脱维亚）和波洛茨克—马热伊基艾（立陶宛）之间的长距离石油和石油产品运输管道还将波海地区与俄罗斯和白俄罗斯的管道系统相连接。2019 年，波海地区输油管道运输量共计约 1500 万吨。

## （二）主要优势

**1. 跨境运输网络发达**

得益于四通八达的交通网络，过境运输在波海三国 GDP 中一直占据着很大比重。自 2004 年加入欧盟以来，三国积极对接泛欧交通运输网络（TEN-T）。作为 TEN-T 核心项目之一的北海—波罗的海走廊由 5947 千米铁路、4029 千米公路和 2186 千米内陆水道组成，将波罗的海三国与德国北部、比利时和荷兰的北海港口连接起来。该走廊又与塔林—圣彼得堡—莫斯科国际铁路线、俄罗斯 M9 公路（波罗的海公路）和西伯利亚铁路等国际干线交叉，极大促进了区域内和区域间的货物运输和经济发展。波海国家与白俄罗斯、乌克兰之间的 ZUBR 线集装箱列车和维京火车连通了波罗的海和黑海，为从斯堪的纳维亚向高加索和土耳其的货物运输提供了便利；三国与哈萨克斯坦和中亚地区之间的 Baltika-Transit 线集装箱列车则打通了通往亚洲的运输通道。拉脱维亚与五座中国城市有中欧班列通行，立陶宛与中国有"太阳号"集装箱列车等中欧班列连接。运输通道的建立为区域发展带来了巨大机遇，是波罗的海国家融入世界经济市场的重要一步。

2. ITS（智能交通系统）技术

ITS 技术是波海地区发展热点。爱沙尼亚国家虽小，却是信息通信技术（ICT）发展和应用强国，其政府现已开始利用 ITS 技术，帮助用户最大限度地利用公路、铁路、轮船、边境口岸等基础设施，让出行更加高效安全，物流更加便捷。应用较为广泛的 ITS 技术有自动驾驶技术、智能停车计费系统和边境排队管理服务。爱沙尼亚于 2017 年宣布了在国内所有道路上测试自动驾驶汽车的合法性，目前正在努力建立完整的法律体系和风险管理框架，以便在正常道路交通条件下使用自动驾驶技术，最终达到重组公共交通系统的目的。智能停车计费系统已经得到广泛的应用，爱沙尼亚 90% 的停车服务通过该系统完成，用户只需在手机上安装特定应用，通过蓝牙与汽车配对，即可在汽车关火时自动开始计算停车费，并在汽车重新启动后自动停止计费。由爱沙尼亚 GoSwift 公司开发的边境排队管理服务则能让汽车和卡车司机在通过边境检查时节省大量时间，免去排长队的烦恼，现在爱沙尼亚边境处的平均等候时间已经缩短至 30 分钟。

由于波海三国市场规模小，市场反应敏感，一些跨国交通技术公司往往在这里进行市场测试，为之后进入其他欧洲国家更大的市场打下基础。爱沙尼亚智能交通技术公司 Ridango 和 Singleton 等也成功实现技术出口，打入了北欧市场（瑞典、芬兰等）。

### （三）主要问题

目前，波罗的海三国的铁路和公路运力明显不足，基础设施建设不够完善，阻碍了交通运输和经济的进一步发展。

拉脱维亚、立陶宛和爱沙尼亚的铁路主要采用俄式 1520 毫米轨距，多是苏联时期的遗产，不仅设备老旧，也无法与欧洲铁路交通连接。因此，在波罗的海国家，铁路运输速度缓慢，效率低下。

由于三国人口稀少，铁路网分布偏于稀疏，且缺乏连接波罗的海各国的南北铁路线，导致波罗的海三国的公路系统承受过度压力。尽管主干车道路况维护相对良好，但是次一级公路往往路况较差。"Via Baltica"公路作为连接塔林、里加、维尔纽斯直至波兰的南北向主干道，交通事故发生率很高。

目前，克莱佩达、文茨皮尔斯等几个主要港口的运力并未达到饱和，主要受制于与其相连的道路和铁路运量。而里加国际机场、塔林国际机场等区域主要机场则缺少直达市中心的列车或电车线路，影响了客运旅客出行。

三国经济体量小，本国配套资金不足，大型基础设施建设多依赖欧盟资金和外部投资，往往过程复杂，时效性缓慢。

## 二 交通运输国际合作情况

### （一）波罗的海铁路

波罗的海铁路被称为波海地区"世纪工程"，目标是将波罗的海国家纳入欧洲铁路网。2003年,欧盟正式确定波罗的海铁路（Rail Baltica）为泛欧交通运输网络（TEN-T）27号中的优先项目,将用铁路连接华沙（波兰）、考纳斯（立陶宛）、里加（拉脱维亚）和塔林（爱沙尼亚）,并通过铁路桥与赫尔辛基（芬兰）相通,有效弥补波海地区南北向运力不足的问题。项目预计工期十年,将于2026年完工,建成全长870千米,采用电气化欧洲标准轨距轨道,客运最高时速可达249千米/时,货运最高时速120千米/时。预计投入资金约57.9亿欧元,由欧盟和波海三国共同承担。三国成立合资企业,协同完成铁路规划设计与建设工作。2017年,波罗的海三国议会批准了波罗的海铁路项目政府间协议,从而确认了其对波罗的海铁路项目的长期承诺。截至2018年2月,这三个国家已分别同意波罗的海铁路各部分的空间规划,波海铁路的初步技术设计已经完成。2019年年初,项目进入铁路线和相关铁路设施的实际建设阶段,爱沙尼亚和立陶宛已先后动工,拉脱维亚路段则于2020年秋开始建设。

**（二）塔林—赫尔辛基海底铁路隧道**

20世纪90年代以来,随着塔林和赫尔辛基之间人员和货物交换的不断增加,建设连接两者的固定线路这一想法被不断讨论。作为INTERREG Baltica规划的一部分,一项由欧盟资助的塔林—赫尔辛基海底隧道（FinEst Link）可行性研究于2016—2018年进行,具体检验了隧道项目在技术、财务和管理上可行性。项目最终报告于2018年春季发布,计划建设一条1435毫米轨距的铁路隧道（含两条客运隧道和一条服务隧道）以及两个人工岛（Uppoluoto, Tallinnamadal）。隧道全长102.3千米,建成后将是世界上最长的海底隧道。隧道在爱沙尼亚侧的总站位于塔林地区的Ülemiste,总站将位于机场附近,客、货运服务将与波罗的海铁路连接。隧道工程估计耗资13亿—200亿欧元，将有效改善赫尔辛基和塔林之间的日常通勤服务，把单程通勤时间缩短至30分钟以内。隧道正式建设将要等到2026年波罗的海铁路完工后，届时欧盟将有足够的预算来对该隧道项目进行投资。该项目预计耗时15年，并将于2040年投入试运行。

在FinEst Link项目最终报告发布的几乎同一时间，芬兰一家私营公司FinEst Bay Area Development向爱沙尼亚当局提交了一份隧道施工计划并申请空间规划审查。塔林湾区开发公司FinEst Bay Area Development已与中国点石投资基金就塔林—赫尔辛基隧道工程签署了150亿欧元投资备忘录，并与中国铁路工程公司和它的子公司中铁国际集团签署了关于项目准备的意向书，此举引起当地对中国在波罗的海地区影响的忧虑。

## 三 与中国的合作

### （一）合作现状

21世纪以来，中国和波罗的海国家邦交逐渐恢复正常化。波海三国积极参与中国提出的多边外交合作机制，并在多边外交的框架下深化与中国的双边合作，政治、经济、文化往来不断密切。波海三国是中国在欧盟和波罗的海地区的重要合作伙伴，是"一带一路"倡议在欧洲的端点之一，并具有沟通陆上丝路经济带和"极地丝绸之路"的运输潜力。围绕投资基建、物流运输和跨境电子商务等核心，中国与波海三国在交通领域开展了一系列合作。波海三国通过亚欧交通部长会议、中国—中东欧国家合作机制、"一带一路"倡议等合作机制与中国开展交通合作，比较重要的合作项目主要有以下几项。

**1. 中欧班列**

中国和波罗的海三国之间已开行十多条中欧班列，将中国中部、东部和西部的多座城市与欧洲直接相连。来自中国的货物首先通过铁路运输抵达波罗的海三国，然后在三国境内进行转运，通过公路或轮船发送到北欧、西欧和中欧其他国家。立陶宛与中国之间的"太阳号"集装箱列车于 2011 年启动，是一条连接东西方的高效多式联运物流链，从重庆出发，经哈萨克斯坦、白俄罗斯和俄罗斯，抵达立陶宛克莱佩达深水港，全程 11000 多千米，耗时仅 17 天。立陶宛维尔纽斯与中国义乌、东莞等地之间陆续建立起常态化列车连接。2020 年，东莞—维尔纽斯之间开行了中欧班列中国邮政专列。同时，维尔纽斯成为中欧班列长安号"德国快线"新下货点，西安—维尔纽斯段开行距离 8700 千米，运行时间被缩短至 8 天。2016 年，中国铁路总公司与拉脱维亚铁路国家股份公司签署了《中国铁路总公司与拉脱维亚铁路国家股份公司关于发展中欧班列合作的意向书》。同年，首列"中国—拉脱维亚"试运行货运班列开通。目前，拉脱维亚已与中国义乌、乌鲁木齐、西安、成都、武汉等地之间建立固定货运列车连接。吉林"长满欧"中欧班列与爱沙尼亚于 2017 年达成合作意向。2018 年，西安国际陆港多式联运有限公司与爱沙尼亚 GTS Rail 公司签署战略合作协议，计划开行西安至爱沙尼亚穆加港之间的列车。

**2. 跨境电商**

2015 年 9 月，顺丰与爱沙尼亚国家邮政公司（Omnia）共同组建合资快递公司 POST 11，更快、更有效地调运东北欧地区消费者网购的中国商品。顺丰在爱沙尼亚设东欧海外仓，越来越受到中国跨境电商的青睐。

2019 年，宁波市政府和拉脱维亚投资发展署签署备忘录，在跨境电商领域与拉脱维亚开展合作，共同支持建设中国（宁波）—拉脱维亚跨境电子商务港湾，为双方企业提供物流仓储、推广宣传、口岸清关、金融等一站式服务，致力于进一步扩大双边进出口贸易规模。

### 3. 智能出行

中国网约车平台已与爱沙尼亚运输平台公司 Bolt（原"Taxify"）建立战略伙伴关系，并对其进行两轮价值上亿美元的投资。截至 2019 年 12 月，Bolt 在欧洲、北美、北非、西亚的 35 个国家 150 多个城市运营，主要提供移动出行和食品外卖业务。

### 4. 其他

2016 年，中国港湾工程公司与里加商业港集团签署新建煤码头项目协议。

2018 年，塔林湾区开发公司（FinEst Bay Area Development）与中国点石投资基金就塔林—赫尔辛基海底隧道工程签署了投资备忘，并与中国铁路工程公司和它的子公司中铁国际集团签署了关于隧道项目建设的意向书。

## （二）主要问题

### 1. 运输与连接

铁路运输是当前进行大规模长距离国际运输最经济安全和节能环保的运输方式。由于缺乏连接波海三国和中欧地区的南北向铁路线，通过中欧班列从中国运往波海地区的货物必须在三国境内再次进行换装，然后分流到公路、内河水道和海运港口进行欧洲境内运输，增添了运输时间和成本。三国铁路基础设施较为老旧，降低了班列运输效率，也未能充分利用区域内几个优质深水港的航运运力。随着现代化波罗的海铁路（1520 毫米）的建成，波海三国的铁路运力与连接问题将得以改善。

### 2. 地缘政治因素影响

波海三国在经济建设与外交防务等事务上背靠欧盟与北约，一直对是否接受中国对其主要基础设施项目的投资持谨慎态度。

不仅如此，近年来三国均在年度安全报告中提及所谓的"中国威胁"。这些质疑不仅造成当地民众对中国的不信任度增加，也对中国企业在克莱佩达港、塔林—赫尔辛基海底隧道工程的投资过程产生不利影响。

维谢格拉德集团四国

# 波兰篇

## 一 波兰交通运输发展概况

波兰地处欧洲的十字路口,是一个拥有发达的现代交通网络的国家。波兰的交通网主要由公路、铁路、航空、水运、城市交通和管道运输构成。自2004年5月加入欧盟以来,波兰每年将大量公共资金投入到其庞大的运输网络现代化项目中。由于波兰处于欧洲南北和东西两条主要运输路线交汇处的战略位置,这更加彰显了其在欧洲物流版图上的重要地位。

### (一) 发展战略

近年来,波兰政府发布了多项涉及交通基础设施建设方面的发展战略。

**1. 总体战略**

(1) 泛欧交通运输网络(TEN-T)

该战略是欧盟在公路、铁路、水路及航空等运输网络的一系列规划纲领。目前该战略在波兰的实施分为以下几个方面。在多式联运和 TEN-T 公路网方面,发展波兰道路和空中网络,发展海上运输、内陆水道和多式联运。在城市道路基础设施方面,提高 TEN-T 道路网以外的城市的交通便利性,缓解城市过多的道路交通压力。在铁路运输方面,发展 TEN-T 铁路网以及该网络以外的铁路运输。其他内容还包括在城市中发展低排放公共交通运输系统，增加低碳城市交通工具的使用以及发展城市公共交通系统。

（2）《2030交通可持续发展战略》

该项目于2019年9月24日由部长会议通过，主要目的是通过在波兰、欧洲乃至全球层面建立一个连贯、可持续、创新和友好的运输系统以增强交通便利性，提高交通参与者、货物的安全性以及运输部门的效率与改善运输系统的组织和管理。首要投资工作将主要集中在处理陈旧基础设施的积压（道路、铁路、机场、内陆水道、海上和内陆港口）以及改善综合运输系统的基础设施。目标是到2030年使波兰的交通便利性增加，确保各个运输部门的可持续发展，并改善与货物和客运有关的服务条件。该项目还为促进整个运输部门的运作，减少其对环境和气候的负面影响提出了现代解决方案。

**2. 海、陆、空各领域的具体战略**

（1）公路方面

2015年9月8日由部长会议决议批准的《2014—2023年国家道路建设规划》（展望2025年）为波兰国家道路网络的发展确定了方向和投资重点。该方案斥资1422亿兹罗提，以提高公路运输效率，确保公路客运和货运的有效运行，增加道路安全性以及改善多方进入波兰主要市场和获得服务的渠道为目的，建立一个连贯的现代化国道系统。截至2019年年底，该规划项目的15条环路已建成并投入运行。

另外一个公路建设规划是《2020—2030年100条环城道路建设规划》。该项目计划在现有国家公路网上，在波兰16个省内修建共计100条绕城道路，总长约820千米，成本预计接近280亿兹罗提。尽管当前波兰为提升道路质量采取了相关道路安全措施，但波兰道路质量在欧盟国家的排名中仍较落后，且

71.2%的事故发生在建筑密集地区。该项目的主要目的之一是改善道路交通安全,通过绕行和交通隔离设施的建设,改善现有的道路状况。此外,环城道路的建设还有助于减少城市污染并确保客运和货运的有效运行,改善居民的生活质量。截至2019年9月,该项目已完成建设43条环线,总计447.5千米。

(2)铁路方面

第一,《2023国家铁路规划》。该规划于2015年由部长会议决议通过,内容涉及波兰铁路线路的投资建设。该项目的融资来源于欧盟资金和波兰财政资金,主要内容包括提高铁路运输效率,加强铁路运输在综合系统中的作用以及建立连贯的现代铁路网络。

第二,《对2023年之前铁路维护和翻新等基础设施建设的资金援助》。该援助方案由部长会议于2018年1月16日批准,为在铁路基础设施管理领域实施国家计划提供了财务框架和条件。该项目由国家预算和铁路基金资助,预计投资238亿兹罗提。其主要目标是通过提升铁路运输占综合运输的份额,加强铁路运输在综合运输系统中的作用,并为现有铁路网络的维护和修理工作提供必要的资金。

第三,《2016—2023年车站投资项目(PID)》。车站投资项目预计将对波兰境内188个车站进行投资,总投资额达14亿兹罗提。该项目将以建成标准化的高质量车站为目标,满足当地实际条件的同时,适应乘客和运输系统的需求并鼓励旅客使用铁路。该项目设想通过实施节能的方案,减少站点的维护成本。

第四,《对2028年前地方和区域铁路基础设施建设的补充方案》。该方案于2019年12月3日由部长会议通过,预计投资接近66亿兹罗提。主要内容是通过建设新的铁路连接线路以补充铁路网络,从而消除交通运输障碍并使乘客的跨省交流变得更加便利。该方案的实施也将改善商业条件和道路安全,并使铁路客运方式更加大众化。据悉，此方案主要适用于在当前人口超过10000的城镇中仍无法使用客运或货运铁路的居民。

该方案包含投资、客运组织、保护铁路基础设施三个组成部分。投资部分所需资金的85%来自该方案，其余15%来自地方政府。投资部分的联合融资将通过波兰国家铁路股份公司（Polskie Koleje Państwowe S. A.）的注资进行。

第五，《200个火车站的建设项目》。该项目将斥资10亿兹罗提，计划于五年内在波兰16个省建立200个铁路站点，包括恢复那些已被废弃的车站，并加长长途火车无法停靠的站台。这些火车站的建立将有助于扩大铁路运输规模并消除波兰国内公共交通盲区。该项目的具体任务清单将根据包括地方政府、铁路基础设施相关负责人、企业家、地方协会和公民在内的社会各界人士提交的方案制定。

（3）航空方面

第一，《机场网络和航空地面设备开发项目》。该项目于2007年由部长会议通过，确定了未来几年波兰航空领域基础设施的发展方向以及包括资金来源在内的具体实施措施。根据对波兰空中交通发展的预测，该项目明确了直至2020年TEN-T网络中包括的机场基础设施以及与空中通信、导航和监视相关的基础设施的发展需求。目前，基础设施部正以完善国内各机场联合发展为原则，不断更新该项目。

第二，《中央交通港项目（CPK）》。2017年，波兰政府通过中央交通港项目草案，草案对波兰未来20年的交通运输战略作出规划，并计划在华沙和罗兹之间的斯塔尼斯瓦沃夫新建中央机场并联通周边铁路设施网络。中央交通港项目的核心目标为建设和运营一个盈利的、创新的交通枢纽，使其成为世界最大航空港之一，并从国家层面提升铁路客运相对公路客运的竞争力。

中央交通港项目计划在2027年完成所有阶段的投资，总共预计斥资约 309 亿—349 亿兹罗提，其中，机场建设预计投入 160 亿—190 亿兹罗提，铁路建设 80 亿—90 亿兹罗提，公路建设 68.7 亿兹罗提。项目主要内容如下：

①在华沙以西的斯塔尼斯瓦沃夫（巴拉努夫区）建设国际机场，拟占地面积 3000 公顷，起飞跑道计划标准为长 4000 米、宽 60 米。

②加大铁路基础设施投资，预计建设 1600 千米的新线，使华沙和波兰其他较大城市之间的交通时间缩短至 2.5 小时内。

③视情况在全国建设 65—250 千米的公路。A2 高速公路将被重建，预计至 2030 年华沙绕城高速公路将完工。

④助力波兰航空 LOT 发展成为中欧地区主要航空公司。

⑤在中央交通港建设期间及正式开通后，重组华沙地区航线。

⑥建设抵达中央交通港和华沙的快速交通方式，包括缩短来往于中央机场和华沙之间的火车时间至 25 分钟内。

⑦整合华沙和罗兹区域。

⑧完善机场周边城市的酒店、展会区、会议区、商用楼等配套设施。

截至 2019 年，机场建设已经投入 16 亿—19 亿兹罗提，新的"华沙—罗兹铁路线"以及与中央铁路的连线将花费 8 亿—9 亿兹罗提，而其余约 70 亿兹罗提将被用于道路投资。

（4）城市交通方面

《公交运输发展基金》。该项目是国家指定的基金项目，旨在恢复波兰当地公交系统连接。2019 年国家预算分配给该项目的最高支出限额为 3 亿兹罗提，随后几年将升至每年 8 亿兹罗提，通过部长会议将资金相应地分配到各省。

（5）海运方面

第一，《海事管理空间信息系统》。该项目预计工期为 33 个月，预计完工时间为 2020 年 7 月 30 日，总耗资约为 597 万兹罗提。主要内容是通过对模拟资源进行数字化、整合和协调数据并建立数字存储库。

第二，《波兰海港发展计划（2030）》。该计划于 2019 年由部长会议通过，主要目标是确保波兰海港的有效运作和发展，释放其全部潜力。它全面规范了波兰港口和码头的发展，除与港口内投资密切相关的活动外，还定义了包括发展公路、铁路和内河航线等基础设施的需求，以便从海上和陆地进入海港。该计划将 4 个对国民经济至关重要的海港（格但斯克、格丁尼亚、什切青、希维诺乌伊希切）、28 个其他港口以及 50 个码头纳入计划范围。

计划中相关投资项目的实施对于港口后续的动态发展以及维护和加强其在欧洲港口中的地位极为重要，这些港口将充当中东欧全球供应链的关键节点。此外，得益于港口的扩大及现代化，货物进出口的竞争力将提高，港口城镇对游客吸引力将增加，这将为波兰的社会经济发展作出贡献。

### （二）主要交通方式

#### 1. 公路

波兰的公共道路一般分为本地道路（droga gminna）、区域道路（droga powiatowa）、省道（droga wojewódzka）、国道（droga krajowa）四类（详细信息见表 1）。截至 2018 年年底，波兰公共道路长度约为 42 万千米，其中 95.4% 的道路（41 万千米）由地方政府部门管理，其中省道 2.9 万千米，区域道路 12 万千米，本地道路 25 万千米。据 2020 年数据，波兰高速公路总长度为 4153 千米，尚有 97 个预计总长度达 1210 千米的项目正在实施中。全国公路网虽然仅占公共公路网总数的 4.6%，但可处理 40% 以上的交通运输，公路运输在货物运输中占有主导地位，

2018年公路的货物运输占波兰货运市场的85%，客运占运输总工作量的75%，公路运输基础设施投资总额接近27亿欧元。2019年公路运输乘客数量超过3亿人次。

表1　　　　　　　　波兰各类道路长度[①]　　　　　　单位：千米

| 年份 | 2010 | 2011 | 2012 | 2013 | 2014 | 2015 | 2016 | 2017 |
| --- | --- | --- | --- | --- | --- | --- | --- | --- |
| 道路总长度 | 406122.1 | 412263.7 | 412035.1 | 413529.8 | 417026.0 | 419636.4 | 420236.1 | 422302.9 |
| 国道 | 18607.9 | 18801.1 | 19182.1 | 19295.8 | 19293.4 | 19292.8 | 19388.1 | 19410.2 |
| 省道 | 28461.1 | 28475.8 | 28422.6 | 28479.5 | 28593.1 | 29108.6 | 28920.4 | 29083.4 |
| 区域道路 | 126172.7 | 127743.2 | 125779.2 | 125307.5 | 125329.5 | 125092.3 | 124944.6 | 124673.4 |
| 本地道路 | 232880.4 | 237243.6 | 238651.2 | 240447.0 | 243810.0 | 246142.7 | 246983.0 | 249135.8 |

### 2. 铁路

波兰铁路网的平均密度为6.3千米/100平方千米，高于欧盟国家的平均值4.9千米/100平方千米。截至2018年12月31日，波兰在运营的铁路总长度约为19000千米。2017年，在大约15%的铁路线上火车可以达到120—160千米/时的速度。同年，可以以80—120千米/时的速度行驶的在用铁路线长度超过总长度的43%。波兰运营的铁路线结构仍以标准轨距为主，占在用铁路线长度的97%，同年铁路货运量为2.49亿吨。

波兰有2500多个火车站，由PKP股份公司管理的约600个火车站仍在营业。2019年，总计有1586058辆客运列车和403429辆货运列车运行，平均每日运行数量超过7500辆，铁路

---

① GUS, Transport-wyniki działalności 2017 r.

运输旅客超过 3.35 亿人次，与 2018 年相比上涨 8.09%。运输货物数量为 236.4 百万公吨，货运铁路的收入超过 22 亿美元。2020 年铁路运输的国家预算拨款超过 8 亿兹罗提。截至 2020 年，尚有 25003 个在施工项目。

3. **航空**

根据波兰民用飞机注册簿（ULC）自 2010 年 1 月开始的数据，波兰具有运输潜力的民用飞机为 2235 架，而截至 2017 年年底，增长为 2657 架，比上一年增长了 18.9%。波兰拥有欧洲最大的领空，面积超过 334000 平方千米，且拥有 15 个机场，387 个着陆区。波兰机场创造的价值在本国 GDP 中所占的比例高达 5%。2007—2013 年进行的机场基础设施建设和发展以及与空中交通管制有关的建设和发展，确保最大限度保障航空运营安全以及航空运输可持续发展的同时，提高了机场和领空的容量。作为这些活动的一部分，波兰还投资建设和扩展了新的客运大楼，扩展了滑行道和停机坪，使跑道现代化，扩展了导航、监视和通信（CNS）基础设施，以及引入了新的空中交通管理系统。截至 2015 年，属于 TEN-T 网络的机场的投资价值总计约为 58 亿兹罗提（约 40% 来自欧盟资金）。

此外，自波兰加入欧盟后，波兰机场和波兰领空的空中交通动态持续增加。航空运输是增长最快的运输分支，仅在 2019 年，波兰的航空运输量增长就达到 5%，而整个欧洲网络的增长速度仅为 1%。波兰的航空货物运输以外国货物为主，2018 年，通过国内和国际航空运输进出波兰的货物数量相比之前有所增加，从波兰流出的货物比抵达的货物多出近 1.2 万吨。2019 年波兰航空货物运输量近 12.34 万吨，其中华沙肖邦机场是最重要的货物中转机场之一，处理货物量达 9.77 万吨。预计到 2022 年波兰航空货运的收入将达到约 9570 万美元。

由于进行了现代化改造，波兰主要机场的容量已大大增加。

波兰机场航站楼的容量在2016年达到4100万人次,使用率接近83%。与2018年同期相比,2019年波兰的航空客运量增长了7%,达到4900万人次。到2030年,旅客人数预计将达到7900万人次。而预计到2023年,波兰航空运输的总收入将超过2.3亿美元。基于世界经济论坛的一项调查,波兰机场基础设施质量的等级于2016/2017年度提高至4.46(范围从极不发达的1到极为发达的7)。

**4. 水运**

波兰的水路运输主要分为河运和海运两大类。波兰最重要的水路是维斯瓦河,最大的海港是什切青港和格但斯克港。在波罗的海沿岸,有许多大型港口为国际货运和客运提供服务。截至2017年,波兰的内陆水路运输网络长度达3654千米,其中2417千米为受管制的通航河流,644千米为河流区段,335千米为运河,259千米为通航湖泊。实际可通行长度为3363千米,占总长度的92.1%,其开发程度因通航性等级而异。同时,截至2017年,波兰满足国际重要水道等级标准(Ⅳ、Va和Vb级)要求的水道总长度为214千米,占总长度的5.9%。其余大多数水道由具有区域重要性的水道组成,这些水道符合水道等级Ⅰa、Ⅰb、Ⅱ和Ⅲ。

2017年与上一年相比,运输业绩增长5.4%。另外,通过内陆航行运输的货物数量有所减少,这种减少主要涉及国内运输,内陆航行在2017年货运工作总量中所占的份额为0.28%。此外,波兰在货运中使用内陆水路运输的比例远远低于欧盟的平均水平。

波兰的港口和码头位于波兰整个海岸线上,从波罗的海和欧洲大陆的角度来看,它们的位置至关重要,构成了欧洲运输和物流链的组成部分。波兰是进入波罗的海的九个国家之一,有12个国际港口,在沿岸还有28个区域和当地重要港口以及

50个海港。其中位于达洛沃（Darłąowo）、埃尔布隆格（Elbląg）、科沃布热格（Kołobrzeg）、波利采（Policach）和乌斯特卡（Ustka）的港口为大型中心港口和海上通道基础设施，是波兰运输系统中的重要纽带，近几年波兰正将它们与高质量的公路和铁路基础设施相集成，发展港口内基础设施和维护通往它们的水路。

2010—2017年，波兰码头总长度增加了约34%。2018年，波兰海港码头总长度约为96千米，总计处理货运量超过9100万吨，较2017年增加17.6%，较2010年增加54.3%。国际海上货物周转量占港口货物周转量的98.1%，接收游客高达205万人次，其中渡轮游客量接近6万人次。同年波兰用于各种内陆运输方式的基础设施的总投资超过31亿欧元。基于世界经济论坛的一项调查，波兰的港口基础设施等级于2016/2017年度提高至4.21（范围从极不发达的1到极为发达的7）。

**5. 城市交通**

根据波兰中央统计局的数据，2017年波兰公共交通路线全长5.78万千米，比上一年增加2.2%，其中公交线路的长度增加了2.3%，有轨电车的长度增加了0.4%，无轨电车的长度增加了0.2%。波兰的公交车数量在2010—2017年增长幅度相对较小，从9.7万辆增长到11.61万辆，其中可容纳超过45个座位的公共汽车占总数的59%。同年有约502辆公共汽车改使用替代燃料或推动器提供动力。在公交车总数中，超过61%是车龄为10年以下的车辆。便于残疾人士使用的公共交通工具在公交车总数中所占的比例为80.2%，而便于残疾人士使用的有轨电车在电车总数中所占的比例为32.1%，值得注意的是，每年在公共交通中便于残疾人使用的车辆数量在增加，其中公交车数量增加了1.8%，电车数量增加了3.9%。2017年，通过公共交通运送乘客37.39亿人次。2018年，波兰地铁承载人数接近

1.9 亿，而公交车运载乘客的数量有所减少。相反，通过铁路或其他交通工具运输的乘客数量明显增加。此外，在波兰的许多城市，修建自行车道的长度日益扩大。波兰的自行车道长度（其中绝大部分都建在城市中）在 2017 年超过 1.2 万千米（2012—2017 年增加近 75%）。即波兰的自行车道密度为每 1 万平方米内占 388.2 千米。此外，公共自行车系统在大约 33 个波兰城市中运行。

**6. 管道运输**

波兰管道运输主要用于运输原油和石油产品、天然气以及水。最重要的管道包括友谊管道（Rurociąg Przyjaźń）和连接格但斯克和普沃克的石油管道。此外，波兰的天然气管道网络非常发达，有大约 1.5 万千米。波兰所有的主要工业中心都配置有天然气管道，在下西里西亚省还建造了焦炉煤气管道网络。2018 年波兰管道收入超过 1200 亿兹罗提，同年管道货运部门的运输量约为每千米 2.13 万吨。

**7. 多式联运**

2017 年，波兰共有 30 个铁路集装箱码头用于多式联运。由于近几年对多式联运码头的投资，系统性地扩展了多式联运码头网络，其平均密度约为每 10000 平方千米 1 个码头。值得注意的是，欧洲资金是多式联运投资的重要来源。

波兰大型联运码头位于最大的集聚区（上西里西亚、华沙、波兹南、弗罗茨瓦夫、罗兹）、海港（格但斯克、格丁尼亚、什切青、希维诺乌伊希切港口）以及与白俄罗斯的边界（马瓦谢维切）。

根据 UTK 的数据，波兰集装箱码头（除港口码头外）的容量为 10000 TEU（Eurotrans Radomsko）至 385400 TEU（Polzug Gądki），基础设施密度大约是德国的四倍。而在波兰北部地区

（除开海港）码头数量很少，而某些省份（库亚维—波美拉尼亚省、卢布斯卡省、圣十字省、波德拉谢省、瓦尔米亚—马祖里省）则完全没有集装箱码头，导致这些地区经济发展受阻。

### （三）行业优劣势分析

#### 1. 优势领域

世界银行每两年发布一次全球物流绩效指数（LPI），对全球约160个国家和地区的绩效情况进行排名。世界银行选取了海关、基础设施、国际货运、物流竞争力、货物追踪、物流及时性六个方面的评价指标，每个指标的满分为5分。

由表2可知，2018年波兰全球物流绩效指数各项指标的全球排名较之前年份呈现上升趋势，这主要得益于波兰天然的地理优势，即地处欧洲重要交通走廊交叉口以及近几年波兰政府有意在相关领域大力投资。波兰借此契机增强与运输网络相邻国家和地区国际物流运输的可及性，加快实现部门间的整合和欧洲网络的互操作性，消除本地交通网络的盲点，使物流效率不断提升。

表2  2012—2018年波兰LPI排名与分值[①]

| 年份 | | 2012 | 2014 | 2016 | 2018 |
| --- | --- | --- | --- | --- | --- |
| LPI | 分值 | 3.43 | 3.49 | 3.43 | 3.45 |
| | 排名 | 30 | 31 | 33 | 28 |
| 海关 | 分值 | 3.30 | 3.26 | 3.27 | 3.25 |
| | 排名 | 28 | 32 | 33 | 33 |
| 基础设施 | 分值 | 3.10 | 3.08 | 3.17 | 3.21 |
| | 排名 | 42 | 46 | 45 | 35 |

---

① https://lpi.worldbank.org/international/scorecard/radar/254/C/POL/2016#chartarea.

续表

| 年份 | | 2012 | 2014 | 2016 | 2018 |
|---|---|---|---|---|---|
| 国际货运 | 分值 | 3.47 | 3.46 | 3.44 | 3.68 |
| | 排名 | 22 | 35 | 33 | 12 |
| 物流竞争力 | 分值 | 3.30 | 3.47 | 3.39 | 3.58 |
| | 排名 | 32 | 45 | 31 | 29 |
| 货物追踪 | 分值 | 3.32 | 3.54 | 3.46 | 3.51 |
| | 排名 | 37 | 43 | 37 | 31 |
| 及时性 | 分值 | 4.04 | 4.13 | 3.80 | 3.95 |
| | 排名 | 19 | 51 | 37 | 23 |

其他优势还展现在以下方面：在水运方面，作为TEN-T核心网络的一部分，波兰四大主要海港作为波兰海港的代表，彰显了波兰海港巨大的发展潜力。在铁路方面，波兰主要运输线路和某些区域线路中的铁路网密度相对较高，随着投资的不断加大，基础设施质量将不断提高。公共道路方面，波兰现有高速公路网络覆盖了该国交通密度最高的部分，且由于该国良好的地形条件（平坦的地形和较少发生地震），有利于规划新路线。

**2. 劣势领域**

第一，交通基础设施安全性能较差。波兰是道路交通中安全风险最高的国家之一。虽然自2008年以来，波兰道路交通事故的死亡风险降低了48%，但与欧洲其他国家相比差距仍然很大。此外，波兰铁路事故率仍然排在欧洲前列。铁路系统的关键区域是数量众多的铁路交叉路口，每年有35—45人在人行横道处死亡，就此类事故而言，波兰在欧洲排名第四位（2016年）。

第二，交通可及性差。波兰交通的发展较不平衡。尽管波兰大多数城市都有公共交通系统，但它们通常无法解决当地的交通问题，只有 1/3 的乡镇有公共交通。使用最频繁的城市交通路线是华沙、比亚韦斯托克、比得哥什，而去往大波兰地区戈茹夫和热舒夫的交通线路则最少。华沙地区使用公共交通的强度是大波兰地区戈茹夫的十倍。而高速公路网络的发展主要涉及波兰的西部和中部地区，比亚韦斯托克、卢布林、凯尔采和奥尔什丁仍然无法完全使用高速公路网。在东北和东部地区以及中波美拉尼亚，区域道路通行性显然较弱。

值得的注意的是，波兰中部地区人口密度的下降和周边地区人口分布的增加使得当前交通系统的有效性越来越低，运输可用性水平正在下降。此外由于郊区化，新开发区域通常位于无法使用公共交通工具的地方，结果导致波兰注册车辆的绝对数量与 1989 年相比几乎增长了四倍。在许多波兰城市中，汽车的数量已经高于西欧类似规模城市拥有汽车的数量。汽车的日益普及以及地方政府的财政问题促使一些城市限制交通的发展。

第三，交通政策具体条例不明晰。以城市公共交通战略为例，城市公交战略实际的投资或组织决策通常与书面目标明显矛盾，缺乏采取行动和投资所需的目录以及实施时间表，以致文件中的许多条目都没有实现。反而是根据财政资源的可用性以及当前的社会环境和政治需求作出的临时决策解决了上述问题。此外，由于波兰各城市针对交通领域的反馈信息详尽程度不一，导致战略制定者对实际交通系统了解甚少，而规划交通系统的发展主要是基于市政府可获得的报告的信息。

第四，交通基础设施陈旧。波兰的交通基础设施仍需完善和发展，需在现代化方面加大支出，以增强安全性，满足因货物贸易增加、居民流动以及波兰根据欧盟运输政策承担的义务而产生的市场需求。波兰基础设施总体情况可由表 4 获知。在公共道路方面，截至2017年年底，该国所有道路中有71%为刚性道路，而29%为未铺设道路。截至2017年年底，刚性路面的总密度为95.8千米/100平方千米。而由表3可知，波兰国家道路的总体质量状况近几年并没有太大的改观，且一直以来缺乏高速公路的连贯网络。在铁路方面，1989—2015年，波兰关闭了近5000千米的铁路线，占现有网络的1/5以上。尽管近年来波兰政府进行了大量投资，但国家铁路基础设施与邻国仍有一定差距，其中包括影响火车速度的铁路线和基础设施的许多零件的质量欠佳。此外，仍然缺乏高速铁路网络，铁路基础设施网络的密度明显低于邻近的欧盟国家，例如，德国（9.2千米/100平方千米）或捷克（10.3千米/100平方千米）。道路交叉口数量不足，工程设施技术条件差，与陆地运输的其他分支（公路、内陆水路）的联系不足是导致铁路竞争力下降的部分原因。特别是进入波兰海港的铁路运输路线的缺陷问题尤其严重。在海运方面，由于内陆航行基础设施质量差，包括技术条件差，缺乏水利工程建设或转运能力不足，水路长度不足，以及基础设施形式的限制（如桥梁太低），导致对内陆水路运输的利用不佳，波兰海港的交通可达性有限，使得内陆水道部门的竞争力非常低。在多式联运方面，缺乏多式联运枢纽，无法建设国家多式联运铁路系统。

表3　　　　　　　　评估波兰国家公路网的状况[①]

| 等级 | 2010年 | 2011年 | 2012年 | 2013年 | 2014年 | 2015年 | 2016年 | 2017年 |
| --- | --- | --- | --- | --- | --- | --- | --- | --- |
| 优（%） | 59.1 | 58.8 | 64.2 | 67.3 | 63.1 | 61.8 | 51.8 | 58.1 |
| 中（%） | 22.0 | 23.6 | 22.9 | 20.7 | 24.3 | 24.7 | 31.3 | 26.0 |
| 差（%） | 18.9 | 17.6 | 12.9 | 12.0 | 12.6 | 13.5 | 16.9 | 14.5 |

① 波兰基础设施部2018年数据，https：//www.gov.pl/web/infrastruktura/podstawowe-informacje。

表4　　　　　　波兰交通基础设施全球竞争力指数[①]

| 指标 | 评分 2018年 | 评分 2019年 | 百分制分值 2018年 | 百分制分值 2019年 | 排名 2018年 | 排名 2019年 |
|---|---|---|---|---|---|---|
| 交通基础设施（0—100） | — | — | 65.2 | 81.2 | 28 | 25 |
| 道路连接性（0—100） | 78.7 | 88.0 | 78.7 | 88.0 | 34 | 32 |
| 道路基础设施质量（1—7） | 4.1 | 4.3 | 52.3 | 55.2 | 64 | 57 |
| 铁路密度（千米/1000平方千米） | 58.9 | 60.5 | 100.0 | 100.0 | 12 | 13 |
| 铁路服务效率（1—7） | 4.0 | 3.9 | 49.3 | 48.4 | 44 | 45 |
| 机场连接性分数 | 114416.4 | 114416.4 | 64.7 | 64.7 | 38 | 38 |
| 航空服务效率 | 4.8 | 4.8 | 63.9 | 63.9 | 55 | 61 |
| 班轮连接性（0—100） | 55.4 | 63.1 | 55.4 | 63.1 | 25 | 23 |
| 港口服务效率（1—7） | 4.4 | 4.5 | 57.4 | 58.8 | 54 | 51 |

## 二　波兰交通运输国际合作情况

交通是波兰开展国际合作的重要方面。历史上波兰作为波罗的海直通大西洋的端点，贯通欧洲南北从北海地区到地中海沿岸的商路。作为欧盟国家，它地处欧洲中部，西接德国欧洲大陆腹地，北临波罗的海与丹麦、瑞典等国隔海相望，南边与捷克、斯洛伐克等维谢格拉德集团成员紧密联系，也可辐射巴尔干半岛及南斯拉夫诸国，向东则承担着连接新亚欧大陆桥交通运输干线的重要枢纽作用。自加入欧盟以来，波兰在欧盟交通治理、运输中转等方面显现出日益重要的地位，也积极地参与到与周边国家乃至"一带一路"等双多边合作当中。

---

[①] http://www3.weforum.org/docs/WEF_ TheGlobalCompetitivenessReport2019.pdf，http://www3.weforum.org/docs/GCR2018/05FullReport/TheGlobalCompetitivenessReport2018.pdf.

## （一）与周边国家双多边合作以及重大区域项目情况

### 1. 双边合作

（1）德国

2012年，波兰国家公路与高速公路总局（GDDKiA）与德国联邦道路研究所（BASt）以及德国基建部（BMVBA）签署了双边合作协议，该协议内容包括为双方机构的专家举办技术研讨会。同年，波兰与德国就跨越波兰—德国国家边界的铁路交通领域的合作达成协议。2020年，波兰与德国政府就两国之间铁路线边界桥设施的建设和维护达成协议。

2015年，波兰海上经济与内河航运部（MGMiŻS）与德国就奥得河边境的投资签署了有关协议。该协议要求提出一份合作时间表，将控制水流量、改善防汛与通航条件列为首要目标，并在此框架下开展沿线设施现代化建设、环境影响综合评估等工作事项。

2016年，波兰国家资产与能源部（MAP）与德国举行了波兰—德国能源论坛。两国讨论了欧洲能源市场的优先事项，确保燃料和天然气安全供应的条件，各个欧盟国家应确保的法规，以及讨论了气候政策和发展能源基础设施的必要性。同年，波兰与德国还讨论了冬季一揽子计划，该计划包含了8个欧盟立法项目，涉及电力市场架构、可再生能源利用、能源效率和能源联盟管理等多个领域。

（2）瑞典

2010年，波兰国家公路与高速公路总局和瑞典道路管理局签署了合作协议，计划涵盖了道路安全、道路管理等多个主题。专家组会议将在波兰和瑞典轮流举行。

（3）荷兰

2018年10月，波兰基础设施部部长安德热伊·阿达姆奇克

（Andrzej Adamczyk）会见了荷兰基础设施和水资源部部长。波罗的海走廊连接了荷兰与波兰，双方合作主要建立在铁路运输、包裹运输和航空领域，也提出了连接亚洲的铁路货运问题。

（4）罗马尼亚

2019年4月，波兰与罗马尼亚签署相关协议并向欧洲委员会提出申请，请求将喀尔巴阡山脉走廊纳入跨欧洲交通运输网（TEN-T）。会议成果还包括签署的合作宣言，该宣言旨在平等互利的基础上发展和加强双方在交通运输基础设施和服务领域的合作。

（5）乌克兰

2019年，波兰和乌克兰基础设施部的代表讨论了有关在公路、铁路和航空运输领域的基础设施合作，包括国际道路运输许可证相关事宜。其中道路基础设施问题涉及乌克兰方面实施的M10克拉科维茨—利维夫（M10 Krakowiec-Lviv）高速公路的建设，这是波兰A4高速公路和乌克兰一侧的喀尔巴阡山脉走廊路线的延伸。

（6）挪威

2019年，波兰和挪威能源部的代表讨论了两国在天然气供应安全领域的长期合作的相关事宜。随着波罗的海天然气管道的建成，波兰将在2022年后继续加强在挪威石油和天然气领域的投资。在波兰能源部门计划进行的减排转型以及进一步发挥可再生能源（包括海上风能）的作用方面，挪威合作伙伴可以为波兰提供丰富的经验。

**2. 多边合作**

（1）维谢格拉德四国

2018年，维谢格拉德四国负责交通基础设施事务的部长签署联合宣言，计划共同建设连接四国首都的高速铁路，并成立专门工作组开展可行性研究。波兰基础设施部部长安德热伊·

阿达姆奇克表示,高铁时速可达到250—350千米/时,计划连接华沙、布拉格、布达佩斯和布拉迪斯拉发四座城市。项目投资额度将在可行性研究完成后,根据运行速度、线路规划等因素计算得出。匈牙利外长表示,希望引入更多可选资金渠道,使项目更具成本优势。

2018年,波兰、捷克、斯洛伐克、匈牙利、乌克兰5国负责基础设施建设的部长签署一项中东欧基础设施项目合作协议。根据联合声明,各国部长承诺对跨境铁路和公路项目给予特别关注,减少建设瓶颈,以使其符合跨欧洲交通网络标准,各国部长还将重点支持高速铁路等投资项目。2018年,波兰和捷克计划共同提出一项请求,以在2023年的跨欧洲交通运输网计划审查中将奥得河和维斯瓦河纳入核心网络。

(2) 波罗的海三国

波兰与波罗的海国家相邻,合作较为紧密。2010年9月,波兰总统访问立陶宛,并与波罗的海三国总统会谈。2011年9月,波兰总统访问了爱沙尼亚并与三国总统会晤,论及国家能源安全和运输等方面的合作。2012年7月,波兰与立陶宛签署了波罗的海"功能空域集团协议",该协议是欧盟"单一欧洲天空"计划的一部分,目的是降低空中交通管理成本。

2013年2月,立陶宛总统访问波兰,强调了双方在铁路建设、能源项目以及天然气管线等领域的合作。2013年10月,波兰主办了为期三天的波罗的海商业论坛。

2018年,波兰与爱沙尼亚签署了波罗的海铁路项目,该项目可有效解决南北铁路运输的边缘化问题。波兰希望将其部分货物运输转移到铁路,这将对波兰东北部生态特别敏感的地区(通过此路线运行)的环境保护产生积极影响。

2019年,波兰与拉脱维亚、爱沙尼亚、立陶宛以及欧盟委员会签署了关于波罗的海国家与欧洲大陆电力系统同步的实施路线图。多方将尽一切努力为2025年的同步工作准备必要的基础设施，波罗的海国家将与欧盟委员会和欧洲输电系统运营商网络（ENTSO-E）合作。

（3）琥珀铁路货运走廊

2017年，波兰、斯洛伐克、匈牙利和斯洛文尼亚四国交通部部长在欧洲运输、电信和能源理事会会议上签署合作谅解备忘录，成立琥珀铁路货运走廊项目执行理事会。波兰基础设施部表示，琥珀走廊是为了补充现有运输网络，特别是确保波兰和匈牙利货运走廊的连接，走廊的开放将影响波兰与东部和南部邻国之间的联系。在远东到欧洲的运输方面，该走廊对波兰有着尤为重要的意义，波兰马拉舍维奇省和斯洛文尼亚科佩尔港是走廊的两端。

（4）喀尔巴阡山脉走廊

喀尔巴阡山脉走廊公路项目（Via Carpathia）是立陶宛、波兰、斯洛伐克和土耳其四国部长于2006年在布兰切特发起的项目。白俄罗斯、波黑、克罗地亚、塞尔维亚、罗马尼亚也加入了该项目。通过喀尔巴阡山脉的交通线路将从立陶宛的克莱佩达和考纳斯经过波兰的比亚韦斯托克、卢布林和热舒夫，斯洛伐克的科希策，匈牙利的德布勒森，再到罗马尼亚、保加利亚和希腊。该项目有望连接波罗的海和爱琴海的七个国家，构成沿着欧盟东部边界从中欧到亚洲的运输路线，并可以从西欧通往俄罗斯并经黑海港口连接欧洲—高加索—亚洲运输走廊（TRACECA）。该线路在波兰段的全长为760千米，预计耗资300亿兹罗提（71.3亿欧元），将于2025年投入使用。

（5）三海倡议[①]

"三海倡议"（Three Seas Initiative）由波兰和克罗地亚于

---

① www.gov.pl/web/dyplomacja/trojmorze.

2015年联合发起，覆盖了波罗的海、黑海和亚得里亚海区域内的12个欧盟国家，分别是奥地利、保加利亚、克罗地亚、捷克、爱沙尼亚、匈牙利、拉脱维亚、立陶宛、波兰、罗马尼亚、斯洛伐克和斯洛文尼亚。在历次峰会中，除了"三海倡议"成员国代表之外，美国、德国以及欧盟等域外国家和国际组织也受邀以观察员身份参会。"三海倡议"的主要目标是在能源、电信和物流运输领域展开合作，下属基金目前已经制订总额超过5亿欧元的支付计划，目标筹款金额为3亿—50亿欧元。该基金预计还将参与总价值高达1000亿欧元的基础设施项目，在此基础上三海地区创造的新需求将超过5700亿欧元。

2018年9月，欧盟也发布了题为"连接欧洲和亚洲——欧盟战略的基石"（以下简称"欧盟欧亚连接战略"）的报告。通过考察发现，欧盟欧亚连接战略在天然气和交通运输互联互通方面涉及多数"三海倡议"成员国。例如，欧盟的中欧和东南欧（CESEC）互联互通优先项目，主要包括保加利亚—希腊的互联、保加利亚—塞尔维亚的互联、加强罗马尼亚的天然气系统等。同时，三海地区国家被欧盟确定为泛欧交通运输网络（TEN-T）的九条核心走廊中的五条走廊的一部分，主要包括波罗的海—亚得里亚海走廊；地中海走廊；莱茵—多瑙河走廊等。据此不难看出，"三海倡议"在能源和交通运输领域的互联互通可以成为欧盟欧亚连接战略的有机组成部分。

波兰还与以下国家政府缔结了国际公路与铁路运输双边协定。阿尔巴尼亚、亚美尼亚、白俄罗斯、伊拉克、伊朗、约旦、哈萨克斯坦、吉尔吉斯斯坦、马其顿、摩尔多瓦、俄罗斯、叙利亚、突尼斯、土耳其、乌兹别克斯坦等。双边协议的文本在波兰外交部的网站上均可供查询。[①]

---

① traktaty.msz.gov.pl.

波兰还与以下国家政府就水上经济开发、造船业与航运等领域展开合作或提供便利：英国、日本、印度尼西亚、阿塞拜疆、白俄罗斯、俄罗斯等。

波兰还与以下国家就能源开发与运输等领域开展合作：英国、日本、阿塞拜疆、卡塔尔、阿尔及利亚等。

### （二）区域重大项目

**1. 泛欧交通运输网络**（Trans-European Transport Networks，TEN-T）

铁路运输方面，波兰是全长5400千米的泛欧交通运输网络（TEN-T）的重要组成部分，现有4条国际铁路运输走廊途经波兰，其中2条位于欧盟境内，一条是从波兰格但斯克港向南延伸至地中海，另一条是从荷兰经德国、波兰至波罗的海三国。另2条分别经白俄罗斯、乌克兰，再通过俄罗斯连接亚洲各国。渝新欧、蓉欧等中欧铁路货运班列便使用此线路。

客运方面，波兰连接西部国家主要使用的线路是由法兰克福奥得河畔经波兹南至华沙，其中运营有柏林—华沙的欧洲城际列车，每天对开4班。在华沙—布列斯特—明斯克—莫斯科的线路上也有两条分支可分别通往拉脱维亚首都里加、立陶宛首都维尔纽斯及乌克兰首都基辅。再往南，由西至东的过境路线从科特布斯（过境福斯特）经扎甘、弗罗茨瓦夫、卡托维兹和克拉科夫通往乌克兰边境普热梅希尔，这条线路还运行有汉堡—克拉科夫的欧洲城际列车。由德累斯顿经格尔利茨（或兹戈热莱茨）至弗罗茨瓦夫并有支线通往文格利涅茨的线路主要承担德国与波兰的铁路货运任务，同时，该线路也提供德累斯顿—弗罗茨瓦夫快车。

空运方面，波兰现有8个跨欧洲交通运输网上的机场。2008年，华沙机场新航站楼启用，每年旅客吞吐能力可达到1000万。其他7个跨欧洲交通运输网上的机场，包括波兹南、什切青、弗罗茨瓦夫、格但斯克、热舒夫、克拉科夫、卡托维兹也正在进行扩建和现代化改造，将新建5座航站楼、改造停机坪、对跑道和滑行道进行现代化改造、建设有轨电车道，并采购相关车辆等。

水运方面，波兰现有内河航道里程3654千米。奥得河及其支流是内河航运的主航道，奥得河水道位于TEN-T跨欧洲交通网上，主要为什切青和希维诺乌伊希切两个港口提供航运服务。由于内河航运更为环保，近年其在波兰运输中的地位日益提高。2017年，波兰签署了欧洲主要内陆水道公约（AGN），承诺在具有国际重要水路运输地位的线路上提供符合欧洲标准的水道。公约包含的网络分为9条主要的水路运输路线，长度超过27000千米，连接了37个欧洲国家和地区的港口，其中有3条主要水道的一部分经过波兰，即E30航道、E40航道、E70航道。E30航道，即沿奥得河航道，将希维诺乌伊希切地区的波罗的海与布拉迪斯拉发地区的多瑙河相连。E40航道将波罗的海地区的格但斯克港与黑海地区的敖德萨港相连。E70航道连接奥得河与维斯杜拉潟湖，并成为连接克莱佩达与鹿特丹的欧洲东西向交通路线的一部分。在2023年对TEN-T网络规划进行下一次修订之前，波兰已经制订并通过了有关水道的重建计划。

贯穿波兰的跨欧洲交通运输网络还包括以下路线。

波罗的海—亚得里亚海走廊：格丁尼亚—格但斯克—卡托维兹（或斯瓦夫库夫）、格但斯克—华沙—卡托维兹、卡托维兹—俄斯特拉发—布尔诺—维也纳、什切青（或希维诺乌伊希切）—波兹南—弗罗茨瓦夫—俄斯特拉发、卡托维兹—日利纳—布拉提斯拉瓦—乌迪内—的里雅斯特、迪内—威尼斯—帕多瓦—博洛尼亚—拉文纳，格拉茨—马里博尔—卢布尔雅那—科佩尔（或的里雅斯特）。

北海—波罗的海走廊：赫尔辛基—塔林—里加、文茨皮尔斯—里加、里加—考纳斯、克莱佩达—考纳斯—维尔纽斯,考纳斯—华沙,波兰与白俄罗斯边境—华沙—波兹南—法兰克福（或奥得河）—柏林—汉堡,柏林—马格德堡—不伦瑞克—汉诺威,汉诺威—不来梅—不来梅哈芬（或威廉港）、汉诺威—奥斯纳布吕克—亨厄洛—阿尔默洛—德芬特—乌得勒支、乌特勒支—阿姆斯特丹、乌特勒支—鹿特丹—安特卫普、汉诺威—科隆—安特卫普。

**2. 欧盟运输项目中心（CUPT）**

该中心于2007年成立,接受欧洲基金和连接欧洲基金投资,目标是到2023年合理有效地分配用于交通项目的欧盟资金。欧盟运输项目中心由技术援助计划（POPT）、基础设施与环境计划（OPI&E）、连接欧洲基金（CEF）资助。

在基础设施和环境2014—2020年计划（OPI&E）中,波兰将优先发展TEN-T公路网和多种交通方式联运。其他次优先发展领域还包括城市道路基础设施、铁路运输,以及在城市中发展低排放公共交通。

波兰东部2014—2020年规划（OPPW）[①]是一项支持东部五省社会经济发展的政策。其财政来源包括筹集于欧洲区域发展基金的20亿欧元。这笔资金将分配于鼓励企业创新与对公共交通、道路和铁路的投资方面,将极大提高波兰东部区域的通达程度与政治经济凝聚力,确保国家级与省级道路与包括TEN-T在内的国家道路网络相连接。已完成项目包括：867号公路（连通加西翁卡国际机场）、669号公路（接通至白俄边境城市博布罗夫尼基的DK65国道）公路、51号国道（接通至俄罗斯边境城市加里宁格勒州的货运通道）等27条道路。

连接欧洲基金（CEF）是一项已取代现有TEN-T基金的新

---

[①] popw. parp. gov. pl.

的金融项目，其目标是支持2014—2020年交通、能源和信息技术领域的基础设施建设。交通领域的投资预算为262.5亿欧元，其中113亿欧元将来自凝聚力基金。在运输部门，CEF的投资包括以下方面：加强与面临被排斥风险的地方的联系，建立国家之间的联合投资，确保在更长的时间内实现可持续和高效的运输，建立现代的高铁网络，通过铁路网络在机场和城市之间建立便捷的连接以及对现有基础设施进行全新的实质性现代化改造和重建。据悉，项目计划到2030年完成TEN-T核心网络的建设。

高效、智能和可持续的运输对欧洲的竞争力至关重要。通过获得连接欧洲基金的新一轮投资，波兰在开展水路或铁路项目方面建设的同时，创造就业并促进经济增长。对连接欧洲基金项目的关注还反映了波兰愿意更好地与欧洲建立联系，并向欧洲内部市场的深化继续迈进。

欧盟运输项目中心在波兰的投资还包括其他项目，例如，格但斯克北部港口的水道现代化工程。现代化工程的目标是发展港口基础设施，提高波罗的海航行的安全性以及改善从海上和陆路到港口的可及性。这项投资将使船只能够双向航行，并确保进出格但斯克港口的船只的安全。现代化计划已于2020年4月完成，计划的总投资成本达到1.61亿兹罗提，其中85%的资金来自欧盟基金，金额达到1.37亿兹罗提。

**3. 北方物流运输合作伙伴关系（NDPTL）**

北方物流运输合作伙伴关系是于2009年10月在欧盟北方政策的框架内建立的四个伙伴关系之一。现任成员为包括波兰在内的11个国家以及欧盟委员会。伙伴关系的总体目标是依照本区域的生态需要，改善北部地区的交通连接和物流运输，以便平衡不同区域和国家的需要，促进地方、区域以及全球层面的可持续经济增长。伙伴关系秘书处作为北欧投资银行下属机构在芬兰赫尔辛基的世界银行总部运作。

## 三 中波两国的交通合作

波兰地处亚欧大陆十字路口，是"琥珀之路"和"丝绸之路"的交汇点，具有独特区位优势。波兰作为中东欧地区的经济大国，经济部门相对齐全，经济结构相对完整，中波之间存在很多可以合作共建的领域。

### （一）发展现状与合作成果

#### 1. 中国—中东欧国家合作机制

波兰是中东欧地区的龙头国家，人口、国土面积均为中东欧国家之首，有实力、有潜力成为欧方的一个主要牵头国家。在交通领域合作方面，波兰牵头组建了中国—中东欧国家合作海事秘书处，作为中国—中东欧国家合作项目的一部分，一直由波兰海上经济与内河航运部运作。海事秘书处通过以下方式在中国与中东欧国家之间的海事合作中发挥重要作用：在海事安全、海洋环境保护、培训和教育等领域加强中东欧国家海事主管部门之间的合作和经验交流；在开发和推广适当的导航技术方面促进合作；加强中东欧国家之间在航运领域的合作。

#### 2. 中欧班列

中国与波兰两国元首曾共同出席中欧班列首达欧洲（波兰）仪式。波兰是欧洲大陆运输干线的重要组成部分，从武汉市开往捷克帕尔杜比采、从重庆市开往德国杜伊斯堡、从郑州市开往德国汉堡、从呼和浩特市开往德国法兰克福等20多条中国通往欧洲的"中欧班列"会途经或抵达波兰，其中"蓉欧快铁"的终点就是波兰罗兹市。2014—2018年，中欧运输线上的铁路运输中转量增加了十倍以上，其中90%的货物在波兰转运。

**3. 电动交通**

2017年，波兰能源部部长克日什托夫·特霍热夫斯基（Krzysztof Tchorzewski）与中国工业和信息化部部长苗圩签署了电动交通合作备忘录。新签署的备忘录为两国在电动汽车领域的合作创造了基础，从而可以开展信息和经验交流，组织考察访问，建立公司与科研机构之间的合作平台，加强研发技术合作，包括电池制造、储能及服务于汽车行业的所有信息技术部门的交流。

**4. 签署《关于共同编制中波合作规划纲要的谅解备忘录》**

中国与波兰还签署了《关于共同编制中波合作规划纲要的谅解备忘录》，以及有关信息互联互通、基础设施建设、产能、教育、文化、税务、质检、海关、航天等领域的双边合作文件。近年来，中波两国高层交往频繁，经贸合作成果丰硕，人文交流方兴未艾。习近平主席2016年6月对波兰进行了国事访问，这是中国国家元首时隔12年后再次访问波兰。习近平主席同波兰总统杜达一致决定将中波关系提升为全面战略伙伴关系。访问期间两国达成多项重要共识，同意加强各自发展战略对接，打造互利共赢的利益共同体；推进"一带一路"建设，尽早启动具有示范意义的重大项目；推动中波互联互通和产能合作，扩大双方合作领域和成果；鼓励两国企业加大相互投资，拓展农业、金融、通信、环保、高技术、航天、新能源等领域合作，丰富双边关系内涵；巩固友好关系，全面推动人文领域交流合作。

**（二）面临的问题**

与老欧盟成员相比，波兰的基础设施比较落后。高速和快速公路路线少，优质公路比例较低，铁路网技术退化，空运和海运能力较低，难以满足经济发展和吸引外商投资的需要。在欧盟国家运输质量排名中，波兰排名倒数第二，仅高于罗马尼亚。交通基础设施较往年有所改善，但与欧盟平均水平仍有较大差距。道路交通安全率上升，但交通事故死亡率仍高于欧盟平均水平。道路研发方面的私人投资低于欧盟平均水平，电气化铁路线比例大（超过62%），可再生能源较油耗的比重较高，这两方面均高于欧盟平均水平。消费者对城市交通和航空运输的满意度高于欧盟平均水平，但对铁路交通的满意度是欧盟各国中最低的。

### 1. 公路运输

波兰公路运输在欧洲仍属落后，高速公路密度约为45千米/百平方千米，远低于欧盟160千米/百平方千米的平均水平。道路基础设施，尤其是高速路网络建设发展滞后，次质公路比例较高，这些问题短期内难以解决。

### 2. 铁路运输

波兰铁路运营里程约1.9万千米，密度高于欧盟平均水平，其中国有铁路占1.15万千米，电气化率约62%。波兰铁路货运量偏低，仅占货运总量的12%左右，且其中70%为国内货运。由于技术落后，近一半铁路时速不超过60千米，约1/3的铁路线经常限速或停运，还有1/3需要大修。

### 3. 航空运输

波兰非常需要一个新的现代化航空港。2018年，波兰决定在华沙和罗兹之间建立一个大型机场设施——中央交通港（CPK）。这个绿地项目是政府的标志性工程，将耗资309亿—349亿兹罗提，历时多年。

### 4. 航海运输

总体而言，波兰各港口基础设施条件仍较差，轮船进出港时间偏长，这不仅降低了效率，而且增加了服务成本。按照海洋运输基础设施发展计划，波兰将对港口城市什切青与希维诺乌伊西切的水道进行现代化改造，建设什切青集装箱基地和什切青西滨海物流中心以及其他现代化设施，以提高吞吐量并提升从海路和陆路通往各主要海港的畅通性。水道现代化改造项目是波罗的海至亚得里亚海跨欧洲交通运输网络的一部分，已获得2.87亿欧元的资助。两个项目均计划在2023年完成。

# 捷 克 篇

## 一 捷克交通运输发展概况

捷克交通运输发展战略主基调为对接欧盟交通运输战略,捷克本国的交通运输发展战略又可细分为总体战略与专项战略等。

### (一) 发展战略

#### 1. 欧盟层面战略

欧洲2020年计划:要求欧盟成员国发展智能、现代化和充分互联的运输和能源基础设施,并确保协调执行对欧盟整体运输核心网络系统作出重大贡献的基础设施项目。

欧洲运输政策:2011年欧盟委员会发布《单一欧洲运输区路线图——建立具有竞争力和资源节约型运输体系》白皮书。该白皮书包含了40项具体举措,以建立一个具有竞争力的交通运输系统,该系统将提高流动性,减少交通对环境的污染,消除关键领域的主要障碍并促进就业,到2050年将运输中的碳排放量减少60%。为此,白皮书强调广泛应用交通运输技术智能计价等,鼓励铁路在客运和货运中发挥更大作用。客运铁路方面,力争到2030年现有高速铁路网的长度增加三倍,所有成员国保持密集的铁路网。到2050年,大多数中距离客运通过铁路实现。货运铁路方面,力争到2050年建成欧洲高速铁路网。鼓励高铁替代短途航空服务，到2050年，将所有核心网络机场连接到铁路网，最好是高速铁路。

泛欧交通运输网络（TEN-T）：欧盟基础设施政策核心部分，旨在将欧洲现有相互分割的公路、铁路、机场与运河等交通基础设施连接起来，构建统一的综合交通运输体系，缩短各国基础设施网之间发展水平差距，解决发展瓶颈、去除技术壁垒。"泛欧交通运输网络"涉及铁路、公路、航空、水运、基础设施、互联互通技术和规范等，包括泛欧公路网络、泛欧铁路网络（包括高铁及普速）、泛欧内河航运网络及内河港口、泛欧海港网络、海洋高速公路、泛欧机场网络、泛欧多式联运网络、泛欧航运管理及信息网络、泛欧航空管理网络、泛欧定位及导航网络（包括伽利略定位系统）。

## 2. 捷克总体战略

捷克交通运输总体战略以《捷克共和国2014—2020年运输政策及至2050远景展望》[①]为发展纲要，匹配欧盟预算编制周期，该政策于2013年制订，2017年修订，政策执行由欧盟委员会直接监督。其主要目标包括：协调运输市场条件；推进铁路和水运现代化；改善道路运输质量；降低运输对环境和公共健康的影响；欧洲铁路系统运营和技术互操作性；发展跨欧洲运输网；改善运输安全；实施基于距离的运输收费；支持多式联运；发展城市、郊区和跨区域公共交通；开展安全、环保的交通领域研究；使用最先进的现有技术和全球导航卫星系统；减少运输部门的能源需求。

根据《捷克共和国2014—2020年运输政策及至2050远景展望》，至2020年，捷克交通运输主体、资金和基础设施三方面的政策执行评定目标具体如下（见表1）。

---

[①] https://www.mdcr.cz/getattachment/Dokumenty/Strategie/Dopravni-politika-CR-pro-obdobi-2014-2020-s-vyhled/The-Transpor-Policy-of-the-Czech-Republic-for-2014％E2％80％932020.pdf.aspx.

◇◇ 国别报告

表1　　捷克运输政策主要执行目标

| 项目 | | 主要指标 | 评估目标 |
|---|---|---|---|
| 主体方面 | 竞争条件 | 至少建立一个高速铁路线路区段 | 完成 |
| | 地区一致性 | 高速公路升双车道道路网络覆盖所有地区 | 完成 |
| | | 快速高运力铁路覆盖所有地区或至少已启动相应项目 | 完成 |
| | 货运物流进程 | 符合AGTC①参数，连通欧洲多式联运线路的公共多式联运终端数量（个） | 5 |
| | 公共客运服务 | 所居住的城市应同时拥有铁路和公交服务的居民占比（%） | 80 |
| | 交通违规 | 进行动态交通管制的公路和机动车道距离数（千米） | 150 |
| | 货运联运 | 货物联运能力（千吨千米） | 2450000 |
| | | 运营的铁路货运通道数（个） | 3 |
| | | 超过300千米的货物运输总运量中铁路、水运运量占比（%） | 50 |
| | 客运 | 公共客运能力（百万人千米） | 28000 |
| | | 公共客运在客运总量中占比（%） | 35 |
| | | 公开竞标或市场模式下的铁路客运量占比（%） | 15 |
| | 城市交通 | 可持续交通规划生效的城市数（个） | 5 |
| | | 居民超过10万人的城市中，公共交通运力与私人汽车运力的比 | 维持2013年水平 |
| | 交通安全性 | 事故率（致死率、重伤率） | 30天交通致死人数少于360人，重伤少于2123人 |
| | 铁路重组 | 完成重组 | 完成 |

① AGTC：European Agreement on Important International Combined Transport Lines and Related Installations（《欧洲重要国际联运线路及相关设施协定》）。

续表

| | 项目 | 主要指标 | 评估目标 |
|---|---|---|---|
| 资金方面 | 传统资金 | 使用欧盟凝聚力资金和"连接欧洲设施"资金为交通基础设施提供融资 | 2022年执行100% |
| | | 年度交通设施投资支出同期浮动程度（相比前两年） | ±10% |
| | | 基于距离计收通行费的公路数（千米） | 7500 |
| | 替代资金 | 使用私人资本为交通基础设施提供融资的项目数（项） | 执行完成项目2项 |
| | 资金分配 | 交通基础设施维修资金上浮比例 | 比2013年基期上浮35% |
| | 公共交通资金 | 公共预算中线路交通支出（人千米/克朗） | 0.80 |
| | | 公共预算中公共交通支出（人千米/克朗） | 0.9 |
| | | 公共预算中铁路运输支出（人千米/克朗） | 0.60 |
| | 交通能源 | 公路交通中使用非石油能源的车队比例（%） | 3 |
| | | 汽油、柴油和煤油占总能耗的比例（%） | 85 |
| 交通基础设施 | 交通基础设施运营和维护 | 公路基础设施维修维护资金增长（百万克朗） | 19700 |
| | | 铁路基础设施维修维护资金增长（百万克朗） | 12000 |
| | 交通基础设施开发 | 跨欧洲公路核心运输网络中已完工项目数占比（%） | 90 |
| | | 跨欧洲铁路货运核心运输网络中已完工项目数占比（%） | 75 |
| | | 跨欧洲铁路客运核心运输网络中已完工项目数占比（%） | 80 |
| | 降低交通对环境和公共健康影响 | 运输产生的氮氧化物排放量（吨） | 63000 |
| | | 暴露于过度运输噪声中的人口比例（%） | −15 |
| | | 运输中碳排放量（千吨） | 16200 |

2016年6月，捷克政府为进一步落实《捷克共和国2014—2020年运输政策及至2050远景展望》发布了第二阶段文件《捷克共和国至2020年智慧交通系统部署行动方案及至2050远景展望》。该智慧交通系统设定八个具体目标：第一，建设拥有高素质服务人员的高效、智能交通基础设施；第二，确保交通的连续性，缩短交通总时长；第三，提高交通安全性；第四，减少严重违反交通规则事故，避免严重违反法律的事故；第五，协调推进智慧交通系统建设；第六，支持发展社会技术和服务；第七，支持教育和培训项目；第八，支持欧盟标准化智慧铁路系统开发与基础设施管理者与运营者间标准化数据交换系统开发。

**3. 捷克高速铁路发展战略**

捷克在中东欧国家中经济发达，工业基础扎实，交通运输业是其支柱产业。但相比西欧邻国，捷克的交通基础设施还存在较明显的差距。欧洲高速铁路分布中，捷克全境分布的均为时速200千米以下的铁路；相比之下，德国境内以270—300千米时速的高速铁路为主，而奥地利和波兰也建有200—230千米时速的高铁路线。这一现状也促使捷克政府加大力度推进境内高速铁路建设。2018年1月，捷克政府发布《捷克快速服务开发项目》报告，针对在捷克国内开展快速运输服务（主要指高铁项目）提供可行性分析并提出执行方案。该战略主要基于TEN-T核心网络与综合网络设置的枢纽线路进行分析。根据TEN-T规划，客运铁路运输（分高速和普通）规划主要涉及捷克境内布拉格、布尔诺、皮尔森、俄斯特拉发4个交通枢纽，连通德国、奥地利、斯洛伐克、波兰和匈牙利等国。

为保证上述建设规划，捷克发布《国家投资计划（2020—2050）》[①] 规划资金保障。到2050年，捷克预计向交通建设项目投资约6.2万亿捷克克朗，其中半数投资将在2030年前使用，铁路投资占到绝大多数。捷克拟建6条高速铁路线路，总投资达到7698亿捷克克朗，其中最主要的高速铁路项目是拟于2025年启动的从布拉格经由布尔诺至俄斯特拉发的高速铁路RS1路段。该路段将连通德国途经捷克通往波兰、斯洛伐克、匈牙利的高铁运输网，投资总额达到3381亿捷克克朗（见表2）。

表2　　　　　　　　捷克高速铁路建设规划项目

| 序号 | 线路 | 启动时间 | 投资金额（亿捷克克朗） |
| --- | --- | --- | --- |
| 1 | RS1 布拉格—布尔诺—俄斯特拉发 | 2025年 | 3381 |
| 2 | RS2 布尔诺—萨克维采 | 2027年 | 150 |
| 3 | RS3 布拉格—贝龙 | 2025年 | 470 |
| 4 | RS4 布拉格—拉贝河畔乌斯季—边界 | 2027年 | 1390 |
| 5 | RS42 诺瓦韦斯—洛乌尼—莫斯特 | 2030年 | 304 |
| 6 | RS5 波日恰尼—赫拉德茨 克拉洛韦—特鲁特诺夫 | 2035年 | 1203 |
| 合计 |  |  | 7698 |

除此之外，在捷克《国家投资计划（2020—2050）》中，捷克政府规划了114项常规铁路线路优化提升项目，其中2020年前已启动的项目有47项，总投资达到2664.96亿捷克克朗，2020年后启动建设67项，总投资高达6121.86亿捷克克朗。

---

[①] https：//www.vlada.cz/assets/media-centrum/aktualne/Narodni-investicni-plan-CR-2020_2050.pdf.

#### 4. 捷克高速公路发展战略

在捷克《国家投资计划（2020—2050）》中归属交通部的投资项目中，除上文的铁路投资，另一部分重点投资项目集中在公路领域，包括高速公路建设项目50项，其中2020年前已启动建设的项目为21项，投资额为888.28亿捷克克朗。事实上，在前一个投资周期，捷克在交通基础设施方面的投资不足。公路方面的投资从2010年的440亿捷克克朗大幅逐年下降到2013年的160亿捷克克朗，2015年增长到245亿捷克克朗。2017年后，捷克政府交通基础设施基金预算金额达到820亿捷克克朗，其中，520亿克朗由捷克自行筹集，其余300亿克朗来自欧盟基金。过去几年，捷克共建成96千米高速公路，其中33千米是新建，其余为修缮路段。下一阶段，捷克计划建设150千米高速公路，涉及项目29项，投资额达到4883.73亿捷克克朗。其中，D4公路的建设将首次采用PPP方式，公路全长32千米。建成后，该公路将成为捷克首条私营高速公路。目前该项目处于可行性研究阶段，包括德勤等四家咨询公司竞标。

此外，捷克政府还安排了2900亿捷克克朗的远景投资规划，预计于2030年后启动。一级公路优化建设方面，捷克政府共规划项目153项，其中2020年前已启动建设24项，投资额为213.64亿捷克克朗，2020年后启动项目为129项，总投资额高达4479.31亿捷克克朗。捷克政府另有30亿克朗预算用于修护捷克的二级和三级公路。

### （二）主要交通方式

捷克拥有较发达的交通网络，位于欧洲中心的地理位置使其成为欧洲过境走廊的天然枢纽。捷克的交通运输包括公路、铁路、航空、内河水运等运输方式。

### 1. 公路

捷克地处中欧，与周边国家均有高速公路连接。捷克统计局数据显示，截至2020年，捷克公路通车总里程5.58万千米，其中：高速公路1298千米，其他公路5.45万千米。另有欧洲公路网2630千米。虽然捷克公路网的密度在欧洲属于领先之列，但高速公路的密度远远落后于西欧国家，甚至低于中东欧地区的斯洛文尼亚和克罗地亚。捷克高速公路在市镇外部分最高限速为130千米/时，在市镇部分是80千米/时。

公路运输方面，捷克境内开展公路客运、货运服务的运输公司分为捷克注册企业和欧洲注册企业两类，以捷克本土注册企业为主。以2018年为例，捷克注册的本土公路货运企业实现货运量4.75亿吨，而欧洲其他国家注册企业在捷克运输的货物总量仅为0.74亿吨。2019年，捷克公路货运规模又有明显提升，捷克本土货运企业运输货物5.04亿吨。2020年捷克公路货运规模降至4.60亿吨。数据显示公路运输在捷克对外贸易中的作用仍有较大潜力空间可待挖掘，以2019年为例，5.04亿吨货运量中仅0.29亿吨货物是国际贸易货物，包括出口、进口、过境货物，这与捷克每年与德国大量的进出口贸易规模相比微不足道。

公路客运方面，2019年捷克公路客运共运送旅客3.56亿人次，其中国内旅客3.15亿人次，国际旅客0.41亿人次。2020年捷克公路运送国际旅客仅为0.24亿人次国内常规旅游线路完成运送旅客人数为2.94亿人次。无论客运或货运，捷克公路运输商的国际化或跨境业务规模仍有较大提升空间。

### 2. 铁路

捷克的铁路与欧洲各国联网，乘火车可抵达欧洲各主要城市。截至2020年捷克现有实际运营铁路9542千米，其中，电气化铁路3236千米，非电气化铁路6306千米。捷克境内铁路多为时速200千米以下的线路。捷克铁路密度为每百平方千米12千米，处于全球领先水平。

铁路运输方面，2019年捷克铁路共运送旅客1.9亿人次，运输货物9853万吨。2020年受新冠肺炎疫情影响捷克铁路运送旅客仅为1.3亿人次，运送货物仅9086万吨。相比公路货运，捷克国际铁路货运在捷克铁路货运中占比更高。捷克铁路货运中近2/3货物是捷克进出口货物，尤其是进口货物。

**3. 空运**

捷克目前共有91个民用机场，其中6个是国际机场，分别位于布拉格、布尔诺、俄斯特拉发、布杰约维采、卡罗维发利和帕尔杜比采，其余均为国内和私人小机场，主要国际机场为布拉格的瓦茨拉夫·哈维尔机场。此外，还有恰斯拉夫等四个军用机场。

航空运输方面，2019年捷克航空共运送旅客1881万人次，其中以国际旅客为主，规模达到1875万人次，进出境旅客规模大体相当，出境旅客937.1万人次，进境937.6万人次。2020年这一数据锐减至383万人次。航空货运方面，2019年捷克航空货运量为9.37万吨，以国际货物运输为主，其中出境货物4.71万吨，入境货物4.54万吨。2020年捷克航空货运量缩减至7.08万吨。

**4. 水运**

捷克是中欧内陆国家，有几十个小型内河港口和码头，主要分布在拉贝河（德国境内为易北河）、伏尔塔瓦河和贝龙卡河沿岸，主要通航城市是杰钦、乌斯季、梅尔尼克、布拉格、洛沃西采和科林等，进出口货物可通过拉贝河—易北河航道到达鹿特丹等欧洲港口。截至2020年，捷克通航水运航道总长

726.2千米（含运河和湖泊），其中运河航段38.6千米。2019年，捷克水运货运量为173.3万吨。

**5. 公共交通**

捷克，尤其是大型城市公共交通发达，有轨电车、无轨电车和地铁四通八达。捷克城市电力牵引公共交通运营线路总长802.1千米，其中，无轨电车道385.4千米，有轨电车道351.7千米，地铁65.1千米。

**（三）行业优劣势分析**

**1. 公、铁路运输具有区位优势，但基础设施能力不足**

世界经济论坛的"全球竞争力指数"中将基础设施竞争力作为衡量一国在中长期取得经济持续增长的重要能力指标。依据该指标体系，一国基础设施竞争力可以用道路连接性、道路基础设施质量、铁路密度、铁路服务效率、机场连接性、航空服务效率、班轮连接性及港口服务效率等指标来衡量。

总体而言，在世界经济论坛2019年评定的141个国家中，捷克交通基础设施全球竞争力排名第22位，处于较发达水平。其中，道路连接性、铁路密度、铁路服务效率三方面指标表现优良。道路连接性得分92.2分，全球排名第17位。铁路密度为121.8千米/1000平方千米，这一指标获得满分，全球排名第3位。铁路服务效率方面，全球排名第25位，7分制得分4.5分，属中等偏上水平。但捷克在道路基础设施质量、航空运输与水运服务等方面表现不佳。如道路基础设施质量方面，捷克仅排名第78位，说明捷克公路的维护、建设、优化等方面还有大量工作要做。

事实上，捷克地处欧洲内陆中心地带，在欧洲交通运输网络中，拥有明显的区位优势，尤其是公路和铁路运输方面。但目前无论公路运输、铁路运输，捷克的表现均差强人意，主要受制于两方面因素：一方面，捷克自然条件限制了交通运输能力的提升。捷克国内自然地貌多丘陵、山地，限制了交通过境能力的开发；另一方面，捷克近年在公路、铁路运输基础设施建设上投入不足，尤其是高速公路、高速铁路建设步伐落后于欧洲其他发达国家，这将长远影响捷克的经济竞争力。这也引起了现任捷克政府的高度关注。

**2. 航空、内河运输国际竞争力不足，效率有待提升**

根据世界经济论坛的交通基础设施竞争力指标，捷克机场连接性、航空服务效率两项指标分列第54位、第47位，说明捷克的航空服务总体竞争性不强，与邻国的国际航空枢纽比更是相去甚远。此外由于捷克地处欧洲内陆，无海运港口和班轮运输，内河水运表现不佳，港口服务效率仅排名全球第105位。

**3. 物流绩效总体优良，但年度表现有所起伏**

世界银行每两年发布一次全球物流绩效指数（LPI），对全球约160个国家和地区的绩效情况进行排名。世界银行选取了海关效率、基础设施、国际货运能力、物流能力、货物追踪能力、货运准时率六个方面的评价指标，每个指标满分为5分。2018年，捷克综合物流绩效得分为3.68分，全球排名第22位，其邻国德国物流绩效自2014年起连续位居全球首位，2018年捷克综合物流绩效相当于德国物流绩效的83.72%。在世界银行给出的六项测评维度中，捷克在国际货运能力、物流能力、货运准时率方面表现优良，而基础设施、通关效率和货物追踪能力方面则相对落后，这也反映了捷克在交通基础设施、信息技术在交通运输中的应用方面还有较大的提升空间。

纵向对比捷克的物流绩效，可以发现近年来，相比主要发达国家物流绩效的稳步上升，捷克物流绩效表现出上下波动的不稳定状态。2018年捷克基础设施、物流能力和国际货运能力三项指标处于历年最高水平，但通关效率、货物跟踪能力却相较上一个评测周期2016年有所下落，而货运准时率指标则比2010年峰值有所回落，这主要是货运能力未能匹配货运量的快速增长导致。

## 二 捷克交通运输国际合作情况

捷克主要参与泛欧交通运输网络（TEN-T）地中海东部走廊、莱茵—多瑙河走廊建设，地中海东部走廊建设由德国的德累斯顿进入捷克境内，经布拉格、帕尔杜比采、布尔诺，分两支分别进入奥地利和斯洛伐克。莱茵—多瑙河走廊建设则由德国的纽伦堡进入捷克境内，经皮尔森、布拉格、帕尔杜比采、俄斯特拉发，分两支分别进入斯洛伐克和波兰境内。

捷克与邻国的交通运输合作主要表现与德国的合作及维谢格拉德集团间合作。

### （一）德国

捷克与德国努力提升与完善双方跨境铁路运输能力与配套基础设施。2017年7月，捷克交通部与德国巴伐利亚内务部签署《关于发展铁路运输至2030年的联合声明》，双方努力改善跨境铁路基础设施，旨在到2030年将布拉格和慕尼黑之间的通行时间减少到4小时。2017年8月，捷克交通部与德国交通部签署《关于进一步发展捷克共和国与德意志联邦共和国铁路连接计划的联合声明》。联合声明中两国就新建捷克布拉格至德国德累斯顿的铁路线路，以及纽伦堡—施万多夫/慕尼黑—雷根斯堡施万多夫—菲尔特—皮尔森—布拉格的铁路线路项目达成共识。

**（二）维谢格拉德成员国合作**

2016 年 5 月，维谢格拉德集团四国交通部部长和奥地利、斯洛文尼亚、欧盟委员会代表在布拉格举行会晤，发布《布拉格宣言》，共同为减少交通事故死亡人数而开展合作，确保人们安全出行。

2017 年年初，捷克、波兰和斯洛伐克三国交通部部长签署了关于多瑙河—奥得河—拉贝河水道准备工作的备忘录，参与多瑙河—奥得河—拉贝河（在德国境内称易北河）跨国运河项目的磋商。

2018 年 9 月，维谢格拉德（V4）集团国家（波兰、匈牙利、捷克、斯洛伐克）在波兰签署合作协议，联合建设高速铁路。该线路将从匈牙利布达佩斯经斯洛伐克布拉迪斯拉发和捷克布尔诺前往波兰华沙，设计时速每小时 250 千米。

2019 年 11 月，捷克交通部部长与斯洛伐克交通部部长就联合修建布拉格—布拉迪斯拉发间的高铁铁路签署协议，该路段建设项目是 V4 集团高速铁路联合建设项目的子项目。

**（三）奥地利**

2017 年 1 月，捷克交通部部长与奥地利交通部部长签署合作协议，在捷奥边界连通捷克 D3 高速路与奥地利 S10 高速路方面达成共识。此外，双方还就布尔诺—米库洛夫—维也纳快速公路连接事项、布拉格—林茨快速铁路建设事项进行磋商，推进合作。

## 三 中捷两国的交通合作

### (一) 合作现状

捷克在中国—中东欧国家合作机制下参加了中国—中东欧国家交通部长会议、中国—中东欧国家民用航空论坛、中国—中东欧海事局长会晤机制、中国—中东欧国家海关合作论坛等平台、活动。

目前，中国与捷克在交通领域间签有《中华人民共和国政府和捷克和斯洛伐克联邦共和国政府海关事务合作协定》《中华人民共和国国家旅游局与捷克共和国地方发展部关于旅游合作的谅解宣言》《中国民用航空局与捷克共和国交通部有关设计批准、出口适航审定、设计批准后活动和技术支援的协议》。2016年中捷签署《中华人民共和国和捷克共和国关于建立战略伙伴关系的联合声明》，双方宣布将加强互联互通合作，包括交通基础设施建设、直航、物流、交通运输等。

**1. 中欧班列**

目前以捷克城市为终点的中欧班列有三条，分别是武汉—帕尔杜比采、义乌—布拉格、成都—布拉格。此外还有多条中欧班列途经捷克。捷克是中欧班列（武汉）开行的第一个欧洲国家。2012年10月，武汉开通了至捷克帕尔杜比采的首趟铁路国际货运专列。2014年中欧班列（武汉）常态化运营后，武汉—捷克线路逐步发展成为富士康等大型企业的定制班列。2016年6月18日，中欧班列（武汉）与捷克铁路国际货运公司达成战略合作意向，双方承诺全面加强国际交流合作，积极筹建中欧班列武汉—捷克的国际货物集散、分拨网络体系。2017年8月4日，中欧班列（布拉格—义乌）抵达铁路义乌西货运站。9月9日，首趟"义乌—布拉格"中欧班列正式发车，途经哈萨克斯坦、俄罗斯、白俄罗斯、波兰，抵达捷克首都布拉格，历时约 16 天。2017 年 9 月 30 日成都至布拉格中欧班列正式开通，行程进一步缩短至 13 天。

**2. 民用航空**

目前，捷克与中国已开通 4 条直航线路，分别是：由海南航空运营的北京—布拉格、东方航空运营的上海—布拉格、西安—布拉格、四川航空运营的成都—布拉格。直航线路开通以来，布拉格已成为与中国直航航线最多的中东欧城市，推动了中国与捷克旅游热。2019 年，中国赴捷克旅游人数达到 61.2 万人次。此外，中国与捷克在运动轻型飞机制造、飞行员培训、空中救援等民用航空领域也有系列合作。新冠肺炎疫情暴发后，中捷直航航线处于暂时停运状态。

飞机制造方面，2015 年 7 月，自贡通航机场发展有限公司与捷克 JIHLAVAN 公司签署合作生产 Skyleader 600 协议。2017 年 3 月，卓尔航空工业公司收购了捷克领航者飞机公司及其全资子公司、相关配套公司。目前，Skyleader 600 飞机在中国有四川自贡、湖北武汉两个生产基地。此外，万丰航空工业有限公司 2016 年收购捷克 DF 公司，与布尔诺科技大学合作开展设计与研发，引进三款捷克轻型飞机的知识产权，落地浙江新昌航空小镇。

飞行员培训方面，捷克私立飞行学校 FAIR 先后与四川航空公司、山东交通学院、青岛九天国际飞行学院等合作开展飞行员培训计划。依托与捷克理工大学的合作，捷克 FAIR 飞行学校为中国飞行员提供两种培训方式，一种仅限于参加短期飞行训练课程，另一种则包括了在捷克理工大学的全日制学习，以及在 FAIR 飞行学校进行的飞机驾驶实训。此外，FAIR 飞行学校在中国青岛试点建立专业教练员队伍。

航空医疗救援方面，捷克发展航空医疗紧急救援已经有 30

余年历史，拥有较为成熟的救助体系、运营模式、行业标准，在欧洲名列前茅。2017年5月，上海交通大学医学院附属瑞金医院、布拉格紧急医疗服务部和捷信消费金融有限公司共同签署了《关于航空医疗救援合作的谅解备忘录》。

其他交通领域，2016年12月19日，中国中车株洲电力机车有限公司（简称中车株机公司）与捷克私营铁路公司里奥快铁在布拉格签约，捷方购买中方三个动车组，交易金额超过2000万欧元。这标志着中国动车组首次打入了欧盟市场。2019年9月19日，三个动车组已经到达布拉格，在完成欧盟铁路互联互通技术规范等相关认证试验后，动车组将上线运行。此款动车组能适应欧洲不同国家和地区电压制式需要，运行适应性强。同时，动车组采用智能化控制技术，具有自动唤醒、站台自适应停车等功能，可适应多样化的欧洲运营模式。

### （二）存在的主要问题

**1. 多边合作框架下的双边长效合作机制仍需探索**

捷克是欧盟成员国，其交通领域发展战略主要围绕泛欧交通运输网络（TEN-T）主线展开，无论运输网络规划、政策、标准，抑或是具体建设路线、时间节点与资金分配都不可避免地受欧盟交通运输战略的影响。目前捷克交通基础设施建设主要围绕TEN-T核心网络中穿越捷克境内的两条走廊展开，但捷克其他地区的铁路、公路、机场等基础设施同样面临迫切的建设、改善与优化需求。因此，在推进中欧交通运输领域合作的多边框架下，如何推进中捷双边交通领域深入合作，参与到捷克自身交通运输项目的合作中，尚需从机制构建到载体设计系统谋划。

**2. 双边落地合作项目表现出单点性、单向性**

捷克目前与中国在铁路、航空等运输领域已开展形式多样的合作，但目前合作规模不大，且现有合作项目表现出较明显的单点性、单向性，系统性不强，双方互动性不足。如中捷民航直航四条航线均由中国航空公司运营，双方关于航空服务、航空技术等延展领域缺乏合作实践；中欧班列开往帕尔杜比采和布拉格的线路去程满载率和频次要明显高于回程满载率和频次，且双方在铁路线路建设、铁路技术等方面合作不深，捷方认为中欧班列的开行并未帮助捷克成为中东欧地区的物流枢纽；在飞机制造领域的合作，国内企业将捷克轻型飞机制造技术引进落地后，对于共同开发第三方市场等后续合作少有涉及。这系列合作的单点性、单向性也引发捷克对中捷合作效益的微词。

**3. 交通基础设施项目合作仍未寻得有效突破口**

现阶段，无论是捷克政府的主观意愿，还是捷克基础设施现状都使加大交通基础设施投资成为捷方共识。为此，捷克也准备了数量众多、规模庞大的铁路、公路等基础设施建设、改善及优化项目和规模巨大资金保障。但看似市场庞大的中捷交通基础设施项目合作存在两方面的障碍难以在短时间内突破：主观方面，捷克政府对中方企业参与基础设施建设持谨慎且怀疑态度。即便在相对独立的交通监控设备等领域，捷克政府也以国家安全等原因排斥中国的海康卫视、大华科技等企业的参与。客观方面，由于中国尚未签署世界贸易组织协议项下的政府采购协定GPA，使得中资企业难以真正参与欧盟成员国的基础设施建设项目。

# 斯洛伐克篇

## 一 斯洛伐克交通运输发展概况

### （一）斯洛伐克的交通运输发展战略

**1.《跨国基础设施运行计划》**

《跨国基础设施运行计划》（OPII）是斯洛伐克在2014—2020年从欧盟的运输和信息化部门资金中寻求援助的战略文件。战略文件的目标是通过发展运输基础设施、公共客运和信息社会来促进可持续的出行、经济增长、创造就业机会以及改善商业环境。OPII已于2014年10月28日获得欧盟委员会的批准。

《跨国基础设施运行计划》主要关注的领域包括：铁路基础设施的现代化和发展、道路基础设施的现代化和发展、水路运输的现代化和发展、发展公共客运、建立信息社会五大模块。

《跨国基础设施运行计划》在2014—2020年的总预算约为46.5亿欧元，来源为欧盟资金和斯洛伐克交通和建设部的预算。斯洛伐克交通和建设部将欧盟资金和国家预算重新分配给重大交通项目，例如，高速公路和高速铁路的建设、一级公路的更新、铁路的现代化、新火车的购置和生态建设等。

**2.《斯洛伐克共和国2030年发展交通运输的战略计划》**

目前斯洛伐克交通和建设部正在执行《斯洛伐克共和国

2030 年发展交通运输的战略计划》。该战略计划是一份长期战略文件，旨在为运输部门的发展确定有效的方向，并确定其发展愿景的实施方式。文件确定了国内交通运输领域面临的主要瓶颈，分析了存在的问题和潜在的发展因素，结合欧洲战略和发展文件，确定了到 2030 年斯洛伐克交通运输领域的发展目标和远景，并且制定了一系列的发展措施。

根据《斯洛伐克共和国 2030 年发展交通运输的战略计划》，斯洛伐克的交通发展战略都属于国家一级的既定愿景战略重点，重点包括以下几个方面。

第一，高质量的综合运输基础设施，相互联系促进社会协调发展的优质基础设施。基础设施建设将使斯洛伐克可以利用区位优势发展过境运输产业，增强国家竞争力。

第二，可持续性经济增长，满足所有人的需求。能够满足运输用户和运营商双方的需求，优化运输网络的使用和安全性，不仅体现在国家层面，而且还要体现在泛欧交通运输网络层面。

第三，发展环保节能并且安全的运输方式，对环境和公共卫生的影响需要控制到最小。

### （二）主要交通运输方式

斯洛伐克是一个内陆国家，主要依靠陆路交通与外界联系，在与邻国的交流中公路和铁路都起到了相当重要的作用。由于斯洛伐克地处欧洲地理中心位置，所以货运占较大的比例。

#### 1. 公路

斯洛伐克与捷克、奥地利、匈牙利之间都有高速公路连接。由于斯洛伐克首都布拉迪斯拉发与奥地利首都维也纳之间只有 60 千米的距离，因此两个城市之间的交往非常频繁，目前正在建设第二条连接两座城市的高速公路。而与波兰和乌克兰的交通则主要依靠主要干道连接，周边国家中除了乌克兰以外都是申根国家，因此在货物通关和人员交往方面都非常便捷。

斯洛伐克国内的客运和货运大多属过境性质，主要通过公路进行。国内道路总长度为 42993 千米。硬质路面 37533 千米（包括 415.5 千米的高速公路和 259 千米的高速公路），未硬化的路面 5460 千米。国内道路类别分一级道路、二级道路、三级道路、快速道路、高速公路（高速公路的编号是 D1、D2、D3、D4，一共四条）。近年来，斯洛伐克政府加强国内道路网络的建设，尤其是注重加快高速公路的建设，良好的公路连接可以促进经济发展。但是时至今日仍然没有达到预期的目标。从首都到东部大都市科希策仍然没有完成高速公路连接。斯洛伐克的全国公路水平也一直位居欧盟成员国平均水平之下。

### 2. 铁路运输

铁路运输是斯洛伐克最重要的旅行方式之一。铁路在斯洛伐克国内形成了密集的网络。在铁路运输中，货物运输优先于客运。在斯洛伐克，有非国营的铁路客运公司如 RegioJet, Leo Expres 和 Arriva 提供客运铁路运输。斯洛伐克铁路公司（ŽSR）管理 3690 千米的轨道线路，以及 1923 千米的信号设备线路。斯洛伐克铁路公司还负责国内 1159 个信号交叉口、8773 个道岔、76 条隧道、2283 座桥梁以及 2344 条铁路交叉口的管理和维护。

斯洛伐克国内铁路运输目前主要包括三条线路：布拉迪斯拉发—兹利纳—科希策；布拉迪斯拉发—兹沃伦—科希策；布拉迪斯拉发—切尔韦纳斯卡拉—马尔凯卡尼。同时，斯洛伐克国内设有直接通往布拉格、维也纳、布达佩斯、华沙和莫斯科的国际列车。

斯洛伐克国内铁路交通共有五种类型，分别是欧洲城市列车（EC）、城际列车（IC）、特快列车（R）、本地火车（OS）以及半快车。

斯洛伐克国内较为重要的铁路枢纽包括：布拉迪斯拉发、特尔纳瓦、格兰达、日利纳、弗鲁特基、科希策、兹沃伦、利奥波多夫和诺威扎姆基。

### 3. 水路运输

斯洛伐克的水上运输主要是内河航运，具有航运条件的河流有多瑙河（172千米）、瓦赫河（78.8千米）、博德罗格河（7.8千米）和托普拉河（20千米）。内河运输是较为经济和环保的运输方式，但缺点是缓慢且依赖于河道的状况。斯洛伐克国内客运水运主要用于娱乐和旅行，承担交通运输的作用不明显。

除此之外，水路货运对斯洛伐克的对外贸易很重要。内河港口位于布拉迪斯拉发和科马诺。流经斯洛伐克的瓦赫河成为连接多瑙河和维斯瓦河的纽带，因此地理意义较为重要。目前全国共有60艘斯洛伐克国籍的轮船在河道上运作，但从事相关运输工作的大多为外籍工人。

### 4. 空运

航空运输的重要性不断提高。斯洛伐克有36个机场（其中20个是地面硬化机场）。斯洛伐克共有六个国际机场，分别坐落在布拉迪斯拉发、科希策、皮耶什加尼、波普拉德、斯利亚奇和日利纳。斯洛伐克最大的机场是布拉迪斯拉发的米兰拉斯蒂斯拉夫·特法尼克机场。2016年，米兰拉斯蒂斯拉夫·特法尼克机场运载了1756808名乘客。航空运输在国际运输和旅游业中尤其重要。

### 5. 管道运输

斯洛伐克国内的管道运输主要用于从俄罗斯进口能源。目前斯洛伐克国内有两条石油管道：德鲁日巴管道（506.6千米）和阿德里亚管道（8.5千米）。布拉斯特沃天然气管道穿越斯洛伐克，与国内天然气管道配送系统相连，95%的人口可以通过管道获得天然气。

### （三）行业优劣势分析

#### 1. 优势地理区位优势明显，发展潜力大

斯洛伐克地理位置优越，政治经济形势相对稳定，拥有成本较低且高素质的劳动力，是亚欧大陆铁路网宽轨和标准轨的换装地，研发和创新潜力较强。斯洛伐克依靠自身的区位优势，在开展过境运输中具有非常大的优势。

#### 2. 基础设施建设落后，在欧盟成员国中排名靠后

根据欧盟官网针对成员国运输基础设施发展情况给出的排名，斯洛伐克在大多数关于交通运输的指标中排名都较为靠后。例如，火车服务效率为4.12，排名第16位；航空运输服务效率为3.91，排名第28位；道路质量为3.96，排名第22位；TEN-T道路核心网络完成39%，排名第26位；TEN-T常规铁路核心网络完成20%，排名第18位；物流速度为3.14，排名第26位。

数据显示，斯洛伐克的交通基础设施在欧盟成员国中属于最后一个梯队，几乎所有指标都处于欧盟平均水平之下。国内设施部分老化落后严重，竞争力相对较弱。

## 二 斯洛伐克交通运输国际合作情况

### （一）欧盟框架内的合作情况

欧盟设有运输、电信和能源理事会。运输、电信和能源理事会旨在在欧洲建立现代化、竞争性和高效市场的运输、通信和能源网络。运输、电信和能源理事会定期召开高级别会议，各国交通部部长每年召开四次交通运输领域的会议。斯洛伐克

交通建设部长或国务秘书代表斯洛伐克参加。

(二) 维谢格拉德集团国家合作

2016年5月,斯洛伐克交通建设部长和波兰、匈牙利、捷克、奥地利、斯洛文尼亚、欧盟委员会等代表在布拉格举行会晤,发布《布拉格宣言》,共同为减少交通事故死亡人数而开展合作,确保人们安全出行。

2017年年初,斯洛伐克交通建设部签署了关于多瑙河—奥得河—拉贝河水道准备工作的备忘录,参与多瑙河—奥得河—拉贝河跨国运河项目的磋商。

2018年9月,斯洛伐克同其他维谢格拉德集团国家联合建设布达佩斯至华沙的高速铁路。

2019年11月,斯洛伐克与捷克就联合修建布拉格至布拉迪斯拉发间的高铁铁路签署协议。

## 三 中国与斯洛伐克合作情况

(一) 合作现状

自2016年以来,在中国—中东欧国家合作机制推动下,交通运输领域的部长级会议已成功举办四次。斯洛伐克交通建设部派代表积极参与。2015年中国政府发布"一带一路"愿景与行动文件后,斯洛伐克政府根据自身特点积极与"一带一路"倡议进行对接。2017年4月,斯政府批准了《2017—2020年斯洛伐克与中国经济关系发展构想》,旨在加强与中国在投资、贸易、交通、旅游、科研和创新等领域的合作。而维谢格拉德集团其他三个成员国尚未制定类似文件。同年7月,斯洛伐克政府任命财政部国务秘书达娜·梅阿格尔为负责"一带一路"事务谈判的全权代表。由于斯洛伐克政府各部委之间对于与中国发展关系的看法不一致，《2017—2020年斯洛伐克与中国经济关系发展构想》至今没有获得政府批准。目前，斯洛伐克在"一带一路"框架内希望利用斯洛伐克东部口岸多布拉的集装箱换装能力增加过境斯洛伐克的中欧班列，并在此建立中欧物流中心。

中欧班列是中斯交通运输的重要合作内容。2015年8月，直达斯洛伐克的中欧班列首次开通，从中国辽宁省营口港至斯洛伐克东部口岸多布拉，全程1.1万千米，运行15天，共50个集装箱，主要运载韩国的液晶显示器等电子产品。在此基础上，中斯开展了海关监管便利化的有关合作。遗憾的是，从辽宁营口直达多布拉的中欧班列在开通不久后停止了运营。

2017年6月，从中国湖南省长沙市开出的中欧班列经乌克兰驶入斯洛伐克，在靠近乌克兰的边境小镇多布拉换轨后开往匈牙利首都布达佩斯。这是在中国营口至斯洛伐克多布拉的中欧班列停运一年多后，再次有中欧班列从乌克兰驶入斯洛伐克。斯洛伐克交通部部长埃尔塞克表示，中欧班列再次通过斯洛伐克开往欧盟，对斯洛伐克意味着巨大的成功，是斯洛伐克、中国、俄罗斯和乌克兰多方经过一年多共同努力达成的结果。

2017年11月，从中国大连港发出的中欧班列直达斯洛伐克首都布拉迪斯拉发，全程1.0537万千米，共装载41个集装箱，运行17天，货物主要是来自华东、华北、山东、辽宁大连等地的电子产品、机械配件和轻工业产品。货物在布拉迪斯拉发多瑙河港站卸下后中转至匈牙利、德国、意大利、西班牙等欧洲国家，比传统海运节省一半时间。与营口至多布拉线路类似，从大连至布拉迪斯拉发的中欧班列目前已经停止了运营。

2019年10月，在中斯建交70周年之际，从西安开往斯洛伐克多瑙斯特雷达的首条中欧班列正式通车，时任中国驻斯洛伐克大使林琳、斯洛伐克交通部部长埃尔塞克、多瑙斯特雷达市长以及斯企业代表和媒体记者等一同出席了欢迎仪式。新班列的开通对促进欧亚互联互通和中斯双边合作有着重要意义。

### (二) 存在主要问题

**1. 领域较少，深度不足**

一方面，斯洛伐克地理位置优越，政治经济形势相对稳定，拥有成本较低且高素质的劳动力，是亚欧大陆铁路网宽轨和标准轨的换装地，研发和创新潜力强。另一方面，斯洛伐克是欧盟正式成员国之一，也是维谢格拉德四国成员之一，在中欧地区具有举足轻重的地位。与其他中东欧国家一样，斯洛伐克积极参与"一带一路"倡议和中国—中东欧国家合作的建设。然而在实施过程中，中斯两国在交通运输领域具体落实的成果较少。一是成果数量与匈牙利、捷克等国家相比明显落后；二是合作领域往往较为单一，深度也有待拓展。中斯两国在交通运输领域的合作仍有较大的开发空间。

**2. 项目合作可持续性有待增强**

以中欧班列为例，2015年中国就开通了通往斯洛伐克的中欧班列，属于中欧班列第一批覆盖的欧洲地区。然而，从营口、大连开往斯洛伐克的班列都在开通不久后就停止运营，项目可持续性亟待提高。

# 匈牙利篇

## 一 匈牙利交通运输发展概况

匈牙利地处欧洲心脏地带，且位于欧洲的四条主要交通道路的交汇处，交通网络十分发达，海陆空运输系统遍布全国。

### （一）发展政策与规划

《2003—2015 年匈牙利交通发展计划》（2004 年）。一是重视发展通往其他欧盟国家的交通基础设施；二是采纳欧盟交通基础设施建设标准；三是建立有利于环境保护、可持续发展的交通基础设施运营体系。其中，强调加强匈牙利铁路的建设，主要发展方向为 2013 年重新修建主干线（120—160 千米/时）；发展郊区铁路网，改善车站条件，建立现代交通控制系统等；建立机场快速铁路；发展热点旅游线路列车；发展铁路组合交通和物流中心服务；改善布达佩斯北部铁路桥。

《2015—2020 年匈牙利基础设施发展规划》（2014 年）。主要涉及铁路新建和升级改造、高速公路建设等领域。该规划有三个突出特点：重视发展国内落后的通往欧盟的基础设施；完全采纳欧盟交通标准；建立环保的交通系统。其中，匈牙利铁路交通的主要发展方向为：重新修建泛欧洲通道Ⅳ、Ⅴ和Ⅴ/b 等时速在 120—160 千米/时的主要铁路；发展郊区铁路网，改善车站条件、建立现代交通控制和乘客信息系统等；主要在郊区翻新和增加客车数量；建立机场快速铁路；发展热点旅游线路列车（如巴拉顿湖方向等）；发展铁路组合交通和物流中心服务；改善布达佩斯北部铁路桥；建立安全的铁路信息和乘客信息及票务系统。

《2014—2023年匈牙利国家道路建设方案》（2014年）。方案计划建设3900千米的高速公路和57条新的环形路，主要目标是完成匈牙利的道路网络，连接主要城市并缩短路程时间至少15%，从而进一步改善匈牙利的公路基础设施状况。

《布达佩斯城市规划》（2018年）。规划旨在增加首都铁路以及道路互通性，具体包括在市中心引入两条布达佩斯城市铁路（HÉV）线路以连接南部和西部火车站，以及规划布达佩斯第五条地铁线路。

《国家公共汽车战略》（2018年）。从2022年起，政府将仅支持电动公交车的采购和进一步发展；在未来十年中，预计提供总计360亿福林（1.07亿欧元）的资金，主要用于为人口超过25000的定居点购买电动公共汽车；计划在两年内建立一个以美国模式为样板的校车网络系统，目标是改善公共汽车运输，运营舒适、安全、价格可承担、环保和匈牙利生产的公共汽车，其核心要素是使用匈牙利本国制造的大巴车，这些新巴士已经拥有环保的驱动系统，其中近100辆将在歌德勒和瓦茨的郊区运行，致力于实现城市周边和城市间交通使用欧6标准柴油动力驱动的公交车运行；大幅增加混合动力和清洁的电动驱动机动车；开发制定统一的票务系统；基于世界和欧盟的模式，将匈牙利的公共交通转变为以铁路交通为主，公共汽车运输任务是将乘客运送到铁路交通干线系统，大巴车补充铁路无法通行地段的公共交通运输。

《布达佩斯机场长期发展计划》（2018年）。以稳健的客运量增长为基础，计划在未来数年对机场基础设施投资不少于7亿欧元，其中包括兴建一座全新的航站楼；增设两条世界一流的旅客安全通道，洗手间、休息室和旅客等候区将进行翻新、扩建或增加客容量；兴建一个名为Sky Court的新中央客运大楼，连接二号客运大楼，并配备先进的旅客安保及行李系统；计划投资5000万欧元建设货运处理枢纽，使布达佩斯成为货运城市，从而强化其作为亚洲与中东欧跨境电商贸易中的核心地位。

《"布达佩斯流动性计划"（BMT）》（2019年）。计划投资41600亿福林，已决定的项目包括：延长1号有轨电车线路至Etele广场；南部公共交通连接至铁路多瑙桥；公共交通中引入电子、计时基础的票务系统及相关新的票价系统；3号地铁线基础设施的翻新；国际展览中心区域的公共交通发展；Pasarét街道全面翻新；链子桥和有轨电车及道路地下通道的翻新；Blaha Lujza广场和Orczy广场及Széna广场的翻新；布达城堡隧道的翻新；裴多菲桥的翻新；P+R免费休息停车场的阶段性建设；有轨电车及电车车辆的更新等。此外，2021—2025年将实现的投资包括：连接2号地铁和Gödöllő小火车，以及1号地铁的现代化和扩建；统一时刻表和收费系统的建立；协调布达佩斯公交中心、匈牙利铁路公司及沃兰长途汽车公司的服务；升级和扩建1号地铁线，地铁线车辆开发；发展城市和卫星城船运和服务设施；延长3号有轨电车线至北部的Kassai广场，以及建立Szegedi路过街天桥；佩斯内城多瑙河岸Kossuth广场及Fővám广场之间路段的翻新；Nagy Lajos Király街的发展；扩建公共自行车系统；重建与地铁3号线相连的人行地下通道和地面出口。2026—2030年计划完成的项目包括：延长外Bécsi路有轨电车线（Vörösvári út-Aranyvölgy）；连接2号和24号有轨电车，以及2号有轨电车线路的翻新；延长42号有轨电车线路至Gloriett住宅区，以及多瑙河内城多瑙河岸的翻新；延长3号地铁线路至

Káposztásmegyer；将 4 号地铁延长至西火车站。

《布达佩斯公共运输中心（BKK）电子票务系统计划》（2019 年）。计划在首都布达佩斯建立公共交通综合电子收费系统，旨在开发一个现代化、具有吸引力的公共交通工具，并为乘客提供准确和优质的服务。主要步骤如下：在 2019 年 6 月，机场巴士的车票可以通过匈牙利国家移动支付公司（Nemzeti Mobilfizetési Zrt）购买；在 2019 年 9 月，所有的布达佩斯公共运输中心（BKK）的车票，例如，单程票、月票等，都可在国家电子票务平台（Nemzeti Elektronikus-jegy Platform）的手机软件上购买；到 2020 年年底，通过个人身份证、学生证、旅行卡购买的车票，以及可用时间与日期长度不同的车票也将加入电子购票系统，该系统还将与 MÁV 和 Volánbuss 兼容。

《IKOP 综合运输发展运营计划》（2020 年）。2014—2020 年，匈牙利将实施协调、现代和经济的交通发展业务计划。到 2023 年年底，计划对 370 千米的铁路线进行现代化改造，在 250 千米的道路上进行新的建设，并在 130 千米的道路上进行翻新和进一步开发。该计划的主要项目包括重建 Püspökladány-Ebes-Debrecen 线段，以及分两个阶段建设 GSM-R 铁路通信系统；重点道路投资包括建设 M86 Csorna-Hegyfalu 段。

### （二）主要交通运输方式

匈牙利政府高度重视交通基础设施建设，大力发展公路、铁路、水运及航空等运输渠道，公路和铁路里程数不断增加，机场和港口规模增速较快，实现了主要交通运输方式的百花齐放。

#### 1. 公路

根据匈牙利中央统计局数据显示，截至 2018 年 12 月 31 日，匈牙利公路总长度为 3.2 万千米，地方道路长度为 18.1 万千米，硬面公路36929千米，市政自行车道的长度为3424千米。[①]路网密度在欧洲仅次于比利时、荷兰，几乎每一个城镇之间都有柏油公路连通。2018年，公路客运总量961百万人，周转量27803百万人/千米；公路货运总量为206669千吨，货运周转量37948百万吨/千米。公路运输在匈牙利交通运输中占据主导地位。2018年，超过2/3的货物是通过公路运输的，约占货物运输总量的63%，城际旅客运输总量的77%。

此外，就高速公路而言，匈牙利高速公路路名以"M"打头，后跟阿拉伯数字。截至2018年，主要高速公路有26条。其中，M0公路为布达佩斯环城公路，M1至M7公路均起始于布达佩斯，呈顺时针放射状排列，均与欧洲公路网络连接。其中，M1公路通往奥地利，M2公路通往斯洛伐克，M3公路通往乌克兰，M4公路通往罗马尼亚，M5公路通往塞尔维亚，M6公路通往克罗地亚，M7公路通往斯洛文尼亚和克罗地亚。2018年，匈牙利高速公路里程总长1173千米，高速公路质量评分4.22，均位居中东欧国家榜首，是欧洲地区高速公路密度高的国家之一。

### 2. 铁路

匈牙利铁路发展历史悠久，早在1846年就修建开通了第一条铁路。近年来，匈牙利的铁路基础设施建设一直处于翻新改造、完善升级的状态，已经有超过1.3万亿福林的资金用于铁路项目建设。根据匈牙利中央统计局数据显示，截至2018年12月31日，匈牙利铁路里程达总长7682千米，其中电气化铁路3066千米（占比41%），路网密度在欧盟成员国中居第五位。2018年，铁路客运总量296百万人，周转量15539百万人/千米；公路货运总量为52471千吨，货运周转量10584百万吨/千

---

[①]《2018年匈牙利运输状况》（Helyzetkép a szállítási ágazatról, 2018），http://www.ksh.hu/apps/shop.kiadvany?p_kiadvany_id=1050680&p_temakor_kod=KSH&p_lang=HU。

米。匈牙利铁路货运量约占货运总量的18.3%，客运量占城际旅客运输量的22.38%。

匈牙利首都布达佩斯为匈牙利全国铁路枢纽，被称为"火车之都"，从这里可乘坐火车通达匈牙利主要城市及周边多个国家。布达佩斯主要有3座火车站，分别为东站（Keleti）、西站（Nyugati）和南站（Deli），还有其他外围车站，如Kelenföld。其中，南站是最现代的，但东站和西站则更具装饰性和建筑趣味，由埃菲尔公司设计修建的布达佩斯火车东站是匈牙利的地标建筑之一。全国其他重要的火车站包括Szolnok（布达佩斯以外最重要的铁路交叉路口）、Miskolc的Tiszai火车站以及Pécs、Győr、Debrecen、Szeged和Székesfehérvár的火车站。唯一拥有地下铁路系统的城市是布达佩斯，一条穿越多瑙河底的现代化地下铁道将处于多瑙河两岸的布达与佩斯联系在一起。

### 3. 水运

匈牙利水运航道里程为1484千米，其中789千米为受管制的河流，航道主要在多瑙河和蒂萨河上。水运在匈牙利交通运输中起辅助作用。根据匈牙利中央统计局数据显示，2018年，水运客运总量683百万人，周转量9百万人/千米，货物总量为6926千吨，货运周转量为1608百万吨/千米，仅占货运总量的2.8%和城际旅客运输量的1.0%。主要河港有布达佩斯、多瑙新城（Dunaujvaros）、久尔—贡裕（GyorGonyu）、包姚（Baja）和莫哈奇（Mohacs）。

匈牙利是内陆国家，没有天然海港，但可通过多瑙河直接抵达黑海港口。1992年开通的莱茵—美因—多瑙运河将多瑙河与莱茵河连接起来，使匈牙利货物可以通过水路进出荷兰鹿特丹港，并可抵达多瑙河与莱茵河流经的德国、奥地利、塞尔维亚、罗马尼亚、保加利亚等国家。目前，匈牙利拥有内陆港口5座，另有3座港口在建，按照分类可分为国家级、地区级和小型港口。国家级港口有3座，分别位于切佩尔、多瑙新城和塞格德。其中，位于布达佩斯南部切佩尔岛上的切佩尔港是匈牙利最大的进出口口岸，通过多瑞河与海外连接，在匈牙利水路交通运输中起着举足轻重的作用。为提高运输效率，2015年以前，国家级港口必须与国家铁路网相连接，且轴重达到22.5吨。另外，布达佩斯国际客轮站已经达到其极限，迫切需要建造新的站点以满足快速增长的客流需要。匈牙利的港口水运基础设施因自身禀赋原因而发展较为落后，国内港口主要服务于内河航运。

**4. 航空**

目前，匈牙利拥有43个机场，其中国际机场5个，分别是布达佩斯—李斯特·费伦茨机场（Budapest Ferenc Liszt International Airport，BUD）、德布勒森机场（Debrecen International Airport，DEB）、赫维兹—巴拉顿国际机场（Hévíz-Balaton Airport，SOB）（之前为萨尔梅利克，因其毗邻匈牙利第一大旅游胜地巴拉顿湖而被称为Fly Balaton）、杰尔—佩尔（Győr-Pér International Airport，QGY）和佩奇—波加尼（Pécs-Pogány International Airport，QPJ）。匈牙利的民航主要肩负国际客货运输的任务，辟有布达佩斯至华沙、柏林、巴黎、维也纳等重要航线；法国航空、意大利航空、汉莎航空、芬兰航空等欧洲主要航空公司均有通往布达佩斯的航线，另外还有Easyjet、Wizz、Ryan等廉价航空公司。根据世界银行的统计数据，截至2018年，匈牙利航空运输量累计达到183541次，航空客运量31226848人/千米，航空货运量31.51万吨/千米，仅占货运总量的0.1%。

匈牙利最大的机场为首都布达佩斯的李斯特·费伦茨国际机场，绝大部分国际航班在此起降。该机场位于布达佩斯东南，距市中心约16千米，拥有T1和T2两座航站楼。T1航站楼主要服务廉价航空公司，设计年客流量250万人次，于2012年5月暂停使用；T2航站楼设计年客流量1050万人次，拥有2A、2B和SKYCOURT3个候机厅。2018年，布达佩斯机场接待出入境旅客约1490万人次，相比2017年增加近180万人次，年均增长13.5%，使匈牙利首都机场成为中东欧地区客运量增长最快的机场。2018年，航空交通量增加了12%，达到每年115028次的起飞和降落。2018年，布达佩斯机场由139家航空公司在58个国家设置了199个目的地，可以说匈牙利与其他国家的航空连接从未如此广泛。

## 5. 城市交通

城市轨道交通方面，首都布达佩斯地铁是欧洲大陆最古老的电气化铁路系统，也是世界上仅次于伦敦地铁的第二条电气化地铁线路。第一条地铁从1896年便开始运营，目前整个地铁系统由黄、红、蓝、绿4条线构成，全长39.1千米，合计52个车站，每年运送旅客近百万人。

黄线（1号线）沿着位于城市中心的安德拉西大道上的东北—西南方向铺设，全长3.7千米，全线设有11个车站（其中9个为地下车站和2个地面车站）。红线（2号线）于1970年建设完成，初期设置了7个车站，后来增加至11个车站。红线沿着东西方向铺设路线，连接着主要的城区和火车站。蓝线（3号线）于1963年开始规划，1976年开通运营，共设有7个车站。随后几经南北向延伸，至1990年蓝线的运营里程为16千米，设有20个车站，是迄今为止布达佩斯地铁最长的运营线路。绿线（4号线）于2014年3月开通运营，设有十多个车站，全长近5千米。

有轨电车方面，布达佩斯的4/6号线是世界上最繁忙的传统城市有轨电车路线，50米长的有轨电车在高峰时段以60—90秒的间隔运行。此外，布达佩斯订购了40台Siemens Combino Supra低层有轨电车，于2006年7月1日开始载客。

长途汽车方面，布达佩斯市内共有四个长途巴士站：位于佩斯的内普利盖特长途巴士站（népligetautóbusz-állomás）、内普什塔迪昂长途巴士站（népstadionautóbusz-állomás）、阿尔帕德桥长途巴士站（árpádhíd autóbusz-állomás）以及位于布达的eteletér长途巴士站。四个车站中，除了内普利盖特长途巴士站同时运营国内、国际方面的长途线路以外，其余三个总站都为国内长途巴士线路服务。

### （三）主要优势领域

匈牙利拥有显著的区位优势和产业优势，地处欧洲中部，与七个国家接壤，是连接东西方的重要交通枢纽，基础设施较为完善，公路路网和铁路路网密度位居欧洲前列，物流绩效在中东欧地区处于领先行列。

#### 1. 区位和产业优势突出

匈牙利地处欧洲心脏地带，以布达佩斯为中心的1000千米范围内，覆盖了2.5亿人口的市场，同时可以进入具有5亿人口的欧盟市场。此外，匈牙利是欧洲交通网络枢纽之一，其基础配套设施完备，物流、通信网络发达，从而在发展交通运输行业方面具有得天独厚的地理位置优势。匈牙利具有悠久的创新传统，在制造业、汽车、电子、通信等行业拥有独特优势，从而为交通运输行业发展与基础设施建设奠定了坚实的基础。此外，匈牙利劳动力素质较高，同样为发展交通运输行业提供了充足的人才保障和智力支持。根据匈牙利投资促进局统计结果表明，匈牙利劳动人口约2/3接受过中等教育、技术培训或职业教育，受过高等教育的人才尤为丰富。

#### 2. 基础设施完善

匈牙利道路交通、电信等基础设施完善。根据世界经济论坛的数据，2019年匈牙利基础设施在全球141个国家中排名第27位。

匈牙利能源设施完善，电力供给较为充裕，能够满足经济发展需求。据世界银行的统计数据，2015年匈牙利发电量300.5亿度，其中核能发电量占比52.45%，煤炭发电量占比19.47%，天然气发电量占比16.83%，水力发电量占比0.77%，石油发电量占比0.25%，其他能源（如风能、地热能等）发电量占比10.23%。电力进口137亿度，总供给437.4亿度。

**3. 物流绩效领先**

匈牙利政府把加强物流基础设施建设作为国家战略发展方向之一，不断推进多式联运物流中心建设。目前，匈牙利已建成10余个多式联运物流中心，每个物流中心至少可提供两种以上的运输方式。2018年匈牙利的交通服务占所有商品服务出口的24.697%，占商品进口服务中24.675%，[1]无论从进口还是出口在服务业的占比上看，物流业都是匈牙利服务业中的支柱产业。

决定整体物流绩效的主要因素包括基础设施、服务、边境的物流程序和时间、供应链的可靠性。通过与世界平均水平的物流景气指数进行对比可以得到该国家的物流行业在世界范围内的发展水平。匈牙利的物流绩效指数一直略高于世界平均水平的物流景气指数，目前仍然处在发展的平稳时期，物流产业链上下游的企业都比较活跃带来了快速发展。

---

[1] World Bank, "Data: Transport Services (% of service exports, BoP)", https://data.worldbank.org.cn/indicator/TM.VAL.TRAN.ZS.WT?locations=HU&type=points&year=2015.

## 二 匈牙利与周边国家双多边合作情况

### （一）塞尔维亚

匈牙利与塞尔维亚在交通运输领域合作密切。19世纪末，连接塞尔维亚和匈牙利之间的铁路就开始建设。而中国参与建设的匈塞铁路连接匈牙利首都布达佩斯和塞尔维亚首都贝尔格莱德，其中匈牙利境内166千米，塞尔维亚境内184千米，并将传统的单轨铁路改造为电气化客货混线快速铁路，设计最高时速200千米，布达佩斯和贝尔格莱德两地之间的列车运行时间由目前的平均8小时降至4小时，从而更加密切两国的交通合作。2020年新冠肺炎疫情期间，两国交通国际合作变得更加紧密，并对匈塞铁路项目建设等议题展开商议。

### （二）斯洛伐克

2018年，匈牙利与斯洛伐克政府批准了关于在斯洛伐克和匈牙利边境建造联合桥梁的政府间协议草案，允许乘用车、3.5吨轻型卡车、行人和自行车通过，从而确保该地区交通更顺畅，使两国间关系更加紧密。斯洛伐克交通运输部还制定了一项执行共同边界桥梁建设的提案，作为政府间运输基础设施协定的一种形式。位于科马罗姆（科马诺）的600米新多瑙河大桥于2020年8月通车，到2022年将开放六个新的过境点，其中三座将是穿越伊波里河的新桥。

2019年5月，匈牙利和斯洛伐克政府表示，将在两年时间内，在欧盟资助下在匈牙利的Neszmély和斯洛伐克的Dunaradvány之间建立渡轮连接，作为匈牙利和斯洛伐克之间的新的交通方式，从而让两国民众出行方式更加便捷和多样化。渡轮建设项目还包括建造停车位，河两侧的渡轮建筑、斜坡以及道路连接，预计渡轮每天可运送 600 辆汽车。

2020 年 5 月，由匈牙利与斯洛伐克合资投资的新多瑙河大桥被命名为莫诺斯托里大桥。这座桥打造了近 100 千米的货运通道，不仅减轻了 Komárom 和 Révkomárom 市区的运输负荷，还扩大了匈牙利和斯洛伐克的交通连接。到 2020 年年底，两国首都之间建立完善的高速公路连接，预计在 2022 年之前在米什科尔茨和科希策（Kassa）之间能够建立连续的高速公路连接。

此外，两国还同意在 2020 年年底之前将其电力网络连接起来。匈牙利—斯洛伐克互联天然气管道的运输能力也已经扩充到之前的三倍。因此，从 2024 年起，每年将有超过 50 亿立方米的天然气从匈牙利运到斯洛伐克。而在 2020 年新冠肺炎疫情期间，两国之间的交通合作也堪称典范，两国同意居住在边界 30 千米范围内的匈牙利和斯洛伐克公民可以使用 11 个过境点上下班，货运可以跨 10 个地方过境。

### （三）斯洛文尼亚

匈牙利的海运绝大多数依赖斯洛文尼亚的科佩尔港。这一港口是远东地区通过苏伊士运河进入中东欧最短航线的必经之地，也是中东欧国家重要的货物集散地。匈牙利首都布达佩斯与斯洛文尼亚首都卢布尔雅那之间的铁路线在 2016 年完全实现电气化，2018 年 M70 高速公路也计划扩建为双车道，这意味着布达佩斯与卢布尔雅那将通过高速公路连接，实现海陆运输的高效对接。2016 年 3 月 18 日，匈牙利交通部向欧盟委员会提交了关于设立新的"琥珀"铁路货运走廊的意向书，以使跨境铁路运输便利化。该走廊连接斯洛文尼亚科佩尔港和波兰无水港，在匈牙利、斯洛伐克、斯洛文尼亚和波兰设有重要的工业中心和多式联运终端，这一倡议使得匈牙利与斯洛文尼亚的交通联系更为紧密。

### （四）罗马尼亚

2018年6月，匈牙利已与罗马尼亚政府签署了关于布达佩斯和克卢日—纳波卡之间高速铁路的协议，并批准了10亿匈牙利福林用于可行性研究。此外，为发展罗马尼亚—匈牙利天然气走廊，拟议中的罗马尼亚—匈牙利天然气管道开发项目的建设正在按适当的进度根据计划进行，该项目从2019年年底开始每年从罗马尼亚向匈牙利输送17.5亿立方米的天然气。

### （五）乌克兰

现有的匈乌边境口岸Zahony-Chop为欧亚货运连接开放提供了可能，但现存运输方案大多途经波兰。为提高在欧亚铁路货运领域的地位，匈牙利选择与乌克兰合作，以此进一步推进匈牙利—乌克兰—俄罗斯地区的铁路货运业务。2020年2月，匈乌边境新的国有铁路场站正式建成，该场站位于匈牙利的Fényeslitke，占地面积85公顷，可同时堆放10000个重载或空载标准集装箱，除此之外还有设施存放500个冷藏集装箱，在符合SEVESO标准前提下，能够装载和存储气体以及危险品。而在全新软硬件设备支持下，场站最多可一次性处理4列长列车。对于铁路货运来说，这一场站最大的优势，在于它同时连接宽轨和标准轨铁路。在场站正式投入使用后，共有15000平方米的可出租空间。新场站的移交和试运行将于2021年9月30日开始，预计将在试运行开始的90天内完全投入使用。

### （六）德国

匈牙利不断加强与德国在交通运输、电动汽车和自动驾驶汽车工业技术领域的合作，提出了与交通有关的能源解决方案，如可以内置在道路中的感应充电技术。为此，匈牙利—巴登—

符腾堡州联合经济委员会于 2019 年 6 月在布达佩斯举行了全体会议。2019 年 9 月,匈牙利创新与技术部部长表示,将参与与德国巴登—符腾堡州正在开发的电力公路相关的项目。这一实验项目涉及在高速公路上方安装电缆,这将使配备有受电弓的混合动力重型货车在途中能够通过电池充电。

**(七)俄罗斯**

匈牙利与俄罗斯交通合作的重点领域是天然气管道建设及运输合作。2010 年 1 月,匈牙利鲍伊瑙伊总理与俄罗斯第一副总理舒瓦洛夫共同签署了开展"南流天然气管道工程匈牙利项目"以及成立南流股份公司的协议。土耳其天然气管道是指俄向土耳其供应天然气并通过土耳其向欧洲南部供应天然气的管道。受俄罗斯和乌克兰关系恶化的影响,在俄罗斯经乌克兰的油气运输风险重重的情况下,匈牙利成为俄气输欧的新关键点。2017 年 7 月,俄天然气工业股份公司与匈牙利方面签署了通过土耳其天然气管道向匈牙利供气的协议。双方还签署了匈牙利天然气管道发展路线图和俄向匈长期供应天然气备忘录。2019 年,俄罗斯总统普京与匈牙利总理商讨绕过乌克兰向中欧地区输送天然气的事宜。对此,匈牙利十分欢迎,双方迅速达成管道开发协议。"土耳其溪"(Turk Stream)天然气管道项目促使能源供应多样化。塞尔维亚工程段的管道竣工后,匈方团队也准备好开始匈牙利段的建设。

**(八)多边合作**

就欧盟范围而言,在欧盟的跨欧洲交通走廊计划中,匈牙利境内就包含了两条核心走廊路线,分别从西欧延伸至黑海和巴尔干国家。如今,匈牙利正大力推动欧盟内南北向的交通设施联通,这也是目前欧盟交通设施联通规划中的短板。为此,匈牙利得以获得欧洲的资金援助。匈牙利在交通运输基础设施建设方面的资金来源主要有"凝聚力基金"（EU Cohesion Fund）、"结构基金"（Structural Fund）、"欧洲投资银行（EIB）贷款"以及"欧盟发展援助基金"等。2005 年，"欧洲投资银行贷款"1.57 亿欧元与"凝聚力基金"配套融资用于匈牙利基础设施建设，包括 M0 号公路以及布达佩斯至匈—罗边境铁路等项目的建设。2007—2013 年，欧盟向匈牙利提供 220 多亿欧元的支持资金，其中用于公路基础设施建设的金额约 90 亿欧元。建设项目实施过程中，匈政府需要投入 25% 的资金与欧盟拨款捆绑使用。2015 年，在欧委会提议下，匈牙利 12 个交通项目在"连接欧洲基础设施（CEF）"竞标中获得欧盟 2.85 亿欧元的资金支持。"连接欧洲基础设施"是欧盟 2014—2020 年财政周期新启动的基金，专门用于交通、能源和通信领域，以支持欧洲交通网络的升级加速。匈牙利此次获得资金支持的项目包括柯马隆多瑙河大桥建设、凯伦福德—萨斯浩隆姆巴道铁路改造，在 59 个市郊动车上安装 ETCS2 系统（欧洲列车控制系统），国内第一个液化天然气充气站项目建设，以及发展内河运输等。

匈牙利与中东欧国家共同加强跨境公路基础设施建设，特别是跨喀尔巴阡山走廊建设。跨喀尔巴阡山走廊计划连接波罗的海和爱琴海之间的 7 个国家，始于立陶宛的克莱佩达（Klaipeda）和考纳斯（Kaunas），经过波兰的比亚韦斯托克（Bialystok）、卢布林（Lublin）和热舒夫（Rzeszow），斯洛伐克的科希策（Kosice），匈牙利的德布勒森（Debrecen），罗马尼亚，保加利亚，希腊，最终分别抵达罗马尼亚黑海港口康斯坦萨（Constanta）和希腊爱琴海港口塞萨洛尼基（Thessaloniki）。此外，匈牙利与波兰、斯洛伐克和斯洛文尼亚提出了 nr11 铁路货运通道（又称"琥珀之路"）倡议。2019 年，匈牙利提议在未来十年内建设一条新的 500 千米铁路线，连接匈牙利、塞尔维亚和罗马尼亚的主要城市，项目预计耗资 8000 亿福林（26 亿欧元）。

2018 年 6 月，维谢格拉德集团四国总理达成一致，准备在布达佩斯、布拉迪斯拉发、布尔诺和华沙之间建设高速铁路。2018 年 10 月，维谢格拉德四国交通基础设施事务部长签署联合宣言，计划共同建设连接四国首都的高速铁路，将成立专门工作组开展可行性研究。高铁时速可达到 250—350 千米/时，计划连接华沙、布拉格、布达佩斯和布拉迪斯拉发，项目投资额度将在可行性研究完成后，根据运行速度、线路规划等因素计算得出。2019 年 12 月，维谢格拉德集团签署了建立维谢格拉德公路协会（Visegrad Road Association）的意向书，从而更好地交流彼此在道路建设中的经验和先进技术。此外，维谢格拉德集团正在努力建设连接欧洲南北向能源走廊的跨境天然气管线。目前，波兰与捷克之间的天然气管道网已成功对接，捷克与斯洛伐克之间反向输送天然气项目已完成，斯洛伐克与匈牙利之间的天然气管线已连接。2018 年 9 月和 2019 年 9 月，斯洛伐克和波兰分别启动了两国间天然气管线连接项目。维谢格拉德集团还计划与其他欧洲国家特别是奥地利进行天然气管线连接。

## 三　中匈两国的交通合作

### (一) 合作现状

近年来，随着中国—中东欧国家合作和"一带一路"倡议的推进，中匈两国在交通领域展开了密切的合作和交流。

在交通领域的互联互通方面，中匈两国的合作成果主要有中匈塞共同筹建的国际高铁战略线路"匈塞铁路"、实现海上丝路和陆上丝路完美对接的"中欧陆海快线"、"中欧班列"、城市轨道交通和航空等领域的合作项目。

## 1. 匈塞铁路

"匈塞铁路"全称匈塞铁路现代化改造项目,是"一带一路"倡议基础设施建设合作的旗舰项目,也是中国"高铁外交"的另一重大成果。"匈塞铁路"作为中国—中东欧国家合作框架的重要组成部分,将为匈牙利连通中国、东南欧、中欧与西欧四大区域提供有力支撑,为"中欧陆海快线"提供重要的延伸线,为两国深化合作释放巨大的陆海经济能量。同时,作为中国"高铁外交"的标杆成果之一,"匈塞铁路"也为中国铁路成套技术和装备首次进入欧洲市场,推动中欧铁路合作发挥了重要的示范作用。

从匈牙利首都布达佩斯至塞尔维亚首都贝尔格莱德的"匈塞铁路"始建于19世纪末,[1] 最近一次翻新在20世纪60年代。2013年11月25日,在罗马尼亚布加勒斯特召开第二次中东欧—中国国家领导人会晤,中国总理李克强与匈牙利总理欧尔班和塞尔维亚总理武契奇三方宣布合作改造升级匈塞铁路。2014年2月,欧尔班访华,中匈两国正式商讨如何开展和资助联合铁路建设问题。随后,12月17日,中国、匈牙利和塞尔维亚三国总理在贝尔格莱德共同宣布,将合作建设匈塞铁路,依托匈塞铁路、希腊比雷埃夫斯港等打造亚欧海陆联运新走廊,中匈塞三国正式签署了《匈塞铁路项目合作谅解备忘录》。2015年6月,"匈塞铁路"建设被纳入"一带一路"合作共建框架中,这对推动中匈铁路合作具有重要的示范意义。

2015年11月24日,中国总理李克强、匈牙利总理欧尔班、塞尔维亚总理武契奇签署了《中华人民共和国政府与匈牙利政府关于匈塞铁路匈牙利段开发、建设和融资合作的协议》,就合

---

[1] 克江、王迪、任彦:《铁路大通道为中欧经贸插上翅膀》,浙华网,2015年10月22日,http://www.xinhuanet.com/world/2015-10/22/c_128345147_3.htm。

作建设一条北起匈牙利首都布达佩斯，南至塞尔维亚首都贝尔格莱德的客货混运双线电气化铁路项目达成共识。其中，"匈塞铁路"塞尔维亚段由中方企业联合体与塞尔维亚政府及企业代表签署并实施。"匈塞铁路"全长约 350 千米，其中在匈牙利境内长达 166 千米。按照计划，铁路建成通车后，从布达佩斯到贝尔格莱德的时间会从 8 小时缩短为 3 小时。这条铁路还将与希腊雅典近郊的港口比雷埃夫斯港实现海陆联动，成为"中欧陆海快线"的重要组成部分，为扩大三国乃至推动中国与中东欧地区经济技术合作发挥重要积极作用。

不过这一项目随后受到欧盟方面的关注，2017 年，欧盟委员会以"大型交通项目必须进行公开招标"为由调查匈牙利匈塞铁路项目。而在匈牙利国内，这一项目也引发争议，导致匈塞铁路匈牙利段的项目一直延宕到 2020 年。2020 年 4 月，匈塞铁路匈牙利段取得新的重要进展，中国进出口银行与匈牙利财政部克服新冠肺炎疫情影响，签署匈塞铁路匈牙利段贷款协议。2020 年 5 月 16 日，匈塞铁路匈牙利段项目 EPC 主承包合同正式生效，标志着匈牙利段进入实施阶段。2020 年 5 月 19 日，匈牙利国民议会以 133 票赞成、58 票反对和 3 票弃权的结果通过了匈塞铁路升级改造工程法案。国会同时对中匈两国政府签署的《关于匈塞铁路项目匈牙利段开发、建设和融资合作的协议》表示支持。匈塞铁路匈牙利段使用的设备、材料和技术都将符合欧盟和匈牙利标准，经过相关认证后，中国铁路部分设备和技术将首次在欧盟市场使用。

**2. 中欧陆海快线**

目前，铁路和海路是亚欧物流通道中最主要的两种运输方式，大量货物依靠互不连通的铁路或海运单独完成运输。然而这种运输方式距离长、途经国家多、交易手续复杂、运输风险比较大。为提升中欧之间的商品流通效率，2014 年 12 月 17 日，中国、塞尔维亚、匈牙利和北马其顿四国政府联合宣布启动建设"中欧陆海快线"项目，四国海关代表签署了海关通关便利化合作的框架协议，将致力于实现各沿线国家海关手续的简化与协调，提高通关速度和效率，为各国方便货物和贸易往来奠定基础。"中欧陆海快线"采用陆海联运的方式，将中国运往中欧内陆商品的整个海上运输时间缩短7—11天，陆路缩短至3—5天。作为"匈塞铁路"的延长线和升级版，中欧陆海快线南起希腊最大的港口比雷埃夫斯港（以下简称"比港"），经北马其顿斯科普里和塞尔维亚的贝尔格莱德，向北到达匈牙利布达佩斯，直接辐射人口3200多万，形成了海上丝路和陆上丝路的完美对接。这条线路为中国对欧洲出口和欧洲商品输华开辟一条新的便捷航线，中欧陆海快线的服务优势正逐步受到客户的青睐。

2017年1月和2月由中远海运集团启动的第一列和第二列装载中国货物集装箱的火车从希腊比雷埃夫斯港先后抵达匈牙利首都布达佩斯，标志着连通中国与中东欧地区货物联运的"中欧陆海快式联运"正式开通。这两列火车运输的货物以家具为主，从中国宁波港出发，用时26天抵达布达佩斯。[1]

中欧陆海快线充分发挥了匈牙利的地缘优势。"中欧陆海快线"首先是直接提升了中国货物到匈牙利的运输效率，然后间接缩短了中国到捷克和波兰等中东欧国家甚至整个欧洲的全程运输时间，为中欧两地的货物往来、贸易交往节省了运输时间和费用成本。同时，快线大力发展的多式联运系统，已在匈牙利建成了13个基础设施齐全的物流园区与联运中心，[2] 匈牙利将继续发挥中国货物在欧洲的重要集散地作用。

---

[1] 杨永前：《中欧陆海快式联运正式开通》，环球网，2017年2月8日，http://world.huanqiu.com/hot/2017-02/10083511.html。

[2] 高潮：《匈牙利：进入欧盟的重要门户》，《中国对外贸易》2014年第4期。

### 3. 中欧班列

2017年4月开通的西安至布达佩斯的首趟中欧班列，也是西安开行至华沙、汉堡、莫斯科中欧班列以来，开行的第四条中欧班列线路。中欧班列（西安—布达佩斯）全程约9312千米，避开了阿拉山口和马拉两大拥堵点，经由中国新疆霍尔果斯口岸出境，途经哈萨克斯坦、俄罗斯、白俄罗斯、波兰、捷克、斯洛伐克、匈牙利7个国家，约14天即可到达匈牙利。自2018年3月起，中欧班列（西安—布达佩斯）新路线实现了常态化双向对开，西行方向每周至少发运两班。

2017年5月开通的长沙—布达佩斯中欧班列是湖南首列直达匈牙利的列车，也是"湘欧快线"继汉堡（杜伊斯堡）、华沙、莫斯科、塔什干、明斯克后，开行的第6条中欧班列新线路。中欧"长沙—布达佩斯"国际货运班列从长沙霞凝铁路货场首发，驶向匈牙利首都布达佩斯，全程10118千米，运行时间约12天，途经蒙古国、俄罗斯、乌克兰、斯洛伐克。由于这趟班列为了避开常规中欧班列拥堵地段，选择了途经乌克兰，而且经过的国家少，其运行时间也更短，大大提高了中国制造货物直达欧洲腹地的运输效率。2017年11月27日，布达佩斯至长沙的回程班列也正式开通了。这趟列车从布达佩斯BILK铁路站出发，途经斯洛伐克、波兰、白俄罗斯、俄罗斯、蒙古国，最终到达长沙。

2019年10月，满载41个集装箱的"齐鲁号"欧亚班列从匈牙利首都布达佩斯中欧商贸物流合作园区驶往中国山东济南市。这标志着"齐鲁号"欧亚班列成功地担负起济南至布达佩斯的国际货运任务，让匈牙利继中欧班列之外再添一条快捷高效的国际物流联运通道。2020年4月，载有2100万只防护手套等防疫物资的中欧班列从山东济南发往匈牙利首都布达佩斯。

2019年12月，武汉—匈牙利（中东欧）班列于武汉首发，途经哈萨克斯坦、俄罗斯、白俄罗斯、捷克,15—17天抵达匈牙利布达佩斯。该班列装载着武汉及周边地区汽车零配件、机械设备、LED灯、液晶显示屏等。"武汉—匈牙利"班列每周六发运,以匈牙利布达佩斯、奥地利维也纳、捷克布拉格、斯洛伐克布拉迪斯拉发为主要站点,辐射德国西部、捷克、奥地利、斯洛伐克、罗马尼亚等中东欧国家。班列将促进武汉与中东欧国家经贸往来,提升武汉国际多式联运枢纽地位。2020年3月,恢复开行的中欧班列(武汉)载有支援欧洲各国的医用无纺布、医用桌布等总重166.4吨的疫情防控用品,以及用于匈塞(匈牙利—塞尔维亚)铁路工程建设的物资。班列经阿拉山口出境,沿途经过哈萨克斯坦、俄罗斯、白俄罗斯、波兰等国家,4月中旬抵达杜伊斯堡,最终分拨到德国、法国、匈牙利、捷克、波兰等地。

总体而言,这些中国重要城市与布达佩斯往返中欧班列的顺利开通和稳定运行对提升中欧口岸通关便利化水平,对促进中欧两地经贸往来、中匈两国的经贸合作作出了积极贡献。

**4. 城市轨道交通领域的合作**

2016年,中国中车产业投资有限公司在匈牙利首都布达佩斯举行中车产业投资有限公司欧洲办公室揭牌暨中车城市交通欧洲市场发布会,宣布将在布达佩斯设立欧洲区域总部,以匈牙利为基点,面向整个欧洲市场,推出城市公共交通整体解决方案。欧洲办公室主要负责猎寻、投资并购和培育欧洲市场高端技术、前沿产业项目,如新能源、交通、环保、信息通信、物联网和生物医药等,并结合"一带一路"建设,与匈牙利和其他欧洲国家高新技术企业加强交流,推进产能合作。

中国中车城市交通有限公司与中国银行匈牙利分行签署了金融合作备忘录,旨在共同为欧洲特别是中东欧国家提供公共交通整体解决方案。中车公司在匈牙利设立办公室，推动中匈基础设施领域的合作进一步深入城市交通轨道方面，丰富了中匈交通领域的合作。

### 5. 航空领域的合作

在航空运输和机场建设方面，中匈两国不仅开通了北京—布达佩斯的直航，也在货运航班及相应航空货运基地上取得了一定进展。

2015 年 4 月，为更好地服务"一带一路"倡议构想，深化中国—中东欧国家合作，中国国际航空公司重返中东欧，开通了布达佩斯—北京直航。目前，这趟航班每周有 4 趟航班在布达佩斯和北京往返，是中国内地直达白俄罗斯和匈牙利的唯一空中通道。中国东方航空公司上海至布达佩斯的直飞航班于 2019 年 6 月进行了首飞。2019 年 11 月，匈牙利政府宣布开通连接布达佩斯和中国成都及西安的直飞航线。增加了直飞航线后，中国和匈牙利之间的航班数量将增至 11 架次，从而为赴匈牙利及欧洲的游客和文化交流提供极大的便利，进一步促进中国与中东欧地区经贸、文化等各领域的深入交流。

中通和申通则分别与匈牙利公司签约，共同打造"一带一路"中欧国际转运中心、开辟跨境电商快件专线，优化中欧班列和跨境电商包裹的转运效率，对推动中国跨境快递业务和两国邮路建设起到积极作用。2017 年 11 月，申通满载电商货物的第一架波音 747 货运飞机抵达匈牙利。随后，申通欧洲公司与匈牙利布达佩斯机场集团以及欧洲物流企业 EKOL LOGISTICS 共同签署战略合作谅解备忘录，拟共同打造从中国到匈牙利乃至全欧的转运网络。申通计划以李斯特·费伦茨国际机场为其航空公司货运基地，布达佩斯也将成为中国航空的货运枢纽，主要提供电商货物的运输。备忘录签署之后，申通快递将定期开通飞往布达佩斯的货运航班。2020 年 5 月，申通国际中欧国际货运包机"上海—布达佩斯"正式从浦东国际机场起飞,直航至匈牙利首都布达佩斯的李斯特·费伦茨国际机场。这标志申通国际在提升国际航线运行以及客制化、多元化的业务方面取得重要进步。与此同时,中通国际联合宁波英才科技与匈牙利国家邮政股份成立中欧供应链管理股份有限公司,公司注册资本9亿匈牙利福林,在通过一系列线路清关等测试后于2018年第一季度正式运行。

此外,中匈共同加强航空人才的培育工作。2019年12月,由福建船政交通职业学院、匈牙利德布勒森大学和摩根斯达集团共同推动成立的"通用航空产业学院""通用航空应用技术研发中心"在福建船政交通职业学院揭牌。"通用航空产业学院"成立后,将利用匈牙利相关大学的优势教学资源,引进其专业课程、师资、教学资源等,协助产业学院进行人才培养方案的制定和课程开发。福建船政交通职业学院与德布勒森大学互设"通用航空技术研发中心",主要研究方向为通用航空领域的科技研发、基于通用航空飞行器的二次应用研发,并可延伸至航空旅游、交通土建、物流管理等。"通用航空产业学院"的成立是匈牙利国家积极参与中国"一带一路"的典范,"通用航空应用技术研发中心"项目是匈牙利高新技术和教育产业中国发展中心的重要内容。

### (二)存在的主要问题

虽然中国与匈牙利在交通运输领域的合作取得了丰硕的成果,然而双方合作仍面临较大挑战,不仅面临来自欧盟强大竞争对手的压力、自身国际化运营经验和人才的不足以及交通基础建设投资周期长,易受政治风险波折等问题,还受到是否得到国际基础设施标准认同的技术考量。

### 1. 政治风险

自欧尔班政府执政以来，匈牙利对中国态度较为亲和。然而，匈牙利政府更迭仍具有不确定性，这使得国内交通运输领域相关政策不具有延续性，法律变化快，很容易造成事先签署的合作协议被否认或搁置的现象。不稳定的制度政策对中国企业在投资周期长、耗资巨大的交通运输基础建设项目上开展合作构成了政治风险。匈政府在交通运输基础设施投资项目管理经验较为匮乏，匈牙利尚无关于PPP的法律，也缺乏以此模式开展建设的经验，这容易导致合同纠纷案。此外，交通运输基础设施建设作为战略性行业，匈牙利对中资企业的介入也持较为谨慎的态度。考虑到匈牙利的多层身份——欧盟成员国和V4集团成员，中国方面除了要与匈牙利政府协调一致，还面临着来自欧盟委员会的审查。因此，中匈两国在交通运输基础设施领域合作的复杂性和政治风险不容小觑。[1]

### 2. 欧盟垄断性的技术壁垒

虽然匈塞铁路是中国铁路标准欧洲化迈出的历史性一步，欧洲大国铁路标准霸权的压制问题仍然存在。欧盟为了确保跨欧洲高速铁路的互通运行，建立了内容详尽的铁路标准体系，其中欧洲标准委员会（CEN）与欧洲电工标准化委员会（CENELEC）负责制定铁路用机车部件与线路产品标准，国际铁路联盟（UIC）制定国际多式联运、铁路运营管理、铁路基建原材料及铁路通信标准，以保证国际联运的安全性与兼容性。例如，"跨欧洲高速铁路系统互通性指令"（96/48/EC）及其修订版（2004/50/EC）要求欧洲境内的高铁工程建设要符合安全性、有效性、环境保护、技术兼容性等核心要求。[2] 尽管中国在吸

---

[1] 中国对外承包工程商会：《捷克、波兰和匈牙利基础设施领域投资机遇及风险》，《建筑》2017年第9期。

[2] 关金发、吴积钦：《欧洲铁路技术规范对我国弓网标准的借鉴意义》，《中国铁路》2014年第2期。

收、创新日本、法国、德国高铁原创技术的基础上形成了自己的标准，但中国高铁标准体系的国际认可度尚不高。匈牙利作为欧盟成员国，在招投标、技术、建筑、环保、劳工等各方面均按照欧盟标准和流程进行，而中国企业往往对投标和项目执行中的细节要求不熟悉。同时，中国所有产品装备、建筑机械、材料、人员进入匈牙利需要首先通过欧盟 CE 认证和当地认证，认证程序复杂、耗时费力，还要缴纳不菲的认证费用，这不仅削弱了中国企业的竞争优势，还使得许多厂商丧失进入当地市场的动力。

**3. 交通合作领域竞争激烈**

欧盟交通基础建设市场竞争非常激烈。欧盟成员国中，法国和德国也具备优良的铁路技术，享有较高的国际声誉，中国并非匈牙利合作的唯一选择。匈牙利交通基础设施投资建设市场长期被当地和欧盟成员国企业占据，如 ACS、Hochtief、VINCI、Skanska、Bouygues 等国际知名承包商，竞争激烈，基建项目大量使用欧盟资金，招标环节受到利益集团影响，且出现了通过技术壁垒阻碍中国企业中标的情况。

**4. 交通基础建设存在融资风险**

由于目前中国大部分对外承包的交通运输项目的建筑材料、施工机械、设备产自国内，及时送达且减少运输过程中的损耗，对项目的工期和成本具有重要影响。匈牙利对交通基础设施施工的管理法规、标准、认证的要求较高，采取了严格的进出口配额、许可证等措施，对用料的供给增加了不确定性。另外，匈塞铁路项目预计投资额为 28.9 亿美元，是资金密集型项目，而中国是融资的主要承担方。一旦项目开展不利，中方将承担债务风险。

# 东南欧四国（不含西巴尔干）

# 希 腊 篇

## 一 希腊交通运输发展概况

2018年运输和仓储业对希腊经济增加值贡献为57亿欧元（11.6%），仅次于制造业（118亿欧元，占比24%）和批发零售贸易（117亿欧元，占比23.79%）。在人事方面，运输和仓储业的相关支出为36亿欧元（12%），批发零售贸易部门和制造业分别为81亿欧元（26.7%）和63亿欧元（20.6%）。[①]

### （一）发展政策与战略

希腊在交通运输领域的国家战略包括《希腊国家交通运输战略项目（NTPG）》《智能交通系统（ITS）》《东部至东地中海走廊》和《可持续城市交通计划》等。

《希腊国家交通运输战略项目（NTPG）》是基于《支持欧盟28国内部和外部的欧洲投资银行（EIB）咨询服务框架协议》开展的项目。主要目标是在中长期内为希腊运输系统基础设施和服务的可持续发展奠定基础，提高希腊运输部门的竞争力。该计划将确定未来20年运输部门的发展战略，并支持希腊的经济发展。此外，它将确定由国际金融机构——特别是欧盟

---

① https://www.statistics.gr/en/statistics/-/publication/SMA21/-.

（EU）和欧洲投资银行（EIB）——支持的主要行动。该项目于2017年5月15日开始，总工期为22个月。①

《智能交通系统（ITS）》旨在提供与各种运输方式有关的创新服务，例如，执行规则和管理交通，同时允许包括公司、管理人员和公民在内的交通系统的用户获得更好的信息，并以更安全和智能的方式使用运输网络。财政部、基础设施和交通部、海运和旅游部参与跟进希腊和国际智能交通领域的发展；基础设施和交通部积极参与相关的共同体机构（欧洲委员会 ITS-EIC），响应欧盟的要求向欧洲主管机构发送定期报告。除此之外，基础设施和交通部还准备实施政治议程的目标，同时兑现《ITS 行动计划 2012》中的承诺，即构建智能交通系统国家战略和组织架构；组织并积极参加会议和讲习班，为希腊在专业知识交流和国际发展方面发挥促进作用。②

《东部至东地中海走廊》（*The Orient/ East-Med Corridor*）指德国汉堡至希腊帕特雷/伊古迈尼察的线路，是 2014 年欧盟交通部部长非正式会议所宣布泛欧铁路网优先建设的 9 条动脉线路之一。其他八条"走廊"分别为斯堪的纳维亚—地中海走廊（赫尔辛基至瓦莱塔）、北海—波罗的海走廊（赫尔辛基至安特卫普）、北海—地中海走廊（贝尔法斯特至巴黎）、波罗的海—亚得里亚海走廊（格丁尼亚至科佩尔/的里亚斯特）、莱茵河—阿尔卑斯山走廊（热那亚至泽布吕赫）、大西洋走廊（阿尔赫西拉斯至曼海姆/斯特拉斯堡）、莱茵河—多瑙河走廊（斯特拉斯堡至苏利纳）、地中海走廊（阿尔赫西拉斯至乌克兰边境）。

《可持续城市交通计划》旨在改善交通拥堵、空气污染、噪声和交通安全等大多数城市人口面临的问题。可持续思想体现

---

① https：//www.yme.gr/metafores/anaptixi-metaforon/ethniko-stratigiko-sxedio-metaforon-tis-elladas.

② https：//www.yme.gr/metafores/anaptixi-metaforon/eyfyi-systimata-metaforon.

在基础设施和服务的设计上，符合人类自我实现的长远愿景，体现为在满足经济、社会和环境标准的前提下实现所有运输工具的平衡和综合发展。该计划旨在加强公共交通的作用，减少汽车使用；通过重新分配和重组道路网络，增加环境友好型交通选择；发展多式联运以及重新设计公共空间。最终目标是改善城市居民和游客的日常生活，消除社会排斥。[①]

### （二）主要交通运输方式

希腊国内交通运输以公路和海运为主，铁路为辅，对外贸易主要靠海运。

**1. 公路**

希腊高速公路里程约为2186千米。近年来，希政府在欧盟支持下，大力发展基础设施建设，特别是高速公路、机场、桥梁及其他交通枢纽设施建设，高等级公路及城市主干道建设增加较多，城市交通状况明显改善。特别是在奥运会期间，以雅典为中心连接全国的交通网络为奥运会成功举办发挥了重要作用。据欧盟统计局统计，2016年希腊每千人汽车保有量为479辆。

**2. 海运**

希腊是世界航运大国，海运业是国家经济的重要支柱产业。目前海运业共为19万人提供了就业机会，除6万名在远洋船舶上工作的希腊籍船员外，海运业带动的金融、保险、咨询服务业、船用设备、维修等相关产业吸纳了13万名劳动力，仅在比雷埃夫斯港就有1000多家企业开展与海运业相关的经营活动。希腊有各类港口150个，主要有比雷埃夫斯、塞萨洛尼基、沃洛斯、佩特雷、伊拉克里翁。2017年希腊港口总吞吐量约为

---

① https://www.yme.gr/metafores/anaptixi-metaforon/sxedia-viosimis-astikis-kinitikotitas.

1.48亿吨。截至2018年，希腊共拥有百吨级以上船只1857艘，同比增加0.2%；总注册吨位4255.3万吨，同比减少3.3%。截至2020年，希腊船东共拥有4901艘千吨以上的各类船舶；总运力居世界第一，占全球19.42%。

### 3. 航空

爱琴航空（Aegean Airlines）是希腊最大的航空公司，成立于1987年，提供定期及包机服务，由雅典和塞萨洛尼基前往其他主要的希腊城市和一些欧洲主要城市。奥林匹克航空公司（Olympic Airlines）是希腊另一大型航空公司，2009年3月将部分股权出售给一家私人公司，并改名为Olympic Air。2012年10月，爱琴航空公司宣布与奥林匹克航空公司达成并购协议。2013年10月，有关协议最终获得欧盟竞争委员会通过，爱琴航空公司正式收购奥林匹克航空公司，后者依然以前者子公司的身份存在和运营。全国有39个机场。主要机场有维尼泽洛斯（雅典）国际机场、塞萨洛尼基、克里特和罗德岛机场等。

### 4. 铁路

希腊铁路系统比较落后，利用率低，经济效益不佳。铁路总长2554千米，年货运量259万吨，年客运量888万人次。奥运会前后，希政府加大对地铁、市内轻轨建设的投入，取得一定成效，但总里程增长不多。为适应经济发展需要，希政府计划建设南北铁路大动脉，以提高希经济和交通运输的能力。

### 5. 管道

根据希腊气体传输系统运营商（DESFA S.A.）的数据，2018年天然气输送管道总长1466千米，天然气传输基础设施的维护支出为2328万欧元，与2017年相比增长3.1%。

### （三）优势行业分析

希腊海运业优势明显，2008年金融危机之后，随着世界海运市场的复苏和强劲增长，希腊海运业运行态势良好，并呈现出以下6方面特点。

**1. 船队规模继续领跑**[①]

海运业对全球经济活动至关重要，全球80%以上的商品贸易依靠海运，而希腊海运是全球海运贸易的基石。根据希腊船东联盟统计的最新数据，截至2020年，希腊控制的船队（船主为希腊公民，不论船舶的旗帜）在全球排名第一位，占世界总运力的19.42%左右；希腊拥有千吨以上的各类船舶4901艘，是名副其实的世界第一海运大国。

希腊是欧盟海运的支柱和全球海运贸易的基石。截至2020年，希腊拥有的船队占欧盟船队的58%。在全球范围内，希腊船东控制30.25%的油轮船队，14.64%的化学品和成品油轮，15.58%的全球液化天然气/液化石油气运输船，20.04%的世界散货船和9.53%的世界集装箱船。

**2. 经济支柱作用愈发凸显**

根据希腊船东联盟发布的2017—2018年度报告，作为传统经济支柱产业，海运业2017年为希腊带来了91.4亿欧元（约合107亿美元）的外汇收入，同比增长16.91%。考虑到直接贡献和对法律服务、房地产、物流、保险和炼油厂等其他部门的间接影响，海运业对希腊GDP的贡献超过7.5%，为全社会创造了近20万个就业岗位。随着希腊船东大量购船以及船舶租金的上升，2018年前三季度，海运业对希腊经济贡献更是大幅增加，据希腊央行2018年9月发布的数据，全国服务盈余增长主要依靠海运拉动，同比增长了29%，向财政上交121.78亿欧元（约合137.6亿美元），希腊船东已经成为希腊经济的"顶梁柱"。随着希腊船队规模的不断扩张，希腊央行也对海运业统计

---

[①] https：//www.ugs.gr/en/greek-shipping-and-economy/greek-shipping-and-economy-2011/.

进行重大调整,以便更好地反映该行业对国家经济的贡献。希腊总理齐普拉斯也公开表示,海运业在希腊的经济社会发展中发挥了至关重要的作用,为经济复苏和创造就业作出了重要贡献。

### 3. 船舶更新换代加快

过去,困扰希腊海运业的主要问题之一是船队船只的老龄化。近几年来,由于全球贸易的繁荣和国际海运需求增加,促使希腊船东更多地投资新建船只。通过更新换代,希腊船队船只的平均船龄从2000年的17年逐渐下降到2013年的9.9年,并在最近两年维持在11.5年左右的低位,明显低于世界平均水平14.6年。以上数据反映出希腊船东不断加大对新船的投资,同时也加大了对旧船的出售和报废。

在过去十年,希腊船东投资新造船总额累计超过1000亿美元,目前在手船只订单总吨数1695万吨,排名全球第三,仅次于2714万吨的日本和2107万吨的中国。近年来,希腊船东仍在大力订造新船和购买二手船舶,希腊船队更新和扩张步伐仍在继续。2018年,希腊船东在船舶买卖市场更加活跃,购买了284艘船,总吨位为1480万吨。

### 4. 船东融资渠道多元

海运业是世界上资本最密集的行业之一,船舶投资占航运企业现金流的50%以上。一艘大型集装箱船、油船的造价动辄上亿美元,而一艘液化天然气船的造价更是昂贵。作为全球第一航运大国,船舶融资对希腊海运业的发展至关重要。希腊船东的融资渠道主要有三:一是商业银行信贷融资、融资租赁、资本市场证券融资等方式。其中,以商业银行贷款为主。目前,融资租赁方式募集资金也占较高比重。二是通过股票市场筹集资金。希腊船东的上市时间主要集中在2005—2008

年。Diana、Dryships、Danaos 等航运企业都在此期间成功在美国纽约证券交易所和纳斯达克证券交易市场上市。三是通过债券市场进行融资。目前已经通过发行债券进行融资的希腊船东主要有 General Maritime、Dryships、Excel、Navios、Seacor、Genco 等几家。

**5. 航运企业进一步整合**

根据船舶融资咨询机构研究显示，2018 年希腊航运公司减少了 9 家，由 597 家降为 588 家，希腊航运公司的数量已经连续 7 年出现下滑。目前，船队运力在 100 万载重吨以上的希腊公司有 77 家，在希腊船队总规模中的比重不断攀升，已经达到 80%。不过在新生企业的缓冲下，2018 年希腊航运公司兼并的速度有所放缓，相比 2017 年 6.4% 大幅下降为 1.5%。自 1998 年至今，平均每年减少速度为 2.2%。

**6. 希腊海运业发展潜力**

尽管希腊海运业对希腊经济作出了重大贡献，但与其在该行业中所占庞大的市场份额并不相匹配。海运业对希腊人均收入的影响仅为 150 美元，不到其他航运大国平均值的 1/3。主要原因是希腊既不是生产型大国也不是消费型大国，海运业并不能很好支撑本国自身工商业发展。虽然希腊控制着 40% 以上的欧盟船队，但其对欧盟航运业产生的营业额的贡献仅为 3%。因此，希腊经济能否从希腊海运业进一步受益，取决于巴尔干地区发展的协同效应，需要开发与地区相关国家在航空、铁路和船舶运输间建立更加紧密联系。目前，希腊铁路网的每千米货运量仅为 20 万吨，而欧盟为 180 万吨，这反映了其进一步扩大铁路网络、拉动海运业进一步发展的潜力。

## 二 希腊交通运输国际合作情况

### (一) 意大利

希腊和意大利多年来保持紧密合作。2017年9月14日，希腊与意大利政府首脑会议期间，两国交通部部长宣布希腊铁路公司TrainOSE被意大利铁路公司Ferrovie dello Stato Italiane收购，成为其全资子公司。时任希腊总理齐普拉斯认为此举将开启意大利和希腊在经济领域的一系列合作。同时两国达成了InterregV-A项目协议，旨在帮助公共机构和当地利益相关者一起开发跨境试点项目，改善民众生活质量。截至2018年9月，在该项目已产生和签署50余个计划，涉及交通、旅游、生态等多领域。2019年4月，希腊铁路运输维护公司Rosco被TrainOSE（当时为意大利Ferrovie dello Stato Italiane公司旗下的子公司）收购，交易额为2200万欧元。该协议的签署代表着希腊部分铁路的升级已经进入新阶段。2020年，意大利和希腊签署了关于推动伊古迈尼察港口（Igoumenitsa，希腊西北部一港口城市）合作的协议，为两国在交通领域合作发展迈出了重要一步。

### (二) 德国

2015年德国法兰克福机场集团与希腊私有化基金（HRADF）签署协议，该集团以12.3亿欧元的价格获得希腊14个地方机场为期40年的管理、运营及开发权利。根据该协议，法兰克福机场集团将在接管后的头4年里投资3亿欧元，在其中5座机场建设新的航站楼，并修缮所有14座机场的设施。2017年4月11日，希腊正式将14座地方机场的管理权移交给法兰克福机场集团希腊公司。希腊私有化基金与南欧门户塞萨洛尼基有限公司（SEGT）于2017年12月签署塞萨洛尼基港务局（Thessaloniki Port Authority）67％的销售协议。SEGT 是由德国投资股权基金牵头，和 Belterra 投资有限公司以及 Terminal Link SAS 公司联合组成的财团。该协议总价值达 11 亿欧元，除 2.31926 亿欧元收购股权外，还包括未来 7 年内 1.8 亿欧元的强制性投资，预计超过 1.7 亿欧元的特许经营权租金收入，私有化基金 7.22％预期股息、分红和投资（超过强制性投资），直到 2051 年的特许期结束。

**（三）塞浦路斯**

2019 年 3 月 15 日，希腊和塞浦路斯签署了在基础设施、航空运输、公共交通、固定轨道媒体和道路安全等重要问题上的合作备忘录，并决定成立工作组专门研究合作项目。

**（四）保加利亚**

2017 年 9 月 6 日，时任希腊总理齐普拉斯和保加利亚总理鲍里索夫在卡瓦拉签署双边协议，以加快铁路线建设，将希腊爱琴海的主要港口与保加利亚位于多瑙河沿岸和黑海的港口相连接。保加利亚政府表示，该项目还包括建设一条集成欧洲铁路交通管理系统（ERTMS）的复线电气化铁路，旨在通过铁路将希腊的塞萨洛尼基、卡瓦拉和亚历山德鲁波利斯市与保加利亚的布尔加斯、瓦尔纳和鲁塞相连接，从而实现公路、铁路、内河和海上运输的结合。希腊总理齐普拉斯称这次合作具有"历史和地缘政治意义"。

2020 年 2 月，希腊总理米佐塔基斯与保加利亚总统鲍里索夫发表联合声明，并签署加强两国战略伙伴关系的新谅解备忘录。内容包括基础设施和交通部部长卡拉曼利斯与保加利亚总统耶利阿兹科夫签署的希腊—保加利亚跨境铁路运输协议。该协议将通过铁路连接卡瓦拉、亚历山德鲁波利、布尔加斯和瓦尔纳等城市。此外，两国还计划建立公路网，并讨论了 Nymfea-Makaza 过境点的升级，以允许卡车和公共汽车通过。

### （五）阿尔巴尼亚

希腊与阿尔巴尼亚在欧盟的 IPA（Instrument for Pre-Accession Assistance）框架下合作。双方达成的《2014—2020 年希腊—阿尔巴尼亚跨境合作方案》要求双方协作提升可持续运输和公共基础设施建设能力，以改善运输业以及水资源和废物管理的跨境基础设施。希腊方面的建设集中在伊庇鲁斯大区，项目总预算为 5407.6734 万欧元，欧盟资助 4596.5222 万欧元。

### （六）北马其顿

希腊同北马其顿在欧盟的 IPA 框架下协作。双方达成的《2014—2020 年希腊—北马其顿跨境合作方案》的优先事项中包含"环保—运输"，旨在改善两国公共基础设施，并提升两国在运输、信息和通信网络中的合作。总预算为 4547.0066 万欧元，欧盟资助 3864.9552 万欧元。

### （七）法国

2019 年 6 月，欧洲铁路局（ERA）与法国、希腊和罗马尼亚铁路局签署了三份合作协议，内容包括从 6 月 16 日开始，途经多国的旅客将仅需以欧盟 24 种正式语言中的任何一种语言向 ERA 提交一份铁路车辆授权申请便可通过边境检查。这是自 2015 年卢森堡担任欧盟理事会主席国开启欧洲"第四铁路计划"以来，进一步推动铁路客运在欧洲的全球化。法国和希腊铁路当局的代表强调，相关合作协议的签署是欧洲铁路部门新时代的开始。

## 三 中希两国的交通合作

### (一) 合作现状

中国与希腊在中国—中东欧国家合作机制以及"一带一路"建设中，开展了大量交通运输领域的合作，中国与希腊合作的重要项目主要有以下三个方面。

**1. 中希海运合作**

中希海运合作先于中希关系发展，是两国交通合作重点领域。早在中希建交之前，两国海运业已有初步交往。1972年中希建交后，海运业是首先被两国提出和推动发展的行业。两国签署了《中希贸易支付协定》《中希海运协定》及《中希民海运输协定》。1995年，《中希海运协定》顺利续签。2006年，希腊总理卡拉曼利斯访华，中希签署《建立全面战略伙伴关系的联合声明》，双方领导人进一步重申加强海运合作共识。同年9月，中希签订《欧亚交通与海运合作备忘录》，该备忘录包含两国交通基础设施对接发展规划、建立货物仓储和交通一体化系统、简化海关通关程序等内容。希腊债务危机爆发后，中国对希腊进行及时帮助和支持，两国海运合作进一步发展。特别是随着"一带一路"倡议及中国海洋强国战略提出，为中希海运合作带来新动力。在2014年"中希海洋合作论坛"期间，李克强总理表示，要推进中希海运产业合作，逐步向制造、设计、运输、营销等全产业链扩展。希腊总理萨马拉斯则表示愿成为中国进入欧洲的门户和枢纽，与中国加强海洋合作。2010—2018年，中希共签署19个重要双边协定，其中7个与海运合作相关。

在海运及船舶建造领域方面，中远海运与希腊海运部签署价值10亿美元的比雷埃夫斯港口3号码头扩建、物流开发等项目备忘录，国家开发银行与希腊高世迈公司签署 15 亿美元 5 艘万箱集装箱船战略合作框架；工银金融租赁有限公司与希腊利博瑞集团签署了价值 4.6 亿美元的散货船和集装箱船项目协议及合作框架协议，项目涉及船舶分别由中船黄埔文冲船舶有限公司、江苏扬子江船厂有限公司、舟山中远船务工程有限公司建造。泰州口岸船舶有限公司联合中航国际船舶发展（中国）有限公司与希腊维特拉特思船舶管理公司签订了 8 艘 6.4 万吨散货船项目协议，合同价值约 2.15 亿美元。中国进出口银行联手挪威第一大银行 DNB 与希腊 Thenamaris 航运公司签署 4 亿美元融资和贷款框架协议，进出口银行还对希腊 Oceanbulk 航运公司提供 5736 万美元贷款协议。中国是希腊最大的海外船舶建造承接国之一。2017 年中国新承接希腊船舶建造订单按照吨位算，占据希腊全年订单的约 30%。希腊也是中国出口船舶的主要目的地，仅次于中国香港和新加坡。

**2. 中欧陆海快线**

2014 年 12 月 17 日，中国国务院总理李克强在贝尔格莱德集体会见塞尔维亚总理武契奇、匈牙利总理欧尔班和北马其顿总理格鲁埃夫斯基，一致同意共同打造中欧陆海快线，这也将希腊纳入了中国和中东欧国家合作的框架中。快线南起希腊比雷埃夫斯港，北至匈牙利布达佩斯，中途经过马其顿斯科普里和塞尔维亚贝尔格莱德，货物运输时间比传统的西北欧路线节省约 7—11 天时间，成本大大降低。近年来，快线业务量呈现跨越式增长。2018 年，比港铁路集装箱吞吐量、客户数量、火车发班率都呈几何级数增长；覆盖区域也从希腊辐射至北马其顿、塞尔维亚、匈牙利、罗马尼亚、保加利亚、捷克、斯洛伐克和奥地利等国家，拥有 1500 多个网点，辐射 7100 万人口，已成为名副其实的陆海给养线。

快线是一条有别于传统海运路线和货运班列的新型大通道，

它不仅是希腊和欧洲内陆之间最快的运输路线，也是远东至中东欧更为便捷、更为经济的货运大通道。发展中欧陆海快线，既能带动沿线国家各项产业的发展，拉动区域经济，也为中国与中东欧各国家产业深入合作提供了互联互通基础保障。2018年9月，欧盟推出"欧亚互联互通"战略，表示愿同包括中国在内的亚洲国家加强合作。2019年4月第21次中欧领导人会晤，中欧领导人一致同意推进"一带一路"倡议同欧盟互联互通战略、泛欧交通运输网络加强对接。中欧陆海快线作为具有上述合作基础的互联互通项目，在吸纳更广泛欧盟国家参与的情况下，将极大地促进中国同希腊、中东欧国家及欧盟共建"一带一路"合作。

**3. 比雷埃夫斯港**

2008年，中远公司取得希腊比雷埃夫斯港2号和3号集装箱码头35年特许经营权。2014年11月，中远集团和比雷埃夫斯港务局签署协议，追加投资2.3亿欧元，扩大该港的铁路货运能力，和中国在巴尔干地区的高铁计划相连，构成辐射中东欧腹地的物流快速通道。2016年，中远海运集团中标比港港务局私有化项目。2019年11月，中远海运欧洲公司与希腊比雷埃夫斯欧亚铁路物流公司（PEARL）在希腊比港举行PEARL公司股权收购协议签约仪式。根据协议，中远海运欧洲公司所属陆海快线有限公司（OceanRail Logistics S.A）将收购PEARL公司60%股权。中希合作建设比雷埃夫斯港，起步于集装箱码头投资、建设与运营管理，逐步拓宽到修造船、物流等领域，已发挥了显著的经济社会效益。上述合作不仅为比港带来了中国的资本、技术和人才，还带来了先进的经营管理经验和企业文化，为中希双边经贸、投资、文化等交流合作起到了积极示范作用。

经过双方共同努力，比港全球排名从2010年的第93位跃升至2019年的第32位，成为地中海第一大港、欧洲第四大港，为当地创造直接和间接就业岗位1万多个，被习近平主席誉为"一带一路"建设"成功的实践和精彩的现实"。尽管受新冠肺炎疫情影响，2020年第一季度，比港吞吐量增速有所减缓，但集装箱吞吐量仍实现同比增长3.9%，吞吐量达到123万标准箱，邮轮码头工程等其他业务板块进展顺利，后续发展投资规划稳步推进。希腊知名智库"经济与工业研究所"发布报告指出，到2025年，比港项目将为希腊财政增收4.747亿欧元，创造3.1万个就业岗位，提高希腊GDP 0.8个百分点，希国债收益率将减少2.3个百分点。报告援引希腊国民银行的相关研究成果认为，得益于比港项目发挥的重要作用，希腊物流的产值有望从2015年的4亿欧元增加到2025年的25亿欧元。

**（二）存在的主要问题**

国际地区政治经济环境复杂多变，对中希合作带来较大影响，具体有以下四个方面。

**1. 国内政治风险**

希腊执政党更迭频繁，重大长期投资有风险。如2015年1月，齐普拉斯率领的希腊激进左翼联盟在议会选举中胜出。该党的竞选口号是结束紧缩措施、反对出售国有资产偿还债务。齐普拉斯新政府就职当天，希腊海运部部长德里察斯高调宣布，停止比港港口管理局私有化进程。直到欧盟和国际货币基金组织向希腊政府提出严厉的预算紧缩和劳动关系制度改革条件后，齐普拉斯政府才不得不重启比港港口管理局的股权转让计划，但在希腊国内遭到工会联盟的抗议。2016年2月，在中远海运收购比港后一个月，比港再次罢工，集装箱堆积和货物装卸作业中断，清关和免柜期程序都受到了影响。未来随着希腊政局发生变化，类似罢工、抗议、政府政策调整对比港等两国合作项目带来的风险难以完全避免。

**2. 欧盟政策法规限制**

欧盟对中国投资希腊存有疑虑，加大政策法规限制。欧盟质疑中国投资希腊的政治经济影响。2017年9月，欧委会提出欧盟外资审查框架，将国家安全、关键基础设施、关键技术、重点产业领域纳入监管范围，同时审查外国投资方是否有政府背景及资金支持。2018年11月，该框架得到欧盟一致同意。2019年2月，欧洲议会高票通过对外国投资进行安全审查法案，以保护欧盟国家在关键的科技和基础设施建设领域的利益。2020年以来，因担忧新冠肺炎疫情削弱欧洲战略性企业的整体力量，欧盟成员国进一步强化外资审查机制。此外，中欧航运长期依赖以德国汉堡港为代表的西欧国家港口，但随着比港项目的发展和中欧陆海快线的建设，对汉堡港等西欧国家港口竞争和挑战加强，德国、法国等担心比港等"一带一路"建设项目损害其经济利益，高度警惕中国在欧洲的基础设施投资。

**3. 管理方式和经营方式的差异**

与中国地方政府积极支持、主动引进经济项目不同，希腊地方政府没有征税权，如比港项目周围城市的市长起初对中远海运的收购投赞成票的并不多，还在一定程度上放大了发展可能带来的负面效应，如卡车噪声、交通拥堵、城市垃圾等，在推进相关合作项目方面缺乏动力。中国国内企业在希腊投资时，需要统筹考虑国内有关部门的规定和母公司的文化，以及希腊当地法规和习惯做法。

**4. 希腊经济恢复前景严峻**

新冠肺炎疫情对希腊经济冲击较大，复苏挑战严峻。随着疫情在全球肆虐，欧洲各国普遍采取严格的限制措施，致使途经欧洲各港口转运的货物需求量减少,比港各业务板块相继受到不同程度的冲击。特别是在疫情影响下,与旅游密切相关的邮轮和渡轮板受打击沉重。世界邮轮公司相继停运,邮轮旅游市场陷入冰点,复苏需要一段时间。

# 罗马尼亚篇

## 一 罗马尼亚交通发展概况

罗马尼亚的基础设施在欧洲国家中处于落后水平。作为人口密集国家,罗马尼亚现有交通体系无法满足发展需求,需要继续加大投资与现代化。

罗马尼亚在欧盟指导下制定了《交通运输总体规划》,计划总投资436亿欧元,内容涵盖公路、铁路、水运和航空,另外,2015年7月罗马尼亚与欧盟委员会签署了2014—2020年大型基础设施项目行动计划,罗马尼亚将从欧洲区域发展基金取得近95亿欧元资金支持,其中交通领域将优先获得近51亿欧元的资金。

### (一)发展战略

**1. 罗马尼亚国家竞争力发展战略**

根据罗马尼亚国家竞争力发展战略(Romania National Strategy for competitiveness 2015—2020[①]),政府针对国家工业发展的具体问题采取改善和提升措施。计划主要确定了十个优先发展

---

① https://gov.ro/en/government/cabinet-meeting/national-strategy-for-competitiveness-2015-2020-adopted-by-government.

领域，包括汽车工业、信息产业、通信、旅游等。采取的措施包括优化法律法规环境、企业减税、股权收益减税、加强公共机构和私营企业合作、取消建筑业特别税等（见表1）。

表1　　　　　罗马尼亚交通系统的问题及发展战略

| 主要问题 | 投资目标 |
| --- | --- |
| 高科技产业竞争力弱 | 增强地方经济竞争力 |
| 基础设施建设落后 | 加强现代化进程，提高就业率 |
| 教育、职业培训与劳动市场不匹配，年轻人就业率低 | 增强教育和社会资源投入，提高就业人员整体素质 |
| 资源利用不足 | 优化自然资源利用率 |
| 行政部门管理能力弱 | 提高行政司法部门效率 |

### 2. 交通运输总体规划

罗马尼亚于2015年制定的"交通运输总体规划"（General Transport Master Plan[①]）是根据欧盟要求制定的交通领域发展计划，目的是合理利用欧盟资金协助发展本国基础设施建设。该计划于2015年经过欧盟委员会批准生效，规划发展年限可延伸至2030年，欧盟资金协助将达到436亿欧元。投资将用于公路、铁路、水路的建设，计划于2030年之前建成1300千米高速公路，925千米快速路，2870千米跨地区公路以及343千米跨欧公路。

在铁路方面，2015—2020年欧盟资金协助为20亿欧元。该规划主要目标为改善现有的铁路基础设施和运营系统以符合欧盟标准，提高铁路运营效益、增加可持续发展性、提高运营安

---

① European Parliament，https：//www.europarl.europa.eu/RegData/etudes/IDAN/2015/540376/IPOL_IDA（2015）540376_EN.pdf.

全性（见表2、表3、表4）。

表2　　　　　　　　　　　　罗马尼亚投资规划

| | 投资额（亿欧元） | 建设项目 |
|---|---|---|
| 公路 | 262 | 高速公路1220千米；快速路1910千米 |
| 铁路 | 137 | 修建铁路2800千米；电气化改造489千米 |
| 水运 | 20 | 改造康斯坦察、加拉茨等港口 |
| 空运 | 13 | 建设机场15个（其中7个国际机场） |

表3　　　　　　　　　　　　铁路项目投资分配

| 投资项目类型 | 长度（千米） | 金额（亿欧元） |
|---|---|---|
| 铁路线路现代化改造 | 2883 | 100 |
| 铁路电气化项目 | 489 | 11 |
| 新增货运铁路线路 | 439 | 14 |
| PPP模式新增铁路线路 | 421 | 8 |
| 提速改造项目 | 1001 | 2 |

表4　　　　　　　　　　　　改进措施及规划项目[①]

| 需改进方面 | 改进措施 |
|---|---|
| 路网修复和现代化 | 提高维修更新预算；提高核心路网可维护率、关闭部分低效率网络；提高运行速度；将线路维护时间调整到晚上 |
| 管理和运行 | 关闭部分车站；更新机车车辆；票价机制调整，更加灵活合理的定价机制；逃票管理；出售冗余资产；修订特许制度，鼓励节约增效；合理确定雇员数量；合理规划铁路基础设施 |
| 安全与规范 | 信号系统改进；升级通信系统；采用集中信号控制，引入ERTMS（欧洲铁路交通管理系统） |
| 提升服务 | 优化列车时刻表；电气化线路；双线改造；新建部分线路；提高旅客列车发车频次 |

① http://ro.mofcom.gov.cn/article/jmdy/201604/20160401292265.shtml.

另外，罗马尼亚政府承诺每年对基础设施建设的投资将占到 GDP 的 2%—2.5%，预计到 2030 年，总投入将达到 540 亿欧元。[①] 政府计划今后在财政拨款基础上，增加主权担保融资和共同融资，提高欧盟基金的利用率；此外鼓励私营部门通过 PPP 等模式参与投资。

## （二）主要交通方式

### 1. 公路

罗马尼亚公路网总长为 198817 千米，其中 60043 千米为沥青路面，138774 千米为非沥青路面。国道 16062 千米，城镇道路总长约为 78000 千米，乡村道路 97660 千米。截至 2019 年年底，高速公路总长 85024 千米，另外有 230 千米在建高速公路。目前罗马尼亚在建高速公路项目为：泛欧四号走廊计划北部支线建设，全长 675.72 千米，目前已完工通车 442 千米；连接布加勒斯特与奥拉迪雅（Oradea）的高速公路计划，全长 588 千米，为罗境内在建的最大高速公路项目，目前已完工通车 123 千米；其他在建项目为康斯坦察西部环城高速公路（67 千米）、泛欧四号走廊计划南部直线 270 千米。在现有公路基础上，罗马尼亚预计将继续进行延长线工程，具体为 2021 年 3 条，2022 年 3 条，2022—2023 年 1 条。罗马尼亚公路分为 5 级，分别为：

·高速公路，编号 A，又具体分为两类：一类为高速公路（Motorway），限速 130 千米/时；另一类为快速路（Expressway），限速 120 千米/时。

·国道/欧洲道路，编号 DN/E。

·国道，编号 DN。

·省道，编号 DJ。

---

① Investment Promotion Report On Railway Industry, Deloitte, 2015.

·社区道路，DC。

道路安全方面，根据国际经济合作和发展组织（OECD）发布的数据[①]，罗马尼亚整体交通事故死亡率在 2010 年以前呈下降趋势，但近几年死亡率有所上升。

由于道路基础条件较差，罗马尼亚道路交通死亡率很高，是德国的两倍。

**2. 铁路**

1869 年，罗马尼亚修建完成第一条铁路，连接布加勒斯特和九尔九。目前，罗马尼亚铁路轨道总长 22298 千米，排在欧洲国家第 4 位。其中，8585 千米为电气化轨道。总运营里程为 17000 千米，其中可营运里程仅为 10500 千米，排在欧洲第 7 位，3971 千米为电气化铁路。采用 25 千伏 50 赫兹工频交流电，电气化比例为 35.8%（欧洲平均水平为 48%）。铁路网络与欧洲铁路网连接，致力于建立泛欧交通运输网络。全国建有超过 1000 个火车站，约 200 条隧道和 6800 座桥梁。

罗马尼亚政府对铁路进行了部分私有化，向私有运营企业收取使用费。目前主要的运营商有雷吉奥纳尔（Regional）、奥维亚运输集团（Transferoviar Grup）、雷吉奥跨越、舍夫全斯投资公司（Servtransinvest）。

铁路标准分为 1435 毫米的准轨铁路（运营里程 11242 千米），窄轨铁路（米轨，运营里程 78 千米），1520 毫米的宽轨铁路（运营里程 61 千米）。可与邻国乌克兰和摩尔多瓦的铁路网络连接。复线铁路里程为 2965 千米，复线比例为 26.9%（欧洲平均水平为 41%）。铁路密度为每 1000 平方千米的铁路里程 46.3 千米，低于欧洲平均水平（51 千米）。

2018 年，罗铁开展了一系列线路、区间、车站和其他基础

---

① https：//data.oecd.org/transport/road-accidents.htm.

设施改造：由欧盟运输发展纲要（POST 2007—2013）提供拨款，涵盖线路、车站、信号和 ERTMS 列控系统，以及桥梁和隧道修复等项目；由欧盟"连接欧洲基础设施（2014—2020）"提供拨款，涵盖线路、车站、信号和 ERTMS 列控系统，以及桥梁和隧道修复等项目。

另外，铁路项目的建设投资潜力巨大，2019 年，根据国有铁路公司 CFR 统计，预计招标项目包括：桥梁和隧道的翻新工程、火车站现代化工程、轨道换新项目、铁路线路全线维修和翻新工程、电气化铁路更新、可行性报告、咨询项目。

### 3. 航空

罗马尼亚航空年运输总量约为 2000 万人次，全国有国际机场 6 座，航空业从业人员超过 10 万人，每年对罗马尼亚经济贡献超过 20 亿欧元。最主要空港是位于首都布加勒斯特的广达国际机场，年客运量超过 1300 万人次，年货物处理量占全国航空货物总量的 80%。2013—2018 年，该机场运量增长为 76%，根据国际航空运输协会（IATA）预计，未来 20 年罗马尼亚的航空运输量增长为 55%。罗马尼亚政府在 2016 年对航空业的资金投入为 2000 万欧元。航空运输业发展的主要目标为增强航空运输线路的连通性，更新机场设备、提高效率和标准化操作，保障持续性投资、增强客户体验。

国有航空公司罗马尼亚航空（TAROM）主要运营 9 条国内航线以及涉及 25 个国家的 38 条国际航线。廉价航空公司 Blue Air，自 2004 年开始运营罗马尼亚境内及往返欧洲其他国家的航线，是中欧地区搭乘人数最多的航空公司之一，占罗马尼亚国内航空市场第二位。

截至 2017 年，罗马尼亚有 78 家航空运输公司。目前航空运输的主要限制是机场收费高于国际民航组织 ICAO 建议标准，在欧洲各国中属于较高收费国家，且收费标准不透明。机场设施不完备，陆地货物运输系统无法高效对接空运到港货物，物流配送效率不高。除首都机场外，部分机场设施不完善，冬季航班受影响严重。

### 4. 水运

罗马尼亚东临黑海，内陆水运最重要的水路为多瑙河、多瑙河支流以及连接多瑙河与黑海的运河。内陆水路总长 1730 千米，其中多瑙河运营水道长 1075 千米。

河港 35 个，海港 3 个。最大港口为康斯坦察港（Constanta），位于东南沿海，为黑海西海岸第一大港口，既是海港也是河港。康斯坦察市是重要的工商业中心，主要工业有造船、化肥、食品加工、纺织、造纸、建材、家具、酿酒及石油加工等，并且是全国造船工业中心。本港有较多突堤码头伸向海中，岸线长达 6 千米。港区主要分三部分：其一，老港码头，有大小泊位 46 个（其中 2 个为油船泊位），最大水深为 11.5 米；其二，新港码头，有 33 个泊位，最大水深为 13.5 米，可装卸钢材、矿砂、化工器材、集装箱及滚装货等，其中有 5 个油船泊位，最大可靠 9 万载重吨的船舶；其三，系船浮，在南防波堤南侧，有卸原油用的大型系船浮可泊 20 万载重吨的大型油船。

康斯坦察港由隶属于罗交通部的康斯坦察海港管理局管理。该管理局下辖康斯坦察港、米迪亚港（Midia）和曼加利亚港（Mangalia）三个海港以及托米什旅游港口。康斯坦察港可以停靠所有类型的河运船只。海港与河港通过黑海和多瑙河运河联通，此亦是康港的独有优势之一。康港还具备成本低、货运量大等特点。[①]

罗马尼亚现有 110 个船运公司，员工总数超过 13 万人，其中约 1.5 万人为港口工作人员。运营船只数量超过 700 艘，其

---

① https://www.ufsoo.com/port/constanta/.

中 400 艘在罗本国注册。每年货运量超过 1 亿吨，客运量超过 100 万人次。海运占进出口运输的 50%。境内通航水道总长 1731 千米，其中多瑙河海运水道长 1075 千米，支流水道 524 千米，另有 132 千米运河水道。

罗马尼亚在欧盟大型基础建设援助计划（OPLI）项下的发展领域（2014—2020 年和 2021—2027 年）：港口设施现代化、专用港口基础设施建设、电力系统更新、港口路上运输建设、人工岛建设、供水与污水处理系统更新等。

**5. 城市交通**

罗马尼亚主要城市拥有完整的现代化地铁或轻轨交通网。仅首都布加勒斯特拥有地铁，其他城市近几年轻轨发展较快。首都交通系统由地铁与地面轻轨组成，地铁和轻轨站共 53 个，工作日客流量约 80 万人次。目前政府正规划在其他重要城市修建地铁。

布加勒斯特地铁系统由 Metrorex 公司运营，最早于 20 世纪 30 年代开始建设，1979 年首条线路通车。目前在运行的 4 条地铁线，总长度 70 千米。最新建成的 5 号线全长 7.2 千米，2020 年完工通车。另有一条地铁线在规划中。

**6. 管道**

罗马尼亚拥有输油管道共 2427 千米，天然气管道共 3508 千米。

## （三）行业优劣势分析

**1. 优势领域**

（1）劳动力成本低廉

相较于其他欧洲国家，罗马尼亚普遍工资水平较低，处于欧盟国家倒数第二位，人工成本占优势。2020 年，月薪中位数约为15300列伊（100列伊＝20.5欧元），最低月薪2070列伊，最高为67800列伊。各行业工资差距较大，2019年建筑业工资年增幅约为6%，交通行业的整体工资水平低，在各主要产业中排倒数第二。

与相对较低的工资水平相比，罗马尼亚的高等教育普及率较高，全国拥有高等院校超过100所，每年有大量高校毕业生进入劳动市场，工程技术人员的储备充足。

（2）投资环境相对稳定

罗马尼亚对于外国投资限制很少，除了可能危害国家安全的某些特定领域外，外国投资者都可以100%持股。除了欧盟层面要求的反垄断审查，罗马尼亚对于外国投资的反垄断审查较宽松。

罗马尼亚对于外国投资者一律采用国民待遇原则，出台的外商投资法也一直很稳定，没有大的修改和变动。地方政府在以发展本地区域经济为目的时，可以自行制定一些对于外商投资的优惠政策，如在土地使用、地方性税收、企业社保负担、人员工资的负担上，都会有不同的优惠政策。另外，对于一些绿地和棕地项目，地方政府会给予地方性欧盟基金进行支持。

（3）税率较低

在所有欧盟国家中，罗马尼亚属于税率较低的国家，目前一般增值税为19%，食品类的增值税为9%，酒店行业服务行业为5%。企业所得税和个人所得税均为16%的固定税率。

（4）IT行业位于欧洲前列

罗马尼亚IT领域在欧洲国家位于前位，从技术人才到先进的软件研发再到实际应用，均是欧洲和中国公司所看重的优势。华为的欧洲研发中心就设置于罗马尼亚。罗马尼亚的智能能源的管理、智能交通的研发和利用推广都在快速发展，其中蕴含着巨大的开发潜力。

（5）外汇管制宽松

罗马尼亚没有外汇管制限制。罗马尼亚法律规定，投资性收入在完税之后，可以不受任何限制的汇回投资来源国或者投资人所要汇入的地方。

罗马尼亚是欧盟成员国，但是还未加入欧元区，因此主权货币是列依，实行浮动汇率制度，其汇率由银行间的外汇市场决定。罗马尼亚国家银行基于国内外市场情况和宏观经济情况，可能会直接对市场参与者报价，或通过做市商对过度汇率波动进行干预。目前罗马尼亚国家银行对29种外币和特别提款权报价，官方汇率根据罗马尼亚国家银行选取的10家经营外汇业务的本地银行报价确定，商业银行和货币兑换机构可自由确定与客户交易的汇率及佣金。

**2. 劣势领域**

（1）基础设施差、安全系数低

公路方面，事故多发是罗马尼亚基础建设的一大问题，道路死亡率为欧盟最高，每年带来超过10亿欧元的经济损失。事故多发原因主要为道路规划不合理，缺乏隔离带，在超车、会车时易发生事故。另外，道路还存在缺乏维护和翻新，设计时速慢，超半数公路已超出设计使用年限等问题。

铁路方面，近年来铁路客运量和货运量均呈下降趋势，除了面临航空运输的竞争之外，铁路设施本身也存在诸多问题，主要有以下三个方面。

基础设施老旧。铁路设施需要长时间封闭维护，导致可运营时间下降，大部分单线铁路无法24小时运营。超过半数的基础设施需要检修和更换。

列车运行速度慢。1/3路段限速50千米，40%的路段限速80千米，仅为欧洲平均车速的一半。由于铁路系统整体现代化程度较低，需花费大量时间调配车辆，单线铁路占比大

（72%），无法保障列车顺畅运行，车辆维修数量大，导致货运客运的整体效率低。跨境货运并不顺畅，与邻国的边境管控手续烦琐且耗时较长。

现有机车老化问题。使用年限长、型号老旧是铁路运输存在的普遍问题。70%的机车已超出使用年限但仍在运行，工作效率低、事故率高。

（2）物流能力不高

根据世界银行公布的各国物流绩效指数（LPI），罗马尼亚在2018年得分为3.12分，与邻国持平但低于西欧发达国家。匈牙利为3.42分，保加利亚为3.03分；德国为4.2分，法国为3.84分。

（3）交通行业建设整体情况差

根据欧盟公布的分析数据[①]（2018年），罗马尼亚交通行业各项指标均低于欧盟平均水平，在某些领域上，甚至排在欧洲倒数第一（见表5）。

表5　　罗马尼亚与欧洲的交通行业指标对比

|  | 欧盟平均 | 罗马尼亚 | 排名 |
| --- | --- | --- | --- |
| 铁路服务效率指数 | 4.33 | 3.06 | 24/26 |
| 海运服务效率指数 | 5.0 | 3.93 | 23/23 |
| 航空运输效率指数 | 5.19 | 4.68 | 21/28 |
| 道路质量 | 4.78 | 2.96 | 28/28 |
| TEN-T核心公路网络完成度 | 77% | 45% | 25/28 |
| TEN-T核心铁路网络完成度 | 60% | 4% | 24/26 |
| TEN-T核心高铁网络完成度 | 45% | 0% | 11/21 |
| TEN-T核心海运网络完成度 | 88% | 91% | 13/19 |
| 货物发运准点情况 | 3.98 | 3.22 | 20/28 |

---

① https：//ec.europa.eu/transport/facts-fundings/scoreboard/countries/romania/investments-infrastructure_ga.

## 二　罗马尼亚交通运输国际合作情况

### （一）周边国家

在欧盟框架下，罗马尼亚和保加利亚制订了罗—保跨境区域合作计划（Romanian-Bulgarian cross-border regional cooperation，也称 Interreg V-A Romania-Bulgaria 和 Danube Region Strategy）。罗马尼亚和匈牙利也有类似的跨境合作计划（Hungary-Romania Cross-Border Co-operation Programme，也称 Interreg Romania-Hungary），以及多个邻国的共同合作计划，如匈牙利—斯洛伐克—罗马尼亚—乌克兰跨境合作项目（Hungary-Slovakia-Romania-Ukraine ENI Cross-border Cooperation Programme 2014–2020）。

### （二）全欧交通网络

在 TEN-T 框架下，罗马尼亚可在 34 个项目上获得 150 亿欧元的欧盟资金援助。投资领域主要集中在核心走廊区域的建设，包括 13 个项目，总项目金额超过 12.3 亿欧元。铁路项目为投资重点，6 个项目共计 11.3 亿欧元。另有 3 个共计 4700 万欧元的项目在罗马尼亚境内由非罗马尼亚企业建设。[①]

### （三）泛欧洲走廊

泛欧洲走廊（Pan-European Transport Corridors）于 1994 年在希腊制定，为中东欧基础设施投资计划。计划包含十条运输走廊建设项目，投资期为 10—15 年。该计划与 TEN-T 不同，但

---

[①] https://ec.europa.eu/inea/sites/inea/files/cefpub/eu_investment_in_transport_in_romania.pdf.

两个计划正在融合过程中。

### (四) 东欧—地中海铁路走廊

东欧—地中海铁路走廊（Orient-East Med Corridor），铁路线全长5717千米，是连接东欧和南欧的重要铁路通道。由途经各国的交通主管部门共同合作管理，各国铁路管理公司联合组建管理委员会。

## 三 中国和罗马尼亚的交通合作

### (一) 合作现状

2015年，中国与罗马尼亚签署了《关于在两国经济联委会框架下推进"一带一路"建设的谅解备忘录》，罗马尼亚成为最早加入"一带一路"建设的国家之一。

2018年7月，中国国家发展和改革委员会与罗马尼亚交通部共同签署了《关于开展交通和基础设施合作的谅解备忘录》。双方拟建立政府间合作机制，加强两国交通和基础设施领域规划、政策和信息的交流，共同推进两国在基础设施各领域合作。

中国公司积极参加罗马尼亚基础设施的招标项目。在交通领域，中电建（原中水国际）、中铁十四局、中土、中铁五局、中海外、中交建、中路桥等央企都参加过罗马尼亚的公路、铁路和高速公路的招标，有的获得了第一名，但是由于罗马尼亚公共采购法的漏洞，导致一些中国公司排名第一的项目迟迟得不到授标，无法签署合同。

中国路桥公司2004年参加了罗马尼亚Blaila跨多瑙河大桥项目的投标，该项目是在罗马尼亚加入欧盟之前就已经规划设计的项目，而且开始的时候全程都是中路桥公司参与，后来因为罗马尼亚加入欧盟，所有的基建项目都要经过符合欧盟层面的招投标规定进行，因此该项目被叫停。经过10年之后重新以招投标的方式开始，但是已经物是人非，意大利公司中标。据公开的消息，由于财务状况不佳，意大利公司履行合同很不顺畅，造成了项目的停滞。

再以地铁高铁项目为例，2015年罗马尼亚地铁公司就地铁5号线新车采购进行了招标，中国车辆生产企业中车青岛四方机车车辆股份有限公司（以下简称"四方股份"）与罗马尼亚当地公司合作，参加了招标，该项目招标结果是西班牙公司CAF被评标第一，由于发现了招标过程中的腐败问题，项目被取消。2019年该项目重新招标，四方股份依然与罗马尼亚当地公司参加了投标，但是法国Alsotom被评标第一，四方股份和CAF同时提出了异议。项目进入上诉审理的程序，而授标程序因涉及诉讼而暂停。

2019年4月，罗马尼亚铁路改革局（ARF）作为欧盟基金的受益人，发出40列电力火车（EMU—动车）的采购公告，四方股份和罗马尼亚合作方一起参加了投标，并且获得了第一名的好成绩。另外两名竞争对手Alstom和Siemens对该结果提出了异议，导致技术和财务评审重新进行，但是第二次评审的结果四方股份的联合体依然是第一名，Alstom和Siemens又对第二次评审结果提出了异议。ARF不得不一再延长评标程序的时间，将最终的授标时间延长至2020年12月底，这意味着罗马尼亚有可能失去欧盟基金，罗马尼亚铁路升级改造、车辆更新的愿望落空。目前该采购项目的诉争即将进入二审程序。

2020年3月，罗马尼亚铁路改革局又发出了采购40—80列EMU（长线项目）的招标公告，四方股份与罗马尼亚合作方参加了该项目的投标，但是发现在招标文件中有明显的歧视性条款。就该标书的评分事项，四方股份联合体提出了异议，经过了上诉的审理，终于迫使采购方修改了不公平的评标条件。

港口方面，康斯坦察港口计划实施多个新建和扩建项目，包括新建货物作业码头、改善港口和腹地的运输条件等，有关项目主要集中在港口南部区域。中国交通建设集团、中国土木工程公司等企业正在积极跟踪。

### （二）存在的主要问题

通过多年的摸爬滚打，中国企业在罗马尼亚交通领域积累了很多经验，但是根据现在的局势也需要面对一些重大问题。

**1. 疫情对罗马尼亚经济的冲击**

根据欧盟委员会2020年7月1日的夏季经济预测报告，罗马尼亚的经济将在2020年下降6%。罗马尼亚在2020年5月底从国际市场融资之后，7月8日再次通过发行国债形式进行借款。因此，中国公司在罗马尼亚从事交通基建的企业应当做好政府合同违约的应对准备，例如，提前清理或者收回工程款项、货物款项或者服务费用。另外，提前咨询合同发生纠纷时的解决方式，尽力提前寻求政府方面的承诺或者保证。

**2. 标准和要求的合规**

进入欧盟市场的中国企业必须符合欧盟标准。例如，轨道车辆的TSI认证的强制性要求，给中国车辆进入欧洲市场设置了极大的障碍，至今还没有中国公司真正克服该障碍。

罗马尼亚的各种公共设施的标准和要求肯定是按照欧盟的相关标准和要求，甚至有时比欧盟标准还要严格，比如说，公共设施的抗震级别，因为罗马尼亚属于地震多发地带，所以其在招标中一般都要求建筑物设施的抗震级别高于欧盟的一般性要求。另外，对于轨道车辆和其他的公用车辆来讲，由于罗马尼亚气候季节性的跨度，对于车辆的适温性和稳定性的环境要求范围要比欧盟的一般要求高，这就意味着对生产企业的材料品质有更高的要求。

### 3. 投资监管加强

在疫情之下，可能会出现很多并购机遇以及未完成的在建工程，这些对于中国企业都是机遇，当然中国企业要进入欧洲市场，也会面临更加严峻的挑战。

除了前面所说的白皮书之外，现在欧盟对于欧盟之外的企业进入欧洲所需进行的反不正当竞争（是否有倾销或者补贴）、反垄断（是否造成了本国行业的失控和发展限制）以及 FDI 审查（是否会危害国家安全）等都进行着严格的审查。

目前罗马尼亚的反不正当竞争审查也很严格，需要每年向反不正当竞争委员会上报材料，反垄断的国内审查层面，除了反不正当竞争委员会审查之外，还要报国防委员会审查。这些中国企业都需要重视。

目前欧盟国家对反洗钱的要求越来越严格，很多中国企业从来没有重视反洗钱的合规，导致往来资金被冻结，或者交易被暂停。罗马尼亚也曾经就一些在罗马尼亚的中国人在不同国家和银行之间的倒账行为，提出了反洗钱刑事调查。当然，在罗马尼亚的资金只要证明来源合法、交易合法、税务合法，往来即不受限制。在罗马尼亚超过 10000 列依的银行转账要提供目的证明文件，超过 10000 列依的交易必须通过银行。

# 斯洛文尼亚篇

## 一 斯洛文尼亚交通运输发展概况

斯洛文尼亚总体基础设施较为完善，在全球竞争力中排名第33位，其中，交通运输基础设施排名第47位。[①] 比较有竞争力的因素包括公路基础设施质量、火车轨道密度（千米/平方千米）、班轮运输连通以及海运服务效率，但在机场连通和公路连通性方面比较滞后。斯洛文尼亚的交通运输网络比较发达，截至2017年，斯洛文尼亚共有各级公路约39000千米，铁路线路1207千米。斯洛文尼亚共有三个机场，最主要的国际机场在首都卢布尔雅那，唯一的港口科佩尔港坐落于亚得里亚海北端，吞吐量近年来持续增长。

### （一）发展战略

自2006年以来，斯洛文尼亚政府定期颁布关于交通运输领域的发展战略。最近的战略有2014年、2015年的《斯洛文尼亚交通发展战略》；2016年的《关于斯洛文尼亚共和国至2030年的国家发展交通运输计划的决议》；2017年的《斯洛文尼亚交

---

[①] 世界经济论坛，http://www3.weforum.org/docs/WEF_TheGlobalCompetitivenessReport2019.pdf。

通运输发展战略2030》（以下简称《战略2030》）。《战略2030》通过对交通流量、交通安全、环境影响和社会可接受性进行预测，分析了所有运输方式（海运、空运、铁路、公路）的特点和前景，制定了29条铁路发展战略、37条道路措施、22项公共客运或可持续出行措施、14项水上运输措施（海洋和内陆水道），以及6种航空运输措施，以期达到以下目的。

### 1. 公路

减少区域之间的通行所需时间；消除交通瓶颈或交通低流量；消除引起交通事故的拥堵点，执行适用的国家及欧盟法律，从而提高交通安全水平；根据欧盟法律提供合适且可互操作的收费服务模式；必要时通过有计划的管理（维护和投资建设新路段和居民点旁路）来改善平行国家公路网的状况；通过升级现有的自行车道路网，为非机动交通参与者提供足够的通行区域；在高速公路沿线提供充足且安全的停车场约每100千米一处；建全可替代燃料基础设施管理规定；提供安全有序的PPT[①]站和停车设施。

### 2. 铁路

通过优化发布班次，消除低流量和降低运输成本来提高经济竞争力；促进公共铁路网络与欧盟网络的整合；提高各区域内和区域间联系的可及性；改善交通安全；减轻环境负担；提高交通管理效率；降低运营成本；引入互操作性体系；在核心TEN-T网络中遵守TEN-T标准（22.5吨车轴压力，100千米时速，电气化；ERTMS，火车长度最大740米）；遵循针对整个TEN-T网络的TSI标准；提供安全有序的PPT站和停车设施。

### 3. 航空

提供符合公众利益的安全保障，以及定期且顺畅的航空运

---

① PPT：Public Passenger Transport，公共客运。

输；健全优化航空领域的标准、建议措施和规章制度；不断发展航空基础设施和航空运输服务导航基础设施；对所有民用航空活动提供持续有效的监控；建立国家、工业界、研究与教育机构之间的联系；在机场和其他基础设施（公路、铁路）之间提供适当的连通方式；为民航业提供更宽广的商业环境；健全可替代燃料基础设施管理规定。

**4. 海事**

为海上运输的控制、监测和通知提供足够的技术条件，从而改善航行安全（例如，建立 VTS 中心，健全设施和人员管理规范，提供自动化航行安全设施，保存制图和水文数据等）；根据 STCW 公约的要求，开展高质量的海员教育和资格培训计划；增加港口容量以及科佩尔港的转运量；提供足够的用于铁路连通的腹地；发展海洋高速公路并刺激短途海上运输；健全斯洛文尼亚船舶登记簿中的条款；建立海上运输单一窗口和相关信息交换解决方案，减轻行政负担并加强跨部门合作；通过连通萨瓦河（Sava）国际航段与欧洲水道相连，开发内陆水道；健全可替代燃料基础设施管理规定。

## （二）主要交通方式

**1. 公路**

斯洛文尼亚共有约 39000 千米的公共道路网，密度高于欧盟平均水平。道路分为国道（6724.7 千米）和市政道路（32095.1 千米），前者为国家所有，后者为各个市政府所有并由市政府负责建设和维护。在斯洛文尼亚高速公路公司 DARS 成立之前，整个国家道路网由斯洛文尼亚道路管理局（RUC）管理。DARS 成立后接管了高速公路和快速公路的管理。道路管理局于 2015 年整合铁路基础设施领域业务，其后，更名为斯洛文尼亚基础设施总局（DRSI）。

斯洛文尼亚的高速公路建设始于1970年。第一条公路为Vrhnika和Postojna之间的长30千米的现代化四车道高速公路，于1972年12月29日通车。1991年6月1日，卡拉万克隧道（斯洛文尼亚最长的公路隧道，全长7864米，其中斯洛文尼亚境内长度为3750米）正式通车，这是西欧和南欧之间客货运输的最重要的通道，也是斯洛文尼亚唯一的单管隧道，卡拉万克隧道建成时，长度位居阿尔卑斯山已完工隧道脉第九、世界第十六。截至目前，斯洛文尼亚境内的欧洲路线E道总长594千米，泛欧交通运输网络（TEN-T道）总长599千米。

斯洛文尼亚高速公路交叉路口是泛欧交通运输网络（TEN-T）的一部分，与两条泛欧走廊部分重合。在南北方向上与第十欧洲运输走廊一致（卢布尔雅那—萨格勒布—贝尔格莱德—Skopje-Solun）；往西方向与第五走廊一致（特里雅斯特—科佩尔—波斯托伊纳—卢布尔雅那—布达佩斯）。

除此之外，斯洛文尼亚道路交通还包括自行车网的建设。目前，斯洛文尼亚已建有约55.21千米的国家自行车道，还有21.77千米的路线正在建设当中，主要包括国家长途自行车网，将城市中心和旅游点连接起来的主要车道以及与欧洲长途骑行8号线和9号线接轨的车道。目前尚无正式文件对自行车道进行归类并作出规划。

在客运方面，斯洛文尼亚主要出行方式为自驾，比例高达69%，高于德国的61%。公共客运方式只占8%。[①] 2010年，斯洛文尼亚新注册了5.01万辆乘用车。2010—2016年，新乘用车

---

① 《斯洛文尼亚交通运输发展战略2030》。

注册减少了近 3.5%。2017 年有 6.25 万辆新乘用车注册。截至 2016 年，斯洛文尼亚全境共有注册乘用车 109.7 万辆，大巴和长途汽车 2700 辆，货车 9.69 万辆。[①]

斯洛文尼亚货物运输的 77% 都是通过公路运输来实现的。自 2016 年第一季度（1580.1 万吨/444.54 千万吨千米）以来，一直呈上升趋势，2019 年第四季度达到高峰（2447.3 万吨/625.14 千万吨千米），2020 年第一季度由于受新冠肺炎疫情影响又下降至 2128.2 万吨（565.34 千万吨千米）。[②]

**2. 铁路**

斯洛文尼亚铁路网全长 1209 千米，其中主干线全长 575.6 千米，区域干线全长 633 千米。有两条 TEN-T 核心网络穿越斯洛文尼亚，分别为波罗的海—亚德里亚海走廊和地中海走廊，两条走廊在斯洛文尼亚的覆盖长度为 496 千米。根据《欧洲竞争型货运铁路运输条例》，除了上述两条核心走廊之外，斯洛文尼亚还有另外两条铁路货运走廊，分别为琥珀走廊（于 2019 年 2 月 2 日通车）和阿尔卑斯西巴尔干走廊（正在修建中）。斯洛文尼亚铁路网中的所有主要铁路路线均已通电，且符合轨距标准。然而，自 1991 年独立到 2014 年，斯洛文尼亚铁路基础设施并未发生任何重大变化，目前铁路网络线路中只有 19.3%（95.7 千米）的线路达到了 TEN-T 法规中第 1351/2013 条例所规定的标准，如轴负载、线路速度、火车长度、燃料等方面的升级任重而道远。目前正在升级的路线包括 Pragersko-Hodoš 和 Divača—科佩尔路线，以及采列—马里博尔路线上的几个路段（见表 1）。

---

① 斯洛文尼亚统计局，https://www.stat.si/StatWeb/en/Field/Index/22/36。
② 斯洛文尼亚统计局，https://www.stat.si/StatWeb/en/Field/Index/22/36。

表1　　　　　　斯洛文尼亚铁路路线分类和长度[①]

| 铁道 | 长度（千米） |
| --- | --- |
| 国家线类别—主线 | 575.6 |
| 国家线类别—区域线 | 633.4 |
| 所有路线总计 | 1209.0 |
| 单线实际长度 | 878.7 |
| 复线的实际长度 | 330.3 |
| 运输轨道的长度 | 1539.4 |
| 电气化线的实际长度（单轨） | 170.1 |
| 电气化线的实际长度（双轨） | 330.3 |

在铁路客运方面，斯洛文尼亚公共铁路客运吸引力较小。自2013年以来，以铁路为交通方式的乘客数量呈断崖式下滑，由2013年的7.6亿乘客千米下降到2018年的6.56亿乘客千米。客流量由2011年的1574.4万人次下降到2018年的1355.4万人次。这样的情况归结于斯洛文尼亚火车服务频率的不足，以及卢布尔雅那地区以外的乘车舒适度较低等原因。

在铁路货运方面，2006—2011年，铁路货运量经历了一些起伏。但自2012年以来，铁路货运量持续增长，从2012年的34.7亿吨/千米增长到2017年的51.28亿吨/千米（根据斯洛文尼亚统计局数据）。

### 3. 航空

斯洛文尼亚共和国政府在《关于定义公共机场系统的决定》（斯洛文尼亚共和国政府公报，第78/06号）中确定了三处具有国际性意义的国家机场基础设施建设：其一，卢布尔雅那Jože Pučnik机场；其二，马里博尔埃德瓦德·拉什贾恩（Edvarda

---

[①] http://www.pisrs.si/Pis.web/pregledPredpisa?id=RESO115.

Rusjana）机场；其三，波尔托罗日（portorož）机场。

卢布尔雅那 Jože Pučnik 机场距首都 25 千米，于 1963 年正式启用，是斯洛文尼亚的主要客运和货运机场。该机场正在不断转型当中，目前已成为中东欧重要的区域分销和物流中心之一。2013 年，进出机场人数超过 132 万人次，比 2012 年增长 10% 以上，2015 年，该机场（Aerodrom Ljubljana）被法兰克福机场集团（Fraport Group）收购，旅客人数急剧增加，乘客数量超过 140 万人次，比上一年增长了 10.3%，而总货运吨位达到了约 18500 吨。根据《战略 2030 年》预计，到 2030 年卢布尔雅那机场乘客数量将增长超过 319 万人次。2014 年斯洛文尼亚基础设施部签署了《相互关系和建立使用某些土地的建筑物权的总协定》，该协定确认将在卢布尔雅那机场建立一个货运站以及一个多式联运物流中心，此举将大大增加航空货物运输量卢布尔雅那机场经过两年的翻新、升级和扩建（B 航站楼），新航站楼于 2021 年 7 月正式投入使用。

马里博尔机场是斯洛文尼亚的第二大国际运输机场，坐落于斯洛文尼亚第二大城市马里博尔，于 1976 年建立，主要提供货物运输和定期航班服务。马里博尔机场临近 A1 高速公路，紧靠 A4 高速公路，分别距离首都卢布尔雅那 120 千米，奥地利第二大城市格拉茨 77 千米，克罗地亚首都萨格勒布 107 千米。2002—2016 年，马里博尔所有权几经转手，最终由中国 SHS 航空深圳以 1300 万欧元收购，但两年后由于斯国政府延迟批准分区计划以及政府更迭频繁等原因，SHS 航空于 2019 年年初单方面宣布终止其为期 15 年的机场特许经营权。之后，马里博尔机场由国有企业 DRI 投资管理有限公司暂管。

波尔托罗日机场的历史可追溯到 1962 年。1981 年，波尔托罗日机场正式建成并且开始商业运输。相较于前两个机场，波尔托罗日机场仅可容纳小型飞机，主要提供技术支持、承包服务（飞机出租）、跳伞、商务包机、全境观光航班等服务。

**4. 水运**

斯洛文尼亚海上运输分为商业和非商业活动，其中商业活动包括造船、海运、港口、领航和拖船服务、船舶供应、海上清洁、银行业务、保险以及从安全角度出发的航海旅游。非商业活动包括与海洋管理有关的行政、监督、安全教育和研究活动。

科佩尔港口在斯洛文尼亚具有战略意义，它也享有为中东欧市场提供产品方面也享有地缘战略优势。2008年，斯洛文尼亚政府通过了关于科佩尔货运港口管理、港口运营并对其授予基础设施的管理、开发和定期维护特许权的法令（以下称法令）。政府和 Luka Koper d. d. 公司签署了一份特许经营合同，以在科佩尔货运港口范围内对港口进行运营、管理、开发等活动，并定期维护港口基础设施，为期35年。2011年，斯洛文尼亚共和国政府通过了《国家空间计划》，对科佩尔货运港口进行综合管理，但这需要进一步提升港口容量、扩大业务发展。海事管理局在海事以及港口基础设施、港口工作监督等方面执行行政活动。

科佩尔港将中东欧商业中心、地中海国家以及苏伊士运河沿线国家以最短的运输路线连接在一起。货物可以在24小时内从科佩尔港口到达维也纳、慕尼黑或布拉格，两天之内到达华沙、哥本哈根或伦敦。对于从亚洲出发的船舶来说，与航行到欧洲北部港口相比，到达科佩尔港口的时间将会缩短7—10天。这无疑推进了科佩尔港口的发展，使之成为物流和配送中心。目前，科佩尔港口拥有12个设施齐全的现代化码头，专门用于各类货物。

**5. 城市交通**

斯洛文尼亚仅有8%左右的人选择公共交通出行，这一现象到2030年都不太会有所改变（《战略2030》）。2012年全年仅有24792人次乘坐公共交通出行，2017年达到峰值为31904人次，2019年再次下降到28353人次。公共交通出行率较高的城市主要是首都卢布尔雅那、第二大城市马里博尔和第三大城市采列。城市通勤以及城际间最为普遍的交通方式则为自驾，约为69%；其次为步行，约为18%；自行车为5%。[①] 除了卢布尔雅那公共客运（Javno podjetje Ljubljanski potniški promet）公司以外，市际公路运输中的公共事业服务（PUS）由36家特许公司提供，这些公司均为私营企业。特许公司根据行驶的千米数和每千米的固定费用与国家（负责运输的部门）签订合同，而每千米行驶的固定费率成本由专家分析确定，成本考虑要素包括车辆的成本、摊销、人工成本、燃料和运营成本以及公司财务状况。市场价格根据成本的变动以及特许公司与国家之间的谈判而调整。国家向特许公司支付最高补偿，最高补偿为每千米固定费用成本与特许公司通过客运赚取的总收入之间的差额，上限为规范价格的26%。特许公司在市场上获得收入的渠道包括私有渠道（旅客运输和行李收费，运输工具上的广告服务费，公司的合同收入）和公共收入渠道（政府为中学生和大学生提供的运输补贴，为保证非营利性路线或者超出标准路段的连接部分的正常运营，政府为当地社区提供的补贴）。

首都卢布尔雅那是斯洛文尼亚最大的城市，每日通勤人数所占比例最大。其中，以公共交通方式出行的占25%，2030年这个比例预计下降到22%。卢布尔雅那的公交车由卢布尔雅那公共客运公司管理，2013年公司旗下有208辆巴士，其中用于城市公共客运的车辆的平均使用时间为10.76年；15年以上的

---

① 《斯洛文尼亚2030年交通发展战略》。

有77辆，占37.9%；20年以上的有27辆，占12.9%。目前卢布尔雅那共有市内路线42条，路线总长度为502.88千米，其中，乘客量最大的路线为6号线；城际间路线有31条，其中3G路线包含卢布尔雅那市内路线，乘客量最大的路线为3G路线与其他往返卢布尔雅那和Vrhnika的路线。[①] P+R（停车和乘车）系统将停车场与公共交通设施直接相连，从而使用户可以直接且环保地进入市中心。这样不仅可以缓解市区街道上交通压力，也可以缓解自驾车给环境带来的负面影响。目前卢布尔雅那共有3个P+R点停车场，分别在Dolgi most，Stožice以及Fužine（chengdujska），自驾用户可以花1.3欧元（公交车单程票费用）将车停在上述停车场，最可停为24小时，停车费可以免费换两张公共汽车单程票，用于往返停车场与市中心。卢布尔雅那市计划在未来几年中建成25个P+R点。[②]

马里博尔是斯洛文尼亚第二大城市，以公共交通方式出行的人占15%，其余为自驾车出行。马里博尔Marprom公共客运公司（Javno podjetje za mestni potniški promet MARPROM, d. o. o）运营管理马里博尔的公共汽车，截至2018年，旗下共77辆公共汽车，其中61辆车用于常规公共交通，1辆为值班运输车，6辆用于马里博尔市政府的IJPP[③]服务，9辆用于执行其他特殊常规运输。[④] 城市公共客运车辆的平均使用时间为5.8年，最高为18.3年，最低为0.3年。目前马里博尔共有城市和城际路线19条，规划建成6个P+R点。

---

[①] https：//www. lpp. si/en/public-transport.
[②] https：//www. lpp. si/en/informations-passensgers/p-r.
[③] IJPP：integnrani javni potniški promef，综合公共客运。斯政府为中小学及大学生提供有补贴的交通卡。
[④] http：//www. marprom. si/wp-content/uploads/letno-porocilo-2018. pdf.

## （三）行业优劣势分析

### 1. 优势领域

总体来说，斯洛文尼亚在交通领域最大的优势当属它的地理位置，它以最短的距离连接了波罗的海和亚得里亚海以及西南欧和东欧。在铁路交通方面，它被整合到了整个泛欧交通运输网络（TEN-T）中，并通过发达的港口将铁路连接到了公海。另外，经过科佩尔港的货物运输被进行了有力的模式分配。其中60%的货物都是由铁路运输完成的。在陆路交通方面，随着斯洛文尼亚高速公路系统的建立和完善，整个公路体系不仅完成了内部的连接，拥有高度发达的公路网，而且良好地融入了欧洲高速公路系统，与周边国家高速公路网高度连接，这将大大刺激新的经济联系和发展。此外，欧洲市场上的公路运输承包商的收入份额都比较高。在航空领域方面的优势主要集中在机场的地理位置上面，毗邻高速公路网络；并可能因此成为航空运输的区域中心，为旅客、邮件和货物提供快速的服务。在海事方面，科佩尔港口作为中东欧的一个绝佳起点，同时也是TEN-T核心港口以及CEF重要走廊的一部分，它已成为泛欧洲基础设施网络的一部分，并将斯洛文尼亚与欧洲内陆贸易区紧紧相连。此外，科佩尔港口根据市场需求所提供的可靠且适应度高的服务，享有很好的声誉。在城市公共交通方面，斯洛文尼亚将铁路客运与公交系统应为补充，为市民通勤出行提供更多元的方式。

### 2. 劣势领域

总体来说，斯洛文尼亚在交通领域负责运输服务的承包商之间缺乏有效的互动联系，多式联运的基础设施也缺乏联结，没有一个统一的物流中心。此外，斯洛文尼亚小国寡民，人口居住特别分散，这就导致了交通基础设施在建设过程中需要满足不同等级的连通性。因此在基础设施建设和维护上成本很高。

在铁路运输方面，铁路基础设施破旧或者过时，且与铁路系统操作性技术标准不协调，现代运输工具数量不足，铁路运输效率低下，对旅客的调度方式也很过时，在基础设施维护方面缺乏相应的预算来源，因而铁路网络缺少竞争力。

在公路运输方面，由于分散的人口和复杂的地形，交通基础设施的建设和维护非常昂贵；主干、区域和地方道路不是以行政政治标准归类，而是根据运输功能标准分类，这造成了公路网络的灰色地带，因为这些道路不能同时履行多种运输功能（灰色道路）；此外，陆路交通还存在着部分技术要素不足，部分地区驾驶路面不够平整，部分路段缺乏交通安全措施等方面的隐患；在公共交通领域，公共客运不发达，各承包商之间并没有互动和联系。此外，大多数车辆使用时间超过年限，且未达到欧4和欧5标准，相当破旧，因而车队翻新尤为重要。

此外，公共交通系统并没有从旅客的需求、客运的最优化组织以及资金流等方面有一个全面的管理，这些缺点体现在：第一，各路线之间的时间表互不协调；第二，没有适用于不同交通方式的通行票；第三，跟自驾相比，公共客运在旅行所需时间上没有优势；第四，交通服务，尤其是铁路服务不够频繁，且没有根据时间表来安排服务；第五，包括卢布尔雅那汽车站和火车站在内的一些中转站、车站或者站点无法向乘客提供舒适安全的场地，以及充足的交通信息；第六，老旧的车队/车辆；第七，杂乱无序的公共客运交通车站和站点；第八，P+R系统尚未广泛建立；等等。

在航空领域，斯洛文尼亚的劣势非常显著。运输公司数量非常少，且人口稀少导致了市场需求不大；机场与公路铁路的连接性特别差，因而运输量不断降低。价格方面，斯洛文尼亚空运服务价格昂贵，而且还受空间和环境的限制。

在港口运输方面，通过科佩尔 – Divača 单轨路线以及铁路网的其他部分向内地运输货物，科佩尔港口与内地的连接非常有限，因而吞吐量有限。此外，鉴于目前船舶尺寸不断增长的趋势，科佩尔港口某些地方的入水口深度不够，必须加以调整。由于城市和自然原因的限制，港口区域长期扩展的可能性非常有限；鉴于亚得里亚海的生态高度敏感性，港口在扩展和加大吞吐量方面都会受到限制。

## 二 斯洛文尼亚与周边国家双多边合作情况

### （一）奥地利

2015 年 1 月至 2017 年 12 月，斯洛文尼亚与奥地利共同完成对卡拉万克（Karavanke）隧道第二条管道的地质力学研究，确定第二条隧道的初步设计以及成本效益分析。资金来源为欧盟基金约 530 万欧元，由两国按 50% 的比例共同出资。2016 年，斯洛文尼亚与奥地利共同投标卡拉万克高速公路的建设，协调方为奥地利。欧盟共批准 7950 万欧元，其中斯洛文尼亚部分为 795 万欧元，共同出资比例为项目的 10%。斯洛文尼亚部分将会修建第二条管道中的 3446 米，其中，长廊部分为 100 米。斯洛文尼亚部分的隧道将建造能容纳 10 名行人、发生事故或火灾时可供干预车辆通行的横断面，并将在隧道管上方建造两个通风横断面。此外，还将建造四个长为 112.5 米的停车区。该项目的斯洛文尼亚部分还包括建造一个新的地下积水区、排水管以及三座桥梁和三块挡土墙。此外，由斯洛文尼亚作为协调方，与奥地利 2016 年一起投标了卡拉万克铁路隧道建设的可行性研究，为建设第二条铁路隧道进行初步的准备工作，包括成本效益分析。欧盟共批准资金约 300 万欧元，两国按照 50%

共同出资比例出资。

### (二) 克罗地亚

在起草《多瑙河战略》过程中,斯洛文尼亚申请了一项特别的综合项目——Krško-Zagreb 项目。该项目旨在与克罗地亚共同建立一个水力发电厂的统一水能链,主要针对萨瓦河在水能、航行、防洪、灌溉以及旅游等方面的综合布局。通过在萨瓦河上建立一条国际水路,斯洛文尼亚可以通过萨瓦河以及多瑙河与整个欧洲内陆水道网络相连。两国可以在欧洲凝聚力和区域政策财政资金招标中联合竞标。

### (三) 匈牙利

2019 年,斯洛文尼亚与匈牙利签署了一份关于天然气、电力、核能和可再生资源的备忘录。2020 年 7 月,斯洛文尼亚基础设施部部长耶尔奈伊·弗尔托维茨(Jernej Vrtovec)会见了匈牙利外交和贸易部部长皮特·西齐亚尔托(Péter Szijjártó)以及匈牙利创新技术部部长鲍尔科维奇·拉斯洛(Palkovics László),双方对建立 Cirkovce-Pince 之间的跨境输电线路达成了共识,这将提高斯洛文尼亚电力系统的可靠性。此外,双方还讨论了 Nagykanizsa-Kidričevo 之间的天然气运输项目,该项目为斯洛文尼亚的天然气市场提供匈牙利储备的天然气。

### (四) FAB 合作

斯洛文尼亚与其他六个国家(奥地利、波黑、克罗地亚、捷克、匈牙利和斯洛伐克)共同签署并通过了《关于建立中欧功能空域块的协定》(FAB CE),在此协定下建立了常设机构 FAB CE 委员会、NAS 协调委员会以及民航空域联合协调委员会,致力于改善特定领域的空中交通管理绩效。

## （五）东南欧天空倡议（SECSI FRA）

在斯洛文尼亚—奥地利跨境自由航线空域以及东南欧自由航线空域（FRA）成功实施后，奥地利、波黑、克罗地亚、塞尔维亚和斯洛文尼亚共同创建了大型跨境自由航线空域，并于2018年2月1日开始运营。通过提供从中欧到东南欧的最短航线选择，每天可以节省多达1940海里的飞行距离，285分钟的飞行时间，减少8000千克油耗以及减少25000千克二氧化碳排放量。全面的跨境FRA使航空公司能够更好地利用风能或适应网络干扰状况。在计划飞行时更好地使用FRA可以提高可预测性并减少ATC（Air Traffic Control，航空交通管制）的工作量。该倡议不仅有助于实现欧盟委员会关于在整个欧洲实施"自由航线"的目标，而且可以满足空域用户的"同一城市对（city pair）多种路线选择"的要求。

# 三　中斯两国的交通合作

## （一）合作现状

中斯两国在交通基础设施方面的合作目前还比较有限。主要集中于以下三个项目。

### 1. 宁波—舟山港集团与科佩尔港口签署友好港口协议

2017年6月，宁波副市长李关定与中东欧三国（罗马尼亚、斯洛文尼亚和波兰）国家代表举行了关于港口合作的双边会谈；7月在宁波举行了宁波—舟山港与中东欧四港（罗马尼亚、斯洛文尼亚、克罗地亚和波兰）合作专题会议，会上达成了增开直航航线、增加航班密度等多项合作共识。2018年7月浙江海港宁波—舟山港集团与斯洛文尼亚在海丝港口国际合作论坛上签署了友好港城协议。

## 2. 中宇通航旅游集团与蝙蝠飞机制造厂合作

斯洛文尼亚蝙蝠飞机制造厂[①]位于斯洛文尼亚西南部的 Ajdovščina，是世界领先的轻型类飞机设计和制造商。经过两年的准备，2016 年 11 月 5 日，第五次中国—中东欧国家领导人会晤期间，中宇通航旅游集团与蝙蝠飞机制造厂在华建厂项目在李克强总理与中东欧 16 国领导人共同见证下正式签约，双方合作总价值约为 5 亿欧元。签约时，蝙蝠飞机制造厂已有四款机型取得了中国民航总局的《型号认可证》。2018 年 4 月，句容飞机制造厂奠基仪式在镇江句容举行，句容成为"蝙蝠中国"公司总部所在地，市场覆盖东南亚 15 个国家。目前，共有三个型号的飞机在中国生产，分别为大黑豹（Panthera）、大金牛（Taurus）和病毒（Virus SW 80/100）。除了生产业务之外，蝙蝠中国还负责亚太地区的销售、机器零部件销售及进出口、维修业务以及各类相关培训服务。

## 3. 深圳天健园投资基金管理有限公司收购马里博尔机场

2016 年，深圳天健园投资基金管理有限公司通过其在荷兰的投资主体 SHS 航空 BV 在斯洛文尼亚注册成立斯洛文尼亚 SHS 公司，并出资 1300 万欧元收购马里博尔机场全部资产以及周边 91 公顷土地。2017 年 2 月，斯洛文尼亚基础设施部为其颁发营业执照。授予 SHS 斯洛文尼亚公司 15 年机场特许经营权，5 年延期，所购资产为永久产权，11 公顷土地为永久商用，80 公顷土地为 99 年租赁。天健园公司计划融资 10 亿欧元用于机场扩建以及新航线的开辟（如中国至马里博尔的直航），并且在已购商用土地开发配套服务。然而在不到两年的时间内，SHS 表示在申请分区和特许权程序方面一直被拖延，且没有得到官方明确时间表。此外，延长 800 米机场跑道的项目也遭到环保组织

---

① https://www.pipistrel-aircraft.com/.

的抨击而无法开展工程建设，种种情况导致SHS公司一直亏损，并于2018年9月下旬以来出现财务问题，没有向当地政府支付特许权费。SHS公司向斯洛文尼亚政府申请了国家援助，然而这一申请因为没有满足法律条件而遭到驳回。虽然SHS公司和斯洛文尼亚政府以及马里博尔地方政府之间一直在寻求长期解决方案，但情况并不乐观。SHS公司于2019年1月17日宣布终止日益困难的国有机场的租赁合同，该合同6个月后过通知期。协议失效后，斯洛文尼亚政府决定在短期内将机场运营权移交给了国有公司DRI投资管理有限公司。

### （二）存在的主要问题

第一，斯洛文尼亚交通体量小，中斯两国目前没有直接连通的交通方式。虽然斯洛文尼亚属于发达国家，且处于中东欧地缘的中心位置，但是由于市场规模较小，人口较少，跟其他西欧发达国家、邻国、甚至巴尔干其他国家相比，斯洛文尼亚在外国直接投资方面没有吸引到太多中国企业家的目光。中斯两国之间交通运输不方便可能是投资者望而却步的原因之一。在运输方面，中国邮政将斯洛文尼亚归为偏远地区，中欧班列的规划图中没有将斯洛文尼亚纳入主干线（体量小，没有吸引力）；在航空运输领域，中斯两国之间没有直接航班，必须经过其他国家中转；在海运方面，目前宁波港口和科佩尔港口的合作还停留在纸面上。这些也是斯洛文尼亚在对外直接投资方面缺乏竞争力的原因。另外，交通基础设施在十几年来没有特别大的发展，存在着老旧落后的问题，但维护费用又十分昂贵，斯洛文尼亚政府的资金预算也比较有限，这也是缺乏竞争力的另一大原因。

第二，斯洛文尼亚受美国和欧盟政策影响，政府更迭频繁，中国投资方对当地投资环境了解不深。作为欧盟成员国之一，与其他欧盟成员国一样，斯洛文尼亚在投资、贸易政策等领域遵守欧盟统一政策，在欧盟统一框架下行使相关投资贸易权力。自2012年以来，斯洛文尼亚政府更迭频繁，历届政府对外来投资的合同并未做到贯彻始终，再加上斯洛文尼亚政府本身偏保守，保护主义倾向较重，这也加深了在斯洛文尼亚投资的政治风险。自新冠肺炎疫情发生以来，斯洛文尼亚新任政府在政治上受美国和欧盟影响较大，与中国的国际合作受到一些负面影响。另外，抛却疫情和美国的影响，中国投资者在收购或者并购当地公司之后，由于缺乏对当地政治、法律、政策以及文化的深入了解，在收购之后项目落地实施方面遇到颇多挫折，从而造成了经济方面的损失（这种情况在跨国收购方面都比较普遍）。

### （三）相关建议

第一，发挥斯洛文尼亚的地缘战略优势，从长远角度考虑将其打造为通往中东欧（尤其是巴尔干地区）的门户。斯洛文尼亚作为中东欧的重要交通枢纽，且是欧盟核心 TEN-T 网络的重要成员之一，在两条泛欧走廊上也处于核心地位。在经济方面斯洛文尼亚在巴尔干地区有着举足轻重的地位，因而从长远角度将其打造为通往中东欧尤其是巴尔干地区的大门，有助于未来第三方市场（如土耳其）的开拓，减少整个地区物流链的货运空间。

第二，扩大中斯交通运输合作范围，鼓励中资企业在斯洛文尼亚的合理投资。目前中资企业在斯洛文尼亚交通运输领域的投资比较有限，但未来有很多可投资的领域，如与斯洛文尼亚当地企业一同开发包括电动汽车在内的新型运输技术、新型货运管理运营模式，互相学习和借鉴先进技术和管理方式；在未来中欧班列规划中，可以将斯洛文尼亚列为潜在国家，增加经过斯洛文尼亚的铁路货物运输量;加快推动宁波—舟山港口与科佩尔港口的合作以及可能的投资,将北亚得里亚海作为成品进口港;斯洛文尼亚在2023年至2030年将会与欧盟共同出资6.2亿欧元用于对交通基础设施的投资,[①] 中国相关企业可以利用自身优势投入到相关项目中;另外,在基础设施服务方面,斯洛文尼亚的运营商之间没有联系和沟通,缺乏统一且综合的服务,中国企业在统一基础设施业务方面尚有很大空间;此外,在欧盟统一框架下,中国企业在多式联运、可持续能源开发方面也有很大发展空间。然而,中资企业在进行投标或者投资之前,需要对当地政治人文环境做好充分调查,减少投资过程中可能的资金损失。

---

① http://www.pisrs.si/Pis.web/pregledPredpisa?id=RESO115.

# 保加利亚篇

## 一 保加利亚交通运输发展概况[①]

### (一) 发展政策与战略

2014年2月,保加利亚四部委召开联席会议,发布各部门2014—2020年发展规划,其中交通和交通基础设施将吸收欧盟和国家资金共约19亿欧元,将有超过13亿欧元用于公路和铁路基础设施建设。[②]

保加利亚的国家交通运输发展政策与战略体现在《交通运输综合战略》及各专项规划上。

《保加利亚交通运输综合战略2030》为保加利亚交通运输领域纲领性战略文件,在欧洲结构与投资基金2014—2020年交通运输领域以及保加利亚共和国伙伴关系协议的框架内制定了3个战略目标和9个战略重点。

3个战略目标:提高交通运输部门的效率和竞争力;改善内部和外部交通运输的联通性及可及性;限制交通运输部门发展所产生的负面影响。

9个战略重点:有效维护、现代化和发展交通运输基础设施;

---

[①] 若无特殊标注,内容出处均为保加利亚交通运输、信息技术和通讯部官方网站,https://www.mtitc.government.bg/bg。
[②] 商务部:《对外投资合作国别(地区)指南 保加利亚(2019年版)》,第21页。

优化交通运输系统管理；发展多式联运；改善交通运输市场条件，适用自由化市场原则；降低燃油消耗，提高交通运输的能源效率；改善保加利亚交通系统与欧洲一体化交通空间的联通性；确保全国所有地区交通运输服务优质且价格合理；限制交通运输对自然环境和人类健康的负面影响；提高交通运输系统的安全性。

相比上一份全国性战略文件（《交通运输系统发展战略2020》），《交通运输综合战略2030》的目标重点更强调与欧盟交通系统的连接，继续关注交通发展与自然环境和人类健康的关系；上一份战略文件中提出的一些问题，如基础设施的现代化、市场竞争自由化、交通系统的安全性以及现代基础设施在全国的普及性仍在新版战略重点之列，可见这些问题是保加利亚交通运输系统发展中的重难点。

《2020—2024年铁路基础设施发展和运营规划》吸纳了《欧盟2020战略》中的3个基本发展目标：稳定、安全和环保、高效，并结合《交通运输综合战略2030》的3个战略目标提出了十几条更为具体的目标，核心在于吸引投资进行铁路设施和服务的更新，在保证安全的基础上力求高效。

《保加利亚道路基础设施发展战略2016—2022》提出到2022年的总愿景：保加利亚要拥有稳定的、与欧洲交通系统一体化的道路网络。具体的四个战略目标为：发展稳定的道路交通基础设施、推动国家路网与欧洲路网的一体化、提高道路交通基础设施的安全性及加强道路板块的管理效率。重点提出加强较低等级公路的建设（村镇及小城市之间），加强大城市以外地区的连通性，减轻大城市交通压力、减少基础设施维护的压力、缓解交通堵塞等。

总体而言，从保加利亚现行的交通发展战略中可提炼出"稳定""安全""高效"以及"融欧"作为现阶段交通运输领域发展的关键词。

## （二）主要交通运输方式[①]

保加利亚交通运输主要以陆路为主，境内有完备的公路和铁路网络，在黑海沿岸以及与罗马尼亚的界河多瑙河河岸均有发展多年的水运网络；全国共10个城市配备无轨电车；首都索非亚建有两条地铁线路，正在规划第三条。城际公交和火车是主要的城际交通方式。但是公路、铁路、港口、机场等基础设施中的一大部分修建于20世纪60—80年代，由于近年投资不足，普遍存在老化、失修、设备陈旧的现象。目前保加利亚正在欧盟的基金和经验的帮助下探索多式联运的发展，以提高运输效率、降低物流成本。

### 1. 铁路

保加利亚的第一条铁路于1866年投入运行，连接北部多瑙河岸城市鲁塞和沿海城市瓦尔纳。据最新统计数据，[②] 保全境铁路总长6460千米，其中包含普通轨距（1435毫米）的单线铁路3905千米、普通轨距的双线铁路990千米、普通轨距的车站配线1413千米、窄轨（轨距760毫米）单线铁路125千米、窄轨车站配线13千米以及宽轨车站配线15千米；营业长度4030千米，其中电气化铁路2870千米，占总长度的71.2%，在欧盟中排名第5位。[③] 保加利亚铁路网络与希腊、罗马尼亚、土耳

---

[①] 若未另作标示，本节数据内容均来自保加利亚国家统计局发布的《统计参考指南2020》（https://www.nsi.bg/sites/default/files/files/publications/StatBook2020.pdf），检索于2020年7月2日。

[②] 本段数据内容来自保通信部《2020—2024年铁路基础设施发展和运营规划》（https://www.mtitc.government.bg/bg/category/42/programa-za-razvitieto-i-eksploataciyata-na-zhelezoputnata-infrastruktura-2020-2024-g）和保加利亚国家数据统计局（https://www.nsi.bg/bg/content/1737/%D0%B4%D1%8A%D0%BB%D0%B6%D0%B8%D0%BD%D0%B0-%D0%BD%D0%B0-%D0%B6%D0%B5%D0%BB%D0%B5%D0%B7%D0%BE%D0%BF%D1%8A%D1%82%D0%BD%D0%B8%D1%82%D0%B5-%D0%BB%D0%B8%D0%BD%D0%B8%D0%B8-%D0%B2-%D0%B8%D0%BB%D0%B8%D0%BE%D0%BC%D0%B5%D1%82%D1%80%D0%B8-%D0%BF%D0%BE-%D0%B2%D0%B8%D0%B4%D0%BE%D0%B2%D0%B5-%D0%B2-%D0%BA%D1%80%D0%B0%D1%8F-%D0%BD%D0%B0-%D0%B3%D0%BE%D0%B4%D0%B8%D0%BD%D0%B0%D1%82%D0%B0-%D0%BF%D0%BE-%D1%81%D0%BE%D0%B1%D1%81%D1%82%D0%B2%D0%B5%D0%BD%D0%BE%D1%81%D1%82）。

[③] 欧盟数据统计局Eurostat，https://ec.europa.eu/eurostat/statistics-explained/index.php/Inland_transport_infrastructure_at_regional_level#Overview，检索于2020年6月25日。

其、塞尔维亚和北马其顿五个邻国互通。国内铁路网分布西南部（首都所在区域）最为密集，占总营业长度的21.4%。

2019年保加利亚铁路载客量2133.95万人次，货运量1494.81万吨。[1] 2020年每天开出载客列车579列，其中14列为国际列车。[2] 客运列车发动机平均使用时间达40年，列车高负荷运转，机车严重老化。[3] 据《2020—2024年铁路基础设施发展和运营规划》，全国火车铁路负载能力理论上能达到2800万列车千米的货物周转量和3500万列车千米的旅客周转量，然而近几年来的平均负载量仅达66%。因铁路及其配件设施翻新耽误营业的铁路占总营业长度的30%，另因保境内大部分火车铁路年份已久，营业长度中有4%的铁路最高配速仅可达100千米/时。

**2. 公路**

截至2019年，保加利亚国家级公路总长19879千米，公路网络与希腊、罗马尼亚、土耳其、塞尔维亚和北马其顿五个邻国互通。10条泛欧交通走廊中共有5条（4号、7号多瑙河河道、8号、9号和10号）经过保加利亚。

全国公路可按"行政—经济"价值和功能分为四级：高速公路（790千米，全国共7条）、一级公路（2900千米）、二级公路（4019千米）和三级公路（12170千米）；按路面类型，沥青公路19377千米、块料路面公路42千米、碎石路面118千

---

[1] 保加利亚国家数据统计局，https://www.nsi.bg/bg/content/1731/%D0%BF%D1%80%D0%B5%D0%B2%D0%BE%D0%B7%D0%B5%D0%BD%D0%B8-%D1%82%D0%BE%D0%B2%D0%B0%D1%80%D0%B8-%D0%B8-%D0%B8%D0%B7%D0%B2%D1%8A%D1%80%D1%88%D0%B5%D0%BD%D0%B0-%D1%80%D0%B0%D0%B1%D0%BE%D1%82%D0%B0，检索于2020年6月23日。

[2] 保加利亚国家铁路公司官网，https://www.bdz.bg/bg/a/proektut-na-grafik-za-dvijenie-na-vlakovete-za-2020-g-e-publikuvan-za-obshtestveno-obsujdane，检索于2020年6月23日。

[3] 商务部《对外投资合作国别（地区）指南 保加利亚（2019年版）》，第19页。

米、砾石路面23千米、未铺设路面公路319千米。全国各级公路总密度为0.179千米/平方千米。据保国统局最新数据，2020年第一季度全国公路交通客运周转量较2019年同期下降10.2%。[①]

截至2019年，保加利亚城际公交线路总计3171条，线路总长422500千米。

现保加利亚已完成国家级公路网络智能运输系统（ITS）的搭建和投用。在欧盟资金的扶持下，2015年启动道路收费系统的电子化进程。2019年1月，电子公路通行证（e-vignette）替代原先的纸质通行证；2019年8月，适用于3.5吨以上车辆的电子缴费系统（e-toll）也投入使用。公路收费的电子化是欧盟交通运输一体化进程的重要板块，目前已在欧盟ITS的框架下成立非营利组织ITS-Bulgaria负责推广和跟进此进程。

### 3. 水运

保加利亚60%的进出口货物通过海运，港口在保加利亚运输业中占重要地位。保加利亚主要的海港是瓦尔纳港和布尔加斯港，与黑海沿岸各国互通；瓦尔纳港是保加利亚最大港口，也是8号泛欧走廊的重要组成部分。根据最新数据显示，[②] 2018年保加利亚海港货物吞吐量为27868千吨。

保加利亚主要河港为多瑙河的鲁塞港、维丁港和斯维斯托夫港。据最新数据显示，[③] 2018年保加利亚河港货物吞吐总量为3547千吨（其中850千吨为沿岸货物交易量）。保加利亚现有

---

① 保加利亚国家数据统计局：《2020年第一季度各交通种类货运及客运数据》，第4页，https：//www. nsi. bg/sites/default/files/files/pressreleases/Transport2020q1_ T6WAFCY. pdf。

② 保加利亚国家数据统计局，https：//www. nsi. bg/bg/content/1755/%D0%BC%D0%BE%D1%80%D1%81%D0%BA%D0%B8-%D1%82%D1%80%D0%B0%D0%BD%D1%81%D0%BF%D0%BE%D1%80%D1%82。

③ 保加利亚国家数据统计局，https：//www. nsi. bg/bg/content/1752/%D1%80%D0%B5%D1%87%D0%B5%D0%BD-%D1%82%D1%80%D0%B0%D0%BD%D1%81%D0%BF%D0%BE%D1%80%D1%82。

货运海轮 2 艘，满载能力 15 千吨；有客运海轮 3 艘，客座 168 个；内河非自走货船 106 艘，载货能力 179 千吨；内河客运船只 1 艘，客座 243 个。

4. 航空

保加利亚共有 5 个国际民用机场，分别坐落于索非亚、布尔加斯、瓦尔纳、普罗夫迪夫和上奥里亚霍维查，前四个为客运机场。保加利亚与欧洲主要城市、土耳其及以色列有直航班机，中保之间暂无直航。据保加利亚国家统计局最新数据，[①] 2019 年保加利亚机场载客总量 1204 万人次（抵达 600 万人次，出发 604 万人次），自 2009 年起逐年上涨；总货运量 28788.7 吨（装载 17291.3 吨，卸载 11496.4 吨）。此外，保加利亚还有 150 个飞行场。

据《保加利亚交通运输综合战略 2030》，[②] 全国共有 18 家航空货运和客运注册运营商，共拥有 71 架飞机，其中 59 架服务于公共商业航班，其余服务于商务和货运航班。

5. 管道

2019 年，保加利亚管道运输总量 19349 千吨，货物周转量 3256 百万净吨千米。

保加利亚天然气年消费量约 30 亿立方米，其中 90% 的天然气供应依赖于俄罗斯。保加利亚政府已启动连接罗马尼亚、希腊和土耳其等邻国的天然气工程，以减少对俄天然气供应的过度依赖。2016 年 9 月，保加利亚、希腊、罗马尼亚和匈牙利在中南欧天然气连通性高层会议上签署协议，宣布建立连接四国的垂直天然气走廊。2020 年 1 月，保加利亚开始通过土耳其溪

---

① 保加利亚国家数据统计局，https：//www.nsi.bg/bg/content/1749/%D0%B2%D1%8A%D0%B7%D0%B4%D1%83%D1%88%D0%B5%D0%BD-%D1%82%D1%80%D0%B0%D0%BD%D1%81%D0%BF%D0%BE%D1%80%D1%82。

② 《保加利亚交通运输综合战略 2030》，第 138 页。

(Turk Stream)天然气管道输送来自俄罗斯的天然气。保现任总理鲍里索夫表示,将加强天然气管道相关投资,助力保加利亚成为欧洲天然气枢纽。[1]

### 6. 城市交通

截至2019年,配备无轨电车的城市共有10个,线路总长405千米;登记在册的无轨电车369辆,乘客座位39791个。有轨电车轨道总长131千米,车辆313辆,乘客座位62777个。

首都索非亚现有两条地铁线路,轨道总长38千米;第三条正在施工:3号线将连接首都东部郊区和西南部郊区,规划总长19千米,共23个车站。此外,1号线将在其东线建设两条延长线,一条连接索非亚机场,另一条连接东南部郊区,建成后总长将达29千米;2号线也计划向北延伸,新建4个停靠站。建成后总长将达17千米。现役列车208辆,乘客座位64064个。

### 7. 多式联运[2]

目前,欧盟各国都高度重视发展多式联运,基于多式联运对集约利用资源、提高运输效率、降低物流成本等方面的巨大优势,欧盟各国均采取了强有力的措施,以期进一步扩大多式联运的覆盖范围、提高多式联运的市场份额。保加利亚在欧盟"交通运输及其基础设施运营计划"(Operational Programme Transport And Transport Infrastructure,OPTTI)2014—2020年投资战略的框架下发展多式联运及其中转站,目标是发展满足现代货运业务要求的联运中转站网络,以高质、快速的铁路作为连接(见表1)。

---

[1] 中国对外承包工程商会:https://www.chinca.org/CICA/info/20031015033611。
[2] 数据和内容来自《保加利亚交通综合规划2030》及economic.bg媒体报道(https://www.economic.bg/bg/news/12/do-7-godini-v-balgariya-tryabva-da-ima-tri-novi-intermodalni-terminala.html)。

表1　　　　保加利亚国内现已有或在建的多式联运中转站

| 序号 | 联运中转站 | 所有者 | 运输方式 | 状态 |
| --- | --- | --- | --- | --- |
| 1 | 普罗夫迪夫 | 国家铁路基础设施公司（NRIC） | 公路、铁路 | 特许权待决 |
| 2 | 鲁塞 | 国家铁路基础设施公司（NRIC） | 公路、铁路 | 项目进行中 |
| 3 | 瓦尔纳 | 保加利亚港口基础设施国家企业（BPIC）、国家铁路基础设施公司（NRIC） | 公路、铁路、海运 | 项目进行中 |
| 4 | 雅娜 | 生态物流运输有限公司（Ekologistic） | 公路、铁路 | 停用 |
| 5 | 旧扎果勒 | Metalimpex 2003 物流有限公司 | 公路、铁路 | 已投用 |
| 6 | 德拉戈曼 | 国家铁路基础设施公司（NRIC） | 公路、铁路 | 停用 |
| 7 | 布尔加斯和下湖 | 物流运输企业"DESPRED" | 公路、铁路、滚动公路① | 已投用 |
| 8 | 鲁塞"自由贸易区" | "自由贸易区—鲁塞"单一股份有限公司 | 公路、河运、海运 | 引资阶段 |

## （三）保加利亚国内交通运输领域重大项目情况②

### 1. 公路

2013年年初的第8届全国战略基础设施会议上，时任保加利亚总统宣布，保将利用下一规划期（2014—2020年）的欧盟基金重点支持四大战略基础设施项目建设：连接保首都和希腊北部边境的斯特鲁马高速公路3号段、连接首都和沿海旅游城市瓦尔纳的海慕斯高速公路、希普卡山路隧道和维丁—波特夫

---

① Rolling Highway，中文或译为"铁路驮背运输"。
② 若未另作标示，本节内容参考自商务部《对外投资合作国别（地区）指南 保加利亚（2019年版）》。

格勒快速路。其中，希普卡山路隧道项目将是政府的优先建设项目，计划在三年半内完工，因为与现有道路基础设施相比，希普卡隧道将提供保加利亚北部和南部地区之间更快的连接；项目现已于2020年4月吸引了7个竞标者。此外，连接保加利亚黑海沿岸两大旅游城市瓦尔纳和布尔加斯的黑海高速公路项目、连接边境城市鲁塞和斯维林格勒的南北向快速路项目也是保加利亚重点规划的公路项目。除了欧盟基金，保加利亚还考虑利用财政预算、政府贷款、公私合作伙伴关系（PPP）和收费系统等方式筹资。

## 2. 铁路

保加利亚铁路系统正利用欧盟和世界银行资金进行改造，部分不具经济效应的铁道线路将被废弃，货运部门将进行私有化改造。保加利亚将重建鲁塞—瓦尔纳、普罗夫迪夫—布尔加斯、卡尔诺巴特—辛德尔、索非亚—塞普泰姆夫里等线路，并对维丁—梅德科维茨、索非亚—德拉戈曼等线路进行升级改造。上述路段的重建和更新将进一步完善保加利亚与希腊、土耳其和罗马尼亚等周边邻国的互联互通，并改善鲁塞、瓦尔纳和布尔加斯等港口之间的交通。其余资金将主要用于增强客货联运能力、发展可持续的城市交通——包括索非亚地铁的修建、鲁塞港联运中转站的建设等。同时，还将投入超过7700万欧元用于升级船运和民航信息系统。此外，总长106千米的索非亚—佩尔尼可—拉德米尔铁路项目作为泛欧交通运输网络（TEN-T）的一部分，将大大提升保加利亚至北马其顿及希腊边境的货运和客运能力，目前正待招标。据保媒2020年7月报道，2021—2027年，保加利亚将在欧盟资助下投资约65亿列弗（约合33亿欧元）用于铁路基础设施建设，保国家铁路基础设施公司（NRIC）还计划为鲁塞、瓦尔纳和上奥里亚霍维察的铁路枢纽发展提供资金，并资助沿海城市布尔加斯与保第二大城市普罗夫迪夫间的铁路建设，连接各自机场。此外，受益于连通欧洲基金（CEF），保计划为索非亚和普罗夫迪夫附近铁路枢纽的重建项目提供1.681亿列弗的资金。①

### 3. 城市交通

保首都索非亚正在兴建地铁3号线以连接首都东部郊区和西南部郊区。3号线规划总长19千米，设23个车站。此外，地铁1号线将在其东线建设两条延长线，一条连接索非亚机场，另一条连接东南部郊区，建成后总长将达29千米。地铁2号线也计划向北延伸，新建4个停靠站，建成后总长17千米。

### 4. 管道

截至2019年10月，"巴尔干溪"天然气管道保加利亚境内段已部分完工。"巴尔干溪"保加利亚段预计总长474千米，经过保加利亚的11个大区。保加利亚段原预计完工时间为2020年5月，但受到全球新冠肺炎疫情的影响，完工期限延至2020年年底，项目税前总预算约11亿欧元。② 依据保国家能源管理委员会批准的关税，随着"巴尔干溪"项目的实施，未来20年内，保天然气运输和存储公司的收入将增至90亿列弗。至2030年，保天然气运输和存储公司输送天然气的收入预计将超过4.4亿列弗。目前，该项收入在2亿—2.2亿列弗。③

南溪天然气管道工程保加利亚境内段建设于2013年6月启动，原计划2015年12月投用，但由于欧盟于2013年1月1日对能源供应网络渠道建设提出新要求，加上欧盟与俄罗斯在建

---

① 中国驻保大使馆经商处，http://bg.mofcom.gov.cn/article/sqfb/202007/20200702981482.shtml。

② 保加利亚 btv 新闻，https://btvnovinite.bg/bulgaria/balkanski-potok-saorazhenieto-za-prenos-na-gaz-shte-premine-prez-11-oblasti-u-nas-obzor.html；Economic.bg，https://www.economic.bg/bg/news/12/stroezhat-na-balkanski-potok-se-zabavya-do-kraya-na-godinata.html。

③ 中国驻保大使馆经商处，http://bg.mofcom.gov.cn/article/jmxw/201910/20191002902371.shtml。

设标准方面意见相左，南溪线工程建设已被终止。

**5. 多式联运**

据《保加利亚共和国到 2030 年联合运输发展国家计划》，预计 2 座位于鲁塞、1 座位于瓦尔纳的多式联运中转站将于 2027 年完工。目前已投用或有建设规划的多式联运中转站多位于保加利亚南部，北部仅集中于鲁塞一个城市；但由于通行保加利亚的货物流量较少，到目前为止中转站的数量和容量还没有对贸易和运输的发展产生限制。

**6. 港口、码头**

保最大港口瓦尔纳港的待招标新建项目如下：瓦尔纳西港码头 10 万个标准集装箱扩容项目、瓦尔纳西港 1.2 万吨危险货物码头、瓦尔纳港铁路轮渡一体化设施、Ezerovo 火电站和汽油码头。布尔加斯港的投资项目有 2B 号货运码头、3 号滚装船和轮渡运输码头、东港客运码头等。

### （四）全国交通网络总体优劣势

《保加利亚交通运输综合战略 2030》公布了对保加利亚交通整体情况的 SWOT 分析，分别列举了保国交通领域的优势和劣势（括号中的数字是专家对每点优劣势的影响力评分，满分为 20），具体见表 2。

在安全问题上，根据《欧盟统计年鉴 2019》，[1] 欧盟内道路交通事故死亡率最高的 3 个地区中就有 2 个位于保加利亚境内，其中保加利亚西北部在 2016 年内报告 153 起/百万人口道路交通事故死亡案例，为欧盟内最高。

---

[1] 欧盟统计局，https://ec.europa.eu/eurostat/publications/statistical-books/regional-yearbook，pdf 文件第 164 页。

表 2　　　　　　　　　保加利亚交通优劣势对比

| 优势 | 劣势 |
| --- | --- |
| 国家占据有利的地理位置（20）；<br>现有交通运输基础设施的密度和建设水平高（17）；<br>铁路网络、具有国家层面意义的公共交通港口及国家道路基础设施之间建有运输连接（15）；<br>交通运输市场高度开放（12.8）；<br>各交通运输方式的基础设施以及在役航站楼的总周转承载能力还有可用容量（12）；<br>国家的交通运输法规与欧盟法规高度协调（10.2） | 现有路网缺乏与居民居住区域的直接连接（19）；<br>在役运输设施的年限结构较差，导致运输企业的经营活动恶化（此劣势在公路和铁路运输中最为明显）（18.5）；<br>没有规范化基础来刺激多式联运的发展（17.5）；<br>缺乏鼓励公路和铁路运输公司适用多式联运的动机（16）；<br>客运和货运业务不平衡，现有基础设施容量的利用不足（15.6）；<br>陆路交通运输方式（公路和铁路）的安全保障水平低（15.6）；<br>保加利亚的综合运输市场不发达（15.2）；<br>现代物流和信息系统发展不足（12）；<br>在控制机场收费方面缺乏灵活性（12）；<br>缺乏全国性的联运站点网络来满足铁路和水运的需求（10.5）；<br>运输部门中的部分国有企业的管理效率低下（9） |

相关统计数据的不足也从一定程度上制约着执行和监管部门的工作，因为他们无法对当下实际情况有准确和直观认知，也不利于制定更切实的规划和政策。以 2015 年发布的《保加利亚道路基础设施发展战略 2016—2022》为例，其中使用的大多是 2005 年以前的统计数据；再举国家民用航空总局官方网站为例，部门报告、战略、职能等相关信息仅更新至 2015 年。

## 二　保加利亚交通运输国际合作情况[①]

### （一）与周边国家交通运输双多边合作与重大项目情况
**1. 欧盟及多边合作**
据保国家广播电视台 2020 年报道，杜塞尔多夫宏观经济研

---

① 若未另作标示，本节内容来源于保通信部以及各组织和项目的官网。

究所、维也纳国际经济研究所（WIIW）和法国宏观经济研究所（OFCE）在一份联合报告中共同呼吁欧盟将计划用于应对新冠肺炎危机的数十亿美元向两个重点交通项目倾斜：第一个是用于连接欧洲各国首都的欧洲跨境高铁项目；第二个是通往莫斯科和高加索地区的"欧洲丝绸之路"项目。两个项目都有关键路段经过保加利亚境内。报告称，保加利亚境内的路段共约853千米，金额约占该国目前GDP的59%。

为加快泛欧交通运输网络在保加利亚的落实进程，欧盟结构与投资基金为保加利亚设立"交通运输及其基础设施运营计划"，现处于2014—2020项目段的总结期，2021—2027段项目计划书已经发布第一稿。根据计划书，① 在2007—2013和2014—2020两个阶段的项目中，保加利亚完成了泛欧交通运输网络中两条泛欧走廊的建设以及多处相关的交通基础设施现代化项目，在新的规划中，重点应解决交通道路网络的连接以及质量技术参数不合标的问题。

保加利亚积极加入欧洲空中交通管理（ATM）系统的改革，具体体现为以和罗马尼亚合作搭建的多瑙河空域功能块（Danube FAB）响应欧洲单一天空（SES）倡议（具体见下文）——这是欧洲功能空域内首次建立跨境部门，有助于进一步优化航线网络、节省燃油和飞行时间并减少对环境的有害影响。此外，国有企业"空中交通管理"积极参与欧洲单一天空ATM研究，为欧洲空中交通管理系统改革出力。

保加利亚于1990年加入欧洲邮电管理委员会（The European Conference of Postal and Telecommunications Administrations, CEPT），保通信部派代表定期参与CEPT活动。2017年7月，保

---

① https：//www.eufunds.bg/sites/default/files/uploads/optti/docs/2020-04/PART_I_NEW_PROGRAMME.pdf.

通信部在索非亚承办了一次国际电信联盟政策委员会会议（Com-ITU）。[1]

2016年9月，保加利亚、希腊、罗马尼亚和匈牙利在中南欧天然气连通性高层会议上签署协议，宣布建立连接四国的垂直天然气走廊。保加利亚、希腊、罗马尼亚和乌克兰的天然气输送运营商于2019年12月就巴尔干地区天然气输送管道建设签署了最新的备忘录。垂直天然气走廊主要是建立起三个巴尔干国家和"南部天然气走廊"之间的管道系统连接，可以从阿塞拜疆shah deniz 2气田引进天然气。

**2. 罗马尼亚**

在欧盟区域发展基金的支持下，保加利亚和罗马尼亚签署了跨境合作协议 ИНТЕРРЕГ V-A Румъния-България 2014—2020，总预算约为2.6亿欧元，其中来自欧洲区域发展基金的资金约为2.2亿欧元。两国以多瑙河为界，多瑙河两侧的港口和跨河铁路和桥梁成为两国互联互通必不可少的条件。现与塞尔维亚相连的索非亚—拉德格曼铁路段以及多瑙河大桥正在欧盟结构基金的支持下进行现代化改造。

保加利亚和罗马尼亚共同建立的多瑙河空域功能块（Danube FAB）是欧洲单一天空（SES）倡议下的项目，两国交通运输部长于2011年12月12日签署多瑙河空域功能块的政府间协议，由保加利亚空中交通管理局（Bulgarian Air Traffic Service Authority）和罗马尼亚空中交通服务管理局（Romatsa）共同负责。自2013年11月以来，Danube FAB已引入国家级夜间自由航线领空，计划根据欧洲法规的要求逐步引入自由航线领空。2014年6月，保加利亚和罗马尼亚根据欧盟法规提出了第二参

---

[1] Anacom，https://www.anacom.pt/render.jsp?contentId=1416279.

考期（2015—2019 年）的联合效率计划。①

### 3. 希腊

保加利亚和希腊计划建设一条从希腊科莫迪尼（Komotini）到保加利亚旧扎果勒的天然气管道，计划长度 182.5 千米，每年输气量可达 30 亿立方米，工程量的 83% 在保加利亚境内。该项目已列入欧盟天然气输送系统十年规划，以此在俄—乌危机后期保证东南欧和中东欧的天然气供应多元化。项目总预算 2.4 亿欧元，欧盟的欧洲区域发展基金已出资 3300 万欧元，目前仍在等待融资。保能源部长在保加利亚国民议会上指出，希腊和保加利亚之间的天然气互通设施计划将与跨亚得里亚海的管道同时完工，保加利亚天然气公司与阿塞拜疆 SOCAR 公司将共同履行签订的从 Shah Deniz 气田输送 10 亿立方米天然气的合同。在完成与希腊的天然气互联互通设施建设后，保加利亚将能够从里海地区引入天然气，进一步丰富东欧地区的天然气来源。

保加利亚还计划参与希腊爱琴海港口亚历山德鲁波利斯液化天然气新终端建设，为保提供来自美国、卡塔尔、阿尔及利亚等国的液化天然气。

### 4. 土耳其

2019 年 9 月 17 日，保最高行政法院批准沙特财团 Arkad 在保境内实施建"土耳其溪"管道扩展项目。2020 年 1 月，保加利亚开始通过"土耳其溪"天然气管道输送来自俄罗斯的天然气。保能源部长表示，因为这条天然气管道不经过乌克兰和罗马尼亚，所以每年可为保加利亚节省数千万欧元的费用。②

### 5. 塞尔维亚

保加利亚与塞尔维亚的天然气互联互通项目"巴尔干溪"

---

① 《保加利亚交通运输综合战略 2030》，第 169 页。
② 中国投资指南网，http：//www.fdi.gov.cn/1800000628_5_12117_0_7.html。

是中欧和东南欧能源互联互通优先实施项目之一，对于保加利亚将自身打造为欧洲天然气输送中心至关重要。该项目也已被欧盟列为高度关注的项目，对确保能源安全以及天然气供应来源和途径的多样化具有重要意义。2020年6月初，保总理鲍里索夫与塞尔维亚总统武契奇共同参观了"巴尔干溪"保加利亚段的施工点之一莱特尼察市（Letnitsa）。保总理表示，虽然因为疫情耽误了施工效率，但预计保加利亚段的施工将在2020年年底完成。

保加利亚国内目前进行的索非亚—德拉戈曼—塞尔维亚边境的铁路翻新项目将大大加强与塞尔维亚的互联互通。

### （二）与中国交通合作情况及相关建议

**1. 中国和保加利亚两国交通运输合作现状**

保加利亚是中国商品和服务进入欧洲大市场的门户，是中国在巴尔干地区的第二大贸易伙伴；中国是保在欧盟外的第二大贸易伙伴，[①] 亚洲第一大贸易伙伴。保加利亚也是第一批响应"一带一路"倡议、中国—中东欧国家合作机制的国家之一。

2010年，中保两国签署《中华人民共和国铁道部和保加利亚共和国交通、信息技术和通讯部铁路合作谅解备忘录》。2015年11月，签订《中华人民共和国政府和保加利亚共和国政府关于共同推进丝绸之路经济带和21世纪海上丝绸之路建设的谅解备忘录》。2016年11月，两国就港口工业园区领域签订合作备忘录。2018年7月，李克强总理借参与在保加利亚首都索非亚举行的第七次中国—中东欧国家领导人会晤之机，对保加利亚进行了国事访问。访问中签署了《中华人民共和国农业农村部

---

① 保加利亚部长会议官网，https：//www.gov.bg/bg/prestsentar/novini/vitsepremierat-nikolova-targovskoto-satrudnichestvo-mezhdu-balgariya-i-kitay-ustoychivo-narastva。

与保加利亚共和国农业、食品和林业部关于加强中国—中东欧国家农产品电商物流和展示合作的联合声明》。2019年7月，保总统拉德夫对中国进行国事访问，签署《中华人民共和国和保加利亚共和国关于建立战略伙伴关系的联合声明》。

2019年11月，中国对外承包工程商会代表团访问保加利亚，与保加利亚建筑商会共同举办了"中国—保加利亚基础设施投资与合作论坛"，分别与保能源部部长、通信部副部长、区域发展和公共工程部副部长以及经济部副部长举行工作会谈，在中国驻保加利亚大使馆召开中资企业座谈会等多场投资合作促进活动，并赴索非亚—佩尔尼克—拉多米尔（Sofia-Pernik-Radomir）铁路现代化项目进行实地考察。2020年1月，中国商务部和保加利亚经济部主办、中国对外承包工程商会和保加利亚中小企业署共同承办的"中国—保加利亚商务论坛"在京举行。

**2. 中保两国交通运输合作重点领域和重要项目**

2011年，长城汽车与保Litex Motors汽车集团设立合资公司；2012年2月，在保加利亚洛维奇市开设的长城汽车保加利亚KD工厂正式开业，这是中国在欧盟境内的首个自主品牌汽车生产基地。2017年2月保Litex Motors公司宣布寻求破产，至今未见破产批准执行情况及合作是否终止的有关信息。2018年10月，长城旗下子品牌哈弗交付290辆H6作为保欧盟边境边防警巡逻车。

中国宇通客车与保索非亚市政达成长期合作，在2016年和2018年相继交付110辆公交车和20辆纯电动公交车，分别标志着中国制造的大客车批量进入汽车排放标准十分严苛的欧盟市场以及保境内第一批纯电动公交车的启用。2019年4月，宇通再交付22辆天然气公交车，深化了新能源客车在保的推广应用。

2018年3月，中国海航机场集团在保加利亚普罗夫迪夫机场扩建及运营项目招标中成功中标,获得该机场35年的特许运营权。按照协议,中国海航机场集团将投资7900万欧元(约合8500万美元)对普罗夫迪夫机场实施改造和扩建,并将承担该机场未来35年的管理运营。

2018年7月,李克强总理访问保加利亚,在与保总理鲍里索夫会谈时,鲍里索夫向李克强总理推荐了希普卡隧道、黑海高速公路等基础设施项目,希望能够吸引中国优秀的企业参与修建。据保媒2020年4月30日报道,预算确定为1.366亿欧元的希普卡隧道建设项目招标吸引7个竞标者,其中包括总部位于北京的中国交通建设公司。

2019年4月,中国机械设备工程公司成为保重要港口城市瓦尔纳建设项目总承包商,建成后将进一步完善当地物流体系,带动当地经济发展。此外,还有一大批中企正在跟踪保铁路、公路、港口等基础设施开发项目。两国基础设施领域合作的潜力巨大,前景十分广阔。

目前中国企业正在争取数个保基础设施建设项目的投资权,如希普卡隧道项目、鲁塞—瓦尔纳铁路修复提升项目、索非亚—佩尔尼克—拉德米尔铁路项目、黑海高速公路项目、鲁塞—大特尔诺沃高速公路项目、贝列内核电站项目等。此外,中方对于保电动汽车电瓶生产厂、瓦尔纳多式联运中转站、保工业园区开发与建设、电商物流中心建设、保加利亚—希腊天然气管道建设和火电站技术改造等项目十分关注,支持并鼓励有实力的中国企业赴保投资,也期待保方出台更多相关的吸引外资的优惠和便利举措。

**3. 存在的主要问题及相关建议**

(1) 两国合作可能性:以深厚友谊为基石,积极探索新时代的合作路径

在开展中国—中东欧国家合作与"一带一路"倡议提出以

前，中保两国在交通运输领域的合作主要限于汽车制造与供应方面，随着平台合作内容不断丰富，中欧合作不断深入，保加利亚和中国可以吸取中国与其他国家合作的模式与经验，如保国相对薄弱的基础设施方面，中保之间可以吸取中塞之间的经验，进行资源的置换——中方输出基础设施规划建设方面的技术、经验与外来资金，保方提供中欧之间人才与商品之间流动的通道。两国之间也可以利用好当下形势，结合市场特点，灵活变通探索新路径。目前，保加利亚的新兴科技领域正处于发展的上升期，中国企业在继续推动基础设施建设项目的同时，应扩展思路，积极探索智能交通、共享交通、绿色交通、电商物流网络等新兴领域的合作可能性。

目前，交通基础设施建设是保加利亚的优先发展领域，有很多铁路、港口项目亟待实施，仅依靠欧盟资金和保自有资金难以满足众多项目建设需要，保方也多次表示希望能与中方积极探讨并创新融资合作模式、项目的具体实施方式，推动保交通领域有关项目早日得以实施。为促进国家公路建设的发展，保现实行高速公路收费体制作为项目集资渠道，推动以PPP、BOT等投融资模式进行项目建设。保方也表示，已就有关项目做好了可行性研究，希望中方企业能积极参与保相关高速公路项目建设。

因为移民、出生率下降、老龄化加重，劳动力资源紧缺成为了保加利亚近十年来最为严重的社会问题之一；2020年，保加利亚入学新生再创新低，人才的流失与后劲不足已经威胁到国家的经济发展。此时，外部资源、人才和技术的引入就显得尤为关键，或能解燃眉之急。中国相关企业和机构可以结合自身的技术、资金、劳工优势等，积极探索产品和服务走进保加利亚的新形式。

（2）互联互通可能性：把握保加利亚欧盟门户地理位置，善用利好政策和资金支持

虽然比起大多数欧盟国家，保加利亚交通领域发展较为滞后：基础设施陈旧、现代化和智能化程度不高、管理部门效率较低工作不透明、市场自由度有待提高，但保加利亚占据着天然的优势地理位置——作为欧洲门户港联通东西，东临黑海，北临欧洲主要河道之一多瑙河。多瑙河及其港口形成了南北方向的优良运输网络，黑海港口为东西方向及其他方向的货运运输提供了可能性。也正因如此，10条泛欧走廊中有5条经过保国领土，使得保加利亚与西欧各国的联通性大大加强；且道路基础设施的使用费用低，交通基础设施项目的资金缺口大——所有这些都是中保在交通领域发展合作、中国商品和服务走向欧洲得天独厚的条件。保加利亚政府的态度也是全力推广"欧洲门户"的概念，辅以新兴行业发展和税收优惠等吸引力来带动经济发展。以全球化为背景，中国倡导互联互通以及欧盟加大对欧洲单一交通空间的投入不谋而合，两方都为中欧合作提供各种形式的支持。中国相关企业和机构应善于把握对象国优势、把握国内外政策利好风向。

（3）需要防范的风险：做好市场调研，警惕政策变动

在一定程度上，保加利亚市场既需要外资，又害怕外资：因为外资在带来商业、贸易和地区发展以及就业的同时，又会对相应行业的本土企业及劳动力形成一定的挤压。此时，政府便不得不实行一些保护措施。以中保在可再生能源领域的合作为例：2010年11月，伊赫迪曼太阳能光伏电站正式并网发电，这是中国在保投资的第一个太阳能光伏电站，电站装机容量2兆瓦，年发电250万千瓦左右。此后直到2013年3月，有一批中资企业到保投资光伏发电项目，承诺装机容量超过20万千

瓦，在保投资总额超过 4 亿欧元。① 但由于保境内可再生能源发展过快，政府突然出台制衡政策对行业发展和投资者产生重大不利影响，导致部分在保中资风电、光电企业运营不利乃至遭受亏损，从而逐步淡出保能源市场，② 如浙江正泰逐渐转让其旗下保光伏电站的股权，将长期经营项目化为短期经营项目，以转移长期的不确定风险。③ 2017—2018 年，保可再生能源市场回温，政府表示将加大对能源部门和可再生能源的投资，此后未见中国在保新能源公司的相关官方报道。

除保国内政波动外，保加利亚作为较小的经济体，同时受到来自美国、欧盟及俄罗斯三方强政治势力的挤压。美国长期通过外交与舆论渠道对欧洲国家与中方企业合作施加压力；保加利亚作为欧盟成员国之一，也必须遵守欧盟的贸易政策和法规。国际政治格局必定会对中保商贸合作产生一定的阻力。

在双边关系新定位下，中保经贸合作有巨大的发展潜力和空间。中方应考虑实际政策机遇与风险，积极研究以推动"一带一路"倡议与泛欧交通运输网络的对接，减少欧盟统一规划对中保双边合作的制约。在中方改善营商环境、加大知识产权保护力度的同时，也期待着保方相向而行，为中企投资兴业提供平等、非歧视的待遇，保障投资者利益。中方企业在出海投资时，也需紧跟保国内和欧盟的政策风向，做好准备功课，调整商业策略以适应当地市场。

---

① 数据来源于中国国家能源局和中国驻保加利亚经商处。
② 见本书保加利亚篇，转引自赵刚主编《中东欧国家发展报告（2016—2017）》，社会科学文献出版社 2018 年版。
③ 《中国式投资的新时代：正泰投资保加利亚的案例研究》，http://www.sohu.com/a/240186045_822816。

# 西巴尔干六国

# 塞尔维亚篇

## 一　塞尔维亚交通运输发展情况

塞尔维亚拥有较长里程的交通道路，拥有跨亚欧大陆最便捷、最舒适的陆路交通线路，此外，塞尔维亚还拥有与多瑙河国际航道相连的具有较高运输效率的国内河运航道，这使塞尔维亚在欧洲和世界运输网络中具有重要的战略地位。

### （一）发展战略

塞尔维亚在加入欧盟的进程中，与欧盟区域合作组织 SEETO 及东南欧运输观测站合作，改进和协调区域运输政策及技术标准，以推动欧盟 TEN-T 核心及综合网络向西巴尔干地区的发展并维护高效协调的运输网络，同时在更广泛的泛欧交通运输网络的框架内，与西巴尔干地区的欧盟 TEN-T 核心及综合网络进行整合。

就整体而言，整个西巴尔干地区的交通网络可以分为两类：区域性的综合网络及欧盟的核心网络。塞尔维亚在 SEETO 多式联运网络中具有相当密集的交通网络（核心网络和综合网络），具体见表1。

表1　　　　　　　　　塞尔维亚 SEETO 运输网

| | 道路 | 铁路 | 海运 | 河港 | 空港 |
|---|---|---|---|---|---|
| 综合网络 | 1626 千米 | 1788 千米 | 963 千米<br>多瑙河（588 千米）<br>萨瓦河（211 千米）<br>蒂萨河（164 千米） | | 尼什 |
| 核心网络 | 1332 千米 | 1414 千米 | 963 千米<br>多瑙河（588 千米）<br>萨瓦河（211 千米）<br>蒂萨河（164 千米） | 贝尔格莱德<br>诺维萨德 | 贝尔格莱德 |

2010 年 7 月，塞尔维亚最高基础设施委员会通过了《塞尔维亚 2010—2027 年交通基础设施建设总体规划》。根据该规划，未来 17 年塞尔维亚将投入 222 亿欧元用于高速公路、铁路建设、机场和港口现代化建设。其中，欧洲"10 号走廊"和"11 号走廊"高速公路与"7 号走廊"铁路是重点建设项目。今后塞每年将向基础设施领域投入 10 亿—15 亿欧元。222 亿欧元投资中，约 143 亿欧元将用于新项目建设，约 78 亿欧元用于现有基础设施的维护保养。

2015 年 11 月 3 日，塞尔维亚议会通过《铁路法》和《铁路安全和互通法》修订案。相关法案的通过旨在提高塞铁路系统运营效率，促进铁路交通自由化，提高市场化程度，使塞铁路同欧盟系统接轨，同时为塞铁路运营提供进一步安全保障。

## （二）主要交通运输方式[①]

### 1. 公路

塞尔维亚公路和高速公路网总里程 45013 千米，其中主干线标准公路 5525 千米，地区间普通公路 13670 千米，地方普通

---

① http://www.mofcom.gov.cn/dl/gbdqzn/upload/saierweiya.pdf.

公路 24540 千米。已投入运行的全封闭高速公路 498 千米,半封闭高速公路 246.5 千米。截至 2018 年年底,塞尔维亚共有乘用车 200 万辆,卡车 22.9 万辆,挂车 16 万辆,摩托车 4.07 万辆,工程车辆 8979 辆。2018 年客运量 5582 万人次,同比增长 6%,货运量 1306 万吨,同比增长 29%。

### 2. 铁路

塞尔维亚现有铁路干线总里程 3819 千米,其中,单轨线铁路 3533 千米,双轨线铁路 276 千米。实现电气化铁路 1254 千米,非电气化铁路 2555 千米。在建或计划改建的干线铁路约 380 千米。2018 年铁路客运量 506 万人次,同比下降 10.2%,货运量 1232 万吨,同比下降 0.3%。目前塞尔维亚铁路运营质量相对较差,水平相对低下:时速 60 千米以下的火车占 52.2%,时速 61—80 千米的火车占 17.9%,时速 81—100 千米的火车占 26.7%,时速 101—120 千米的火车仅占 3.2%,同时配套通信设备极为落后。塞尔维亚国家铁路公司负责人表示,塞尔维亚铁路现代化改造估算需要 90 亿—100 亿欧元,需十多年时间。如没有外资介入,塞尔维亚政府无力对铁路设施及运输设备进行全面改造和更新,只能进行"头痛医头,脚痛医脚"式的小补小修。

### 3. 空运

塞尔维亚共有机场 2 个,分别是贝尔格莱德尼古拉·特斯拉国际机场和尼什机场。贝尔格莱德尼古拉·特斯拉国际机场的年旅客吞吐量约 500 万人次,货物吞吐量 2 万余吨,年起降飞机 3.4 万余架次。2018 年塞尔维亚航空客运量 252.3 万人次,同比下降 5.3%;货运量 6738 吨,同比增长 1.3%。中塞两国直航没有开通之前,主要经由维也纳、法兰克福、伊斯坦布尔和莫斯科中转。2017 年 9 月 15 日,由中国海南航空公司执飞的一架空客 A330-300 型客机平稳降落在贝尔格莱德尼古拉·特斯拉国际机场,标志着海南航空北京直飞贝尔格莱德(经停布拉格)首航成功。这也标志着中国与塞尔维亚之间中断了 17 年的直飞航线再次恢复。

4. 水运

塞尔维亚水路运输较为发达,主要水域包括多瑙河(Dunav)、萨瓦河(Sava)、蒂萨河(Tisa)、塔米什河(Tamis)及德利纳河(Drina),可运输水路约 1680 千米,年运货量约 1500 万吨(主要是原材料和建材)。塞尔维亚最主要的水路运输是国际水路多瑙河,被称为泛欧 7 号水运走廊,其在塞尔维亚境内通运里程 400 多千米,有较大河港 5 个。

(三)行业优劣势分析

1. 行业发展优势

(1)地处亚欧大陆主线,区位优势明显

塞尔维亚之"塞",要塞之义。虽为内陆小国,但无在乎体量、不关乎面积,"连通性"是塞尔维亚的根本性优势。塞尔维亚地处亚欧大陆主要交通线,区位优势明显,辐射面广,是西巴尔干地区有重要影响力的国家,也是连接亚洲与欧洲的重要通道、中国与欧洲的最好桥梁。

(2)顺应国家战略方向,振兴交通基建

南斯拉夫分裂以后,塞尔维亚经历了十几年的制裁和战争,国民经济一落千丈,人民生活水平严重下降。国家对基础设施建设投入严重不足,基础设施建设方面的短板制约了经济发展。为振兴国民经济,塞政府提出了再工业化战略,将基础设施新建与改造列为优先发展方向。大型基础设施尤其是交通设施的兴建和修缮,将打通制约塞尔维亚经济发展的交通梗阻，为经济发展提供新动力。"一带一路"倡议提出后，中国与塞尔维亚立足中塞关系特点，从设施联通、资金融通、民心相通等方面入手，积极推进务实合作，并取得一系列重要成果。

（3）专注交通建设质量，以稳定促发展

近年来，塞尔维亚注重基础设置质量提升，以基础设施提升作为经济发展的保证。随着塞尔维亚对基础设施投资的不断增加，基础设施质量不断提升，如表2所示。

表2　　　　　　　塞尔维亚近年来基础设施质量情况

| 国家 | 年份 | 基础设施质量 |
| --- | --- | --- |
| 塞尔维亚 | 2011 | 2.3699 |
| | 2012 | 2.4874 |
| | 2013 | 2.6139 |
| | 2014 | 2.7188 |
| | 2015 | 2.7913 |
| | 2016 | 2.8428 |
| | 2017 | 3.0745 |

资料来源：《全球竞争力报告》。

2. **行业发展劣势**

（1）交通基础设施质量较低

据2017年《全球竞争力报告》数据显示，塞尔维亚公路基础设施质量排名为第115位，铁路基础设施质量排名为第86位，港口基础设施质量排名为第118位，航空基础设施质量排名为第93位（排名总数均为138），2017年塞尔维亚在中东欧16国基础设施质量排名中排第15位。

（2）交通物流技术效率和全要素生产效率有待提高

资料显示，自2012年以来塞尔维亚交通物流综合效率大幅提高，但是具体分析发现，规模效率上升明显，技术效率上升不明显，交通物流技术效率和交通物流全要素生产率提升不足。

## （四）交通领域竣工、在建及待建工程概览

### 1. 竣工及在建项目

（1）公路

①E763高速公路——贝尔格莱德—南亚德里亚海；

②第10泛欧通道；

③国家级公路和高速公路上严重"黑点"和高危路段的维修改造项目；

④道路施工维修及安全项目（RRSP）；

⑤多瑙走廊波扎雷瓦茨—戈卢巴茨快速路项目。

（2）铁路

①第10泛欧通道—铁路；

②贝尔格莱德—什德—克罗地亚边境铁路线的巴塔尼查—高鲁比茨路段（31千米）的现代化更新改造项目；

③贝尔格莱德—尼什铁路线的吉列—丘普里亚—帕拉钦路段的现代化更新改造项目；

④贝尔格莱德—拉科维查—莱斯尼克铁路线的维修工程；

⑤欧洲复兴开发银行—电气客运动车组；

⑥铁路基础设施建设及柴油机车组的采购（"俄罗斯贷款项目"）；

⑦尼什—季米特洛夫格勒铁路线现代化改造项目；

⑧贝尔格莱德—布达佩斯铁路现代化改造项目；

⑨泽蒙编组站（TPS）新建项目；

⑩玛吉什集装箱集散中心（ZIT）建设项目。

（3）桥梁及其他基础设施

①泽蒙—博尔察大桥及辅路；

②诺维萨德跨多瑙河"热日烈"大桥建设项目；

③跨德里纳河的柳波维亚—布拉东纳茨大桥（加建辅道及至边界的公路）。

（4）水上交通发展

①多瑙河塞尔维亚河段，巴茨卡巴兰卡—贝尔格莱德危险河段的水利和疏浚工程；

②海运跟踪系统和多瑙河域电子跟踪系统（ATONS）的开发和安装；

③杰尔戴普水电站航道闸门的维修升级；

④萨瓦河道高危点的治理；

⑤斯梅代雷沃港大宗散货和普通货物物流集散中心扩建项目；

⑥在小科勒斯纳—斯梅代雷沃至斯梅代雷沃新港之间新建铁路项目；

⑦贝尔格莱德新港建设项目。

（5）航空交通

贝尔格莱德"尼古拉·特斯拉"机场改造升级项目。

（6）智能交通系统（ITS）

目前，第10泛欧通道上仅有部分路段安装了ITS系统，如在贝尔格莱德绕城环线的四个隧道里安装了该系统。此外，目前正进行施工的第10泛欧通道上的一些路段的隧道里（E-80：尼什—保加利亚边界，E-75：尼什—马其顿边界）也安装了ITS系统。所有这些正在施工的路段均按照ITS要求进行设计建设，系统安装也在同步进行。

## 2. 待建项目概览（见表3）

表3　　　　　　　　　　　　　　待建项目概览

| | |
|---|---|
| 公路 | E-763高速公路，贝尔格莱德—南亚德里亚海 |
| | 贝尔格莱德绕城环线路段C：鼓溪—潘切沃 |
| | "莫拉瓦走廊"：波亚特—普莱林那路段 |
| | 新贝尔格莱德—苏尔钦城市高速公路 |
| | "弗洛斯卡山通道"诺维萨德—鲁马路段 |
| | 高速公路建设项目：<br>国家第19号一级公路莎巴茨—罗兹尼查路段：鲁马—莎巴茨—罗兹尼查（第21号公路诺维萨德—鲁马—莎巴茨路段的延伸部分） |
| | 兹雷尼亚宁—陈塔—贝尔格莱德（波尔查）高速 |
| | 兹雷尼亚宁—诺维萨德高速 |
| | 尼什—梅尔达莱（普里什蒂纳）高速公路 |
| | 贝尔格莱德—弗乐舍茨—瓦丁（罗马尼亚边境）高速公路 |
| 公路 | 贝尔格莱德—萨拉热窝高速公路 |
| | 巴特洛甫茨边境干道扩建：第Ⅱ期工程 |
| 铁路 | 第10泛欧铁路线 |
| | 第11泛欧铁路线 |
| 贝尔格莱德多式联运站 | 贝尔格莱德多式联运站 |
| 水运交通发展 | 第二次世界大战时期德国沉舰的打捞工程 |
| | 水文气象台站和桥洞垂直高度监测系统的实施 |
| | 在塞尔维亚实现VTS和VOICEVHF系统项目 |
| | 阿帕汀河港建设项目 |
| 航空交通 | 改造更新塞尔维亚和黑山空管服务中心——SMATSA |
| | 两个国际机场的进一步建设发展 |
| | 地方机场的改造和现代化 |

续表

| 基础设施建设项目统一名单（SPP 名单） | 基础设施建设项目特别名单（SPP 拟议项目） |
|---|---|
|  |  |

资料来源：塞尔维亚共和国交通及基础设施领域竣工、在建及待建工程概览（2018 年 9 月）。

## 二 塞尔维亚交通运输国际合作情况

### (一) 塞尔维亚与周边国家的交通运输双边合作情况

#### 1. 俄罗斯

塞尔维亚与俄罗斯在交通运输方面合作密切。2013 年 1 月 11 日，塞尔维亚与俄罗斯在莫斯科签署《俄罗斯对塞尔维亚共和国出口贷款的协议》并于 2016 年在贝尔格莱德签署《关于修订批准俄罗斯出口贷款协定的议定书》，贷款金额 8 亿美元，占"铁路基础设施建设及柴油机车组的采购项目"（"俄罗斯贷款项目"）总投资 9.4 亿美元的 85%，塞尔维亚政府拨款所占份额为 15%。该项目具体包括：潘切沃铁路分局第二轨道建设和电气化改造合同——潘切沃中心车站铁路桥、第 10 通道上 6 个路段的改造工程、老旧帕佐瓦—诺维萨德路段的现代化改造工程、贝尔格莱德—弗尔比尼查（巴尔）铁路线的改造工程、柴油机车车组的采购。

为扩建铁路基础设施，实现铁路网络现代化，塞尔维亚国有铁路基础设施公司与俄罗斯铁路物流公司（RZD International）于 2019 年 1 月 18 日签署了总价值 2.3 亿欧元（相当于 2.635 亿美元）的合同。其中一份合同的协议双方为塞尔维亚铁路基础设施公司（Infrastruktura Zeleznice Srbije）和俄罗斯铁路基础设施工程公司，双方就塞尔维亚铁路工程的设计和实施等三个项目达成协议，即"旧帕佐瓦至诺维萨德"（Stara Pazova-NoviSad）路段电气化，铁路调度中心现代化，以及瓦列沃（Valjevo）至乌日策（Uzice）区间的持续大修工程。2019 年 10 月 19 日，在塞尔维亚总统武契奇和俄罗斯总理梅德韦杰夫见证下，塞俄两国在贝尔格莱德签署多项合作协议，内容涉及铁路、能源、科学技术等领域。俄罗斯铁路公司与塞方签署了塞尔维亚铁路改造协议。

**2. 法国**

2017 年 6 月，法国 SAFEGE 公司、RSOE（National Association of Radio Distress-Signalling and Infocommunications）和塞尔维亚 SAFEGE d. o. o.（Ltd.）公司共同签订多瑙河导航监测系统整合项目合同，协议于 2017 年 9 月开始执行。法国"Lazard"公司被塞尔维亚政府聘为机场体制转型咨询顾问公司，为未来发展模式做咨询准备工作。2019 年，法国 Egis 公司完成了贝尔格莱德地铁 1 号和 2 号线的初步可行性研究，报告被贝尔格莱德市委员会通过从执行该阶段的项目。2020 年 5 月 12 日，法国同塞尔维亚签署贝尔格莱德地铁项目 830 万欧元捐赠协议，该协议将为地铁 1 号线可行性研究、概念设计和环评提供资金支持，并帮助 3 号线获得概念性解决方案。

**3. 土耳其**

2017 年 10 月 10 日，塞尔维亚建设、运输和基础设施部与土耳其运输、海事和通信部签署《关于加强和扩大两国在运输和基础设施建设领域合作》的意向书。意向书也包括了两国在贝尔格莱德—萨拉热窝高速公路建设项目上的合作。2018 年 12 月 19 日，塞尔维亚政府与土耳其塔西亚皮（Tasyapi）建筑公司签署商务合同，开始设计并修建连接塞尔维亚首都贝尔格莱德和波黑首都萨拉热窝的高速公路第一段，以期促进地区经济合作。2019年12月5日，塞尔维亚与土耳其 Enka 及其合资伙伴美国土木工程集团 Bechtel 签署了价值7.45亿欧元的 Morava Corridor 高速公路建设合同，莫拉瓦走廊高速公路将连接塞尔维亚境内的欧洲运输走廊X和XI，全长112.3千米。

4. **阿塞拜疆**

2018年9月，阿塞拜疆政府向塞尔维亚提供2.1亿欧元贷款以支持其价值4.68亿欧元的高速公路项目，主要包括 Ruma-Šabac 的21千米高速公路，Šabac-Loznica 之间的55千米高速公路以及一条跨越萨瓦河的1.3千米长的桥梁。该项目最终将 Ruma 连接到塞尔维亚北部的 Loznica。2019年11月，塞尔维亚政府与阿塞拜疆 Azvirt 公司签署了建设 Ruma-Loznica 高速公路协议。

塞尔维亚与其他国家也开展多项交通运输领域合作。塞尔维亚与西班牙公司 ACCIONA Ingenieria SA 签订多瑙河河道高危点水利技术和疏浚工程的监理和环境监测项目合同，计划于2020年完成项目施工。克罗地亚 RGO Komunikacije d. o. o. (Ltd.) 公司和斯洛伐克 KIOS a. s. 公司联合承包塞尔维亚多瑙河导航监测系统的设备安装和整合的技术支持和监理项目，工程已于2016年7月1日启动；2017年6月英国 Sealite United Kingdom Ltd 公司、罗马尼亚 Kentron Technologies S. R. L. 公司和塞尔维亚 Navitronicad. o. o. (Ltd.) 联合签订多瑙河导航监测系统设备的采购和安装合同，并于2017年9月启动。

**（二）重大项目情况**

1. **公路**

目前，塞尔维亚政府建设重点的干线公路包括：一是由贝尔格莱德通往黑山巴尔港的泛欧11号走廊高速公路塞境内路段，该项目部分路段已由塞政府举债建设，包括约100千米路段利用中方贷款并由中资企业承建，110多千米路段拟采取投资模式建设和维护，并正与中国有关企业就投资模式协商中；二是泛欧10号走廊高速公路塞尔维亚境内路段，包括连通保加利亚与北马其顿的高速公路线，该项目主要由世界银行及欧洲复兴开发银行提供贷款，实行公开招标建设；三是首都贝尔格莱德市及第二大城市、北部伏伊伏丁那自治省首府诺维萨德市环城公路建设；四是由贝尔格莱德至兹雷尼亚宁并到罗马尼亚边境高速公路，目前塞方尚未明确建设模式。

2. **铁路**

目前塞尔维亚政府规划中的重点铁路项目包括：一是贝尔格莱德至匈牙利布达佩斯铁路现代化改造项目。[①] 中国、塞尔维亚、匈牙利三国总理在2013年11月中国—中东欧国家领导人会晤上就合作建设该项目达成共识，2015年11月26日塞尔维亚总理武契奇参加第四届中国—中东欧国家领导人会晤并访华时签署项目总合同。2016年11月5日第五次中国—中东欧国家领导人会晤期间，双方就项目塞境内贝尔格莱德—旧帕佐瓦段签署商务合同和融资备忘录，2017年5月15日签署贷款协议，2018年6月5日，开始施工建设。2018年7月7日，第七次中国—中东欧国家领导人会晤期间，诺维萨德—苏博蒂察段项目正式签署商务合同；2019年4月，第二届"一带一路"国际合作高峰论坛期间签署贷款协议。2020年5月16日，匈塞铁路匈牙利段项目EPC主承包合同正式生效，标志着匈牙利段进入实施阶段。匈牙利段长159.4千米。项目建成后，布达佩斯—贝尔格莱德铁路线将升级为双轨电气化铁路，从而使匈塞两国首都之间行程缩短至三个半小时。中国商品可在到达希腊比雷埃

---

① http：//www.mofcom.gov.cn/dl/gbdqzn/upload/saierweiya.pdf.

夫斯港口后直接通过匈塞铁路进入匈牙利、波兰等中欧市场，进而转入西欧。二是塞尔维亚铁路支线改造和新建项目，包含改建铁路三段，新建铁路一段，项目模式正在探讨中。三是贝尔格莱德至黑山巴尔港铁路现代化改造项目，该项目囿于资金需求量大且融资困难，尚处于模式论证阶段。四是2018年7月7日，第七次中国—中东欧国家领导人会晤期间，签署《塞尔维亚贝尔格莱德—尼什—普雷舍沃—塞尔维亚马其顿边境铁路现代化升级改造项目的谅解备忘录》；2019年4月，第二届"一带一路"国际合作高峰论坛期间中国路桥与塞尔维亚交通部、塞尔维亚铁路公司签署了项目总合同。

3. 河运

目前莫拉瓦运河综合开发项目是提升塞尔维亚水运能力的重要项目之一。该运河流经塞尔维亚、北马其顿、希腊三国，于希腊塞萨洛尼基港入海，全长约90千米，设计通航深度35米，疏浚深度26米。该项目包括整体开发流域小水电站、防洪工程、水库、灌溉、供水、污水处理等项目，有关中资企业正就莫拉瓦河梯级小水电站开发项目与塞方协商。

## 三 中塞两国的交通合作

### （一）合作现状

进入21世纪以来，中塞双方不断深化交通运输合作，在"一带一路"倡议及中国—中东欧国家合作背景下，合作领域不断扩展，合作模式从贷款转向投资与合资经营，合作内容更加惠及民生。中国与塞尔维亚政府和企业一道紧紧抓住"五通"主线，围绕"一带一路"建设，创新对外投资方式，以投资带动贸易发展、产业发展和设施发展，建设中塞共同发展新局面。中国与塞尔维亚合作的重要项目主要有以下九个。

### 1. 塞尔维亚 E763 高速公路

2013年12月24日，由山东高速集团承建的塞尔维亚 E763 高速公路项目（奥布雷诺瓦茨—乌博、莱依科瓦茨—里格）在贝尔格莱德开工建设，这是中国对中东欧融资贷款协议框架内第一个落地的基础设施项目，也是塞尔维亚首条由中国企业建设的高速公路项目，该项目由中国进出口银行提供优惠贷款。塞尔维亚 E763 高速公路项目是欧洲 11 号走廊高速公路的一部分，全长约 50.9 千米，合同额约 3.34 亿美元，工期 37 个月。该高速公路建成后，将大大缩短塞尔维亚首都贝尔格莱德与相邻国家及出海口的通行时间。2019年8月21日，该路段正式通车。

2016年6月20日与中国交建公司签署 E763 高速公路（苏尔钦—奥布雷诺瓦茨）设计和施工合同；中国进出口银行与塞尔维亚政府于 2016年11月6日签署贷款协议；2017年2月贷款协议开始执行。

### 2. 泽蒙—博尔察跨多瑙河大桥（普平大桥）及附属连接线项目

2010年7月，吴邦国访塞期间，双方签署了贷款协议并举行项目奠基仪式。该项目主桥合同工期 36 个月，配套道路工期 24 个月，自正式开工起算工期。路桥公司负责项目 55% 的工程，包括主桥和两座立交桥的施工。桥梁部分工程于 2011年10月27日正式开工。附属连接线部分工程交由当地分包商完成，由于征地拆迁等因素影响，于 2012年2月2日正式开工。2014年12月18日，中国交建所属中国路桥有限责任公司承建的塞尔维亚泽蒙—博尔察大桥顺利通车。

该项目是中国公司在欧洲承建的第一座大桥，也是中国—中东欧国家合作机制下的成功探索与示范性项目。塞尔维亚泽蒙—博尔察大桥及附属连接线项目位于塞尔维亚首都贝尔格莱德规划内环线西北部。项目全长约21.3千米，其中，跨越多瑙河的部分为全长1482米的泽蒙—博尔察大桥。桥梁设计方案兼顾安全、经济、实用、美观等原则，其中172米的主跨跨径长度在世界同类桥型中名列前茅。泽蒙—博尔察大桥通车后将减轻市区通行压力，明显缓解交通堵塞状况。项目建成后，通行时间由1小时以上缩减为10分钟。泽蒙—博尔察大桥是中国企业首次进入欧洲施工的大型交通设施项目，承担着中国基建企业进军欧洲的"桥头堡"重任。

### 3. 匈塞铁路

2013年11月25日，在罗马尼亚首都布加勒斯特召开的第二次中国—中东欧国家领导人会晤上，中国总理李克强与匈牙利总理欧尔班和塞尔维亚总理武契奇三方共同宣布，将合作改造升级匈塞铁路。2014年12月17日，中国、塞尔维亚、匈牙利三国总理共同见证了《中、匈、塞三国合作建设匈塞铁路的谅解备忘录》签署。2015年11月签署了该项目的总合同，对商业合同的主要原则进行了规定并确立了合同方，投资方是"塞尔维亚铁路基础设施公司"，融资方是塞尔维亚政府，承包商是中国铁建国际有限公司和中国交通建设股份有限公司。

2015年12月23日，匈塞铁路项目塞尔维亚段在塞第二大城市诺维萨德举行现代化改造及重建项目启动仪式。2017年11月28日，匈塞铁路塞尔维亚境内贝尔格莱德至旧帕佐瓦段正式开工，标志着匈塞铁路建设取得重大进展。2020年5月16日，匈塞铁路匈牙利段项目EPC主承包合同正式生效，标志着匈牙利段进入实施阶段。

### 4. 贝尔格莱德绕城环线公路

2016年11月6日在拉脱维亚里加召开的中国—中东欧国家领导人会晤上，塞尔维亚政府、国营公司"塞尔维亚道路"与承包商中国电建公司签署贝尔格莱德绕城环线公路路段 B 第 4、5、6 分段工程的商业合同，2018 年 7 月 24 日举行开工典礼。

2019 年 4 月 25 日，中国电建欧亚区域总部与米哈伊洛维奇副总理签署贝尔格莱德绕城项目 C 段和贝尔格莱德地铁项目的两个合作备忘录。

### 5. 第 10 泛欧通道铁路线维修项目

2017 年 1 月塞尔维亚与中国土木工程集团有限公司签署第 10 泛欧通道铁路线 G 立交—拉科维查—莱斯尼克路段现代化更新改造施工合同，此路段施工工程于 2017 年 3 月 30 日开工。

### 6. "弗洛斯卡山通道"诺维萨德—鲁马路段

2017 年 5 月，塞尔维亚与中国路桥公司（CRBC）就建设国道 IB21 诺维萨德—鲁马路段（"弗洛斯卡山通道"）项目签署了谅解备忘录。2018 年 3 月，塞尔维亚政府作出决定，成立管理该项目进程的专门工作组，以监督管理谅解备忘录的实施和推进。工作组的主要任务是与中国路桥公司进行技术谈判，以进一步落实谅解备忘录。

### 7. 塞铁路支线改造和新建项目

该项目由中国机械设备工程股份有限公司（CMEC）跟踪，共包含四个铁路段，其中改建铁路段三段，新建铁路一段——改建 MalaKrsna-Majdanpek-Zajecar-Prahovo Pristaniste 铁路段；改建 MalaKrsna-Smederevo 铁路段；改建 Ruma-Sabac-Rasputnica Donja Borina-State Border 铁路段；新建"NIKOLA TESLA"机场至现有铁路网铁路段。2014 年 4 月 16 日，CMEC 与塞尔维亚铁路公司签署备忘录，拟采用企业资产担保模式或塞农产品/其他出口产品换项目模式进行。目前，CMEC 正就融资问题与有关银行和信保接洽。

### 8. 铁路通信系统现代化项目

该项目由华为贝尔格莱德子公司承担，主要包括塞国内现有铁路通信信号系统的现代化改造，以提高塞铁路运输能力和信息化水平。双方已于 2014 年 5 月 14 日签署一期项目商务合同，合同金额 2470 万美元。

**9. 贝尔格莱德机场扩建项目**

2015 年 10 月 8 日，中国怡海集团与中国建筑签订《塞尔维亚合作备忘录》。本次怡海、中建与塞方政府洽谈贝尔格莱德机场扩建项目标志中国企业在中东欧再次推动"一带一路"建设、深化中塞之间的务实合作。

## （二）存在的主要问题

### 1. 中欧班列运输组织能力不足

中欧班列是"一带一路"设施联通的核心项目之一，自开通以来发展迅速。2019 年 10 月 24 日，由中国铁路物资集团公司组织承运的中欧班列"齐鲁号"匈塞铁路物资专列首次抵达塞尔维亚首都贝尔格莱德，历经 20 余天，途经蒙古国、俄罗斯、白俄罗斯、波兰、匈牙利等多个国家。当前中欧班列虽然能连接中国与塞尔维亚，但仍存在班次少、线路选择有限、耗时较长等问题，应进一步加强中塞班列的设计与组织，充分发挥中东欧班列对促进中塞贸易的促进作用。

### 2. 塞尔维亚政府交通运输领域建设资金不足

近年来，塞尔维亚更加紧锣密鼓地开展交通基础设施投资和建设活动。基础设施建设所需的大部分投资资金是通过中国国有银行、俄罗斯、土耳其、阿塞拜疆以及国际开发银行和欧洲投资银行的贷款获得。塞尔维亚政府的预算只构成资金来源的一小部分。新冠肺炎疫情的发生对经济的负面影响显而易见，对塞尔维亚经济增长动力以及未来偿还债务本金和利息的能力都是一个巨大的考验。塞尔维亚政府为了消除新冠肺炎疫情对经济的负面影响，提出为个体和企业提供约 50 亿欧元的经济援助。这必将致使塞尔维亚财政赤字扩大。所以中国与塞尔维亚进行交通运输合作需要认真计划和兑现信贷还款承诺。

### 3. 对成本问题考虑不足

在考虑中国与塞尔维亚交通运输合作时，应符合当地实际需求。片面强调"大而全、高而精"会给合作带来经济风险。中国企业在桥梁设计、铁路设计、公路设计等方面已远远领先于东欧国家。一些中国企业的工程项目在前期调研阶段没有充分了解当地国民的需求，过分强调"大而全、高而精"，设备选型、机电配置习惯于按照国内通用做法执行，项目造价高、工期长，超出了当地的交通流量需求，不仅对当地普通人民的生活造成一定影响，而且导致工程款严重不足。所以，"过炫、过大、过昂贵"的项目遇到的困难更多、风险更大。中国与塞尔维亚交通运输投资项目合作较多，合作时应尽可能考虑对方的经济实力，在综合考虑成本的基础上，树立长久合作的意识。

# 波黑篇

## 一 波黑交通运输发展概况

### (一) 发展战略

波黑当前交通发展战略主要体现在国家层面的《波黑2015—2030年交通政策框架》和两个实体以及布尔奇科特区层面的《2016—2030年交通发展战略》，以上战略规划了未来波黑法制建设、基础设施发展以及服务领域发展的多重目标，从而深化波黑与西巴尔干国家的地区合作，推动波黑走向欧盟，并且促进本国经济社会发展。

在法制建设方面，波黑将采纳国际铁路联盟（UIC）的高铁标准，继续在立法上对标欧盟交通领域的法律法规，在加入欧盟之后开放铁路市场。这方面的目标还有促进公路建造和铁路基础设施养护的融资可持续性，采纳欧盟的汽车排放标准并降低机动车平均车龄，以及减少交通事故等。基础设施发展和服务方面的目标包括建造连接波黑南北和东西的快速交通网络，扩建机场，建设货运交通枢纽，发展萨瓦河（Sava）内河航道，提升交通领域的科技和信息化水平以及缓解城市拥堵等。

波黑交通发展具体战略目标以提升交通基础设施建设为主，分为近期目标（2016—2020年）、中期目标（2021—2025年）

和远期目标（2026—2030年）。然而，有些近期目标2020年年底前也未完成，比如R2a公路上的位于波斯尼亚格拉迪什卡（Bosanska Gradiška）的连接波黑和克罗地亚的跨萨瓦河大桥2019年年底才开工，预计工期30个月，而"5c走廊"高速公路上的连接波黑和克罗地亚的斯维拉伊（Svilaj）大桥也未在2020年年底前完工。

## （二）主要交通方式

### 1. 公路

截至2019年，波黑共有各类公路约8733千米，[①] 其中高速公路208.5千米，各类公路中属于泛欧公路网的国际公路、即E字头公路547千米（E字头国际公路网1975年1月15日于日内瓦经《欧洲国际运输主干道协议》及其修正案建立）。波黑境内的E字头公路字母代码为M，代表Magistralni put（干线公路），但波黑并非所有M字头公路都属于欧洲E字头公路。波黑主要的E字头公路网公路为全长约400千米、贯穿波黑南北的M17公路，为双向二车道快速路，是连接克罗地亚、波黑和匈牙利的欧洲E73公路的一部分。波黑区域性公路以字母R开头，代表Regionalni put（区域性公路）。

公路是波黑人的主要出行方式，2019年第四季度，波黑公路运送旅客占旅客出行总数的86.6%，航空和铁路旅客分别占9.6%和3.8%。公路也是波黑仅次于铁路（53.6%）的货运方式，占比37.7%，航空货运占比8.7%。[②] 2019年，波黑公路运送旅客总数为1405.3万人次，运送货物总量为926.6万吨，货

---

① 波黑统计局，《波黑交通2020》，https：//bhas.gov.ba/data/Publikacije/Bilteni/2021/TRA_00_2020_TB_1_BS.pdf。

② 波黑统计局，《2019年第四季度公路、铁路和航空统计数据》，https：//bhas.gov.ba/data/Publikacije/Saopstenja/2020/TRA_01_2019_Q4_0_BS.pdf。

运周转量为438百万吨千米。① 2013年以来，波黑公路年运送旅客总数呈波动下降趋势，2013年时为2873.1万人次。公路货运总量2013年时为660.8万吨，2017年达到近年来的高点1012.3万吨。②

波黑高速公路里程近年来增长较快，2013年时仅有50千米。2019年年底时，波黑高速公路102.6千米位于波黑联邦，105.9千米位于塞族共和国。波黑目前致力于建设属于泛欧"5c走廊"上的A1高速公路（A字代表Autoput/Autocesta，即"高速公路"），该公路北至斯维拉伊，南至比亚查（Bijača），设计为双向四车道，走向与M17公路大致重合。该高速公路设计全长335千米，其中46.6千米位于塞族共和国，其余路段位于波黑联邦。波黑联邦目前所有建成高速公路均为A1高速公路路段，主要位于波黑首都萨拉热窝附近地区。塞族共和国境内A1高速公路路段于2019年开建。

波黑还有一些泛欧公路网确定的公路待建或者待升级。作为R2a（R指route）一部分的塞族共和国巴尼亚卢卡到格拉迪什卡的公路已经完工，此外，由于克罗地亚在建的佩列沙茨大桥将连接起南北国土，陆路运输不需再穿越波黑内乌姆（Neum），原本规划在R1走廊上的波黑内乌姆西北至内乌姆东南的公路预计将不会再建造。"5c走廊"和R2a都是连接各国首都城市的主干公路，其他公路均为支线公路。R2a在波黑的未建成路段为巴尼亚卢卡到波黑中部的拉什瓦（Lašva）（波黑联邦计划建设的拉什瓦到内维奇波列的快速路是其一部分），经过中波斯尼亚州的旅游胜地亚伊采（Jajce）、下瓦库夫（Donji

---

① 波黑统计局，《波黑交通2020》，https：//bhas.gov.ba/data/Publikacije/Bilteni/2021/TRA_00_2020_TB_1_BS.pdf。
② 波黑统计局，《波黑交通2020》，https：//bhas.gov.ba/data/Publikacije/Bilteni/2021/TRA_00_2020_TB_1_BS.pdf。

Vakuf)和首府特拉夫尼克（Travnik），全长 228 千米。R3 是萨拉热窝到塞尔维亚边界的公路，是目前规划中的萨拉热窝到贝尔格莱德高速公路（含快速路）的一部分，经过帕莱（Pale）、索科拉茨（Sokolac）、乌斯蒂普拉查（Ustiprača）和维舍格拉德（Višegrad），全长 151 千米。R2b 公路是从萨拉热窝到黑山施切潘波列（Šćepan Polje）的公路，在波黑经过多布罗波列（Dobro Polje）和福查（Foča），目前还无建造计划，全长 96.6 千米。该公路走向和现从萨拉热窝到波德戈里察的 E-762 公路大致相同，需要对现 E-762 公路的波黑境内路段进行部分改建，新建福查（Foča）到施切潘波列的路段，包括建造连接两国的一座公路桥，该项目耗资估计为 1983.6 万欧元。

波黑计划建造的另一条重要高速公路是"亚得里亚海—爱奥尼亚海走廊"上的从波黑波契特利（Počitelj）到内乌姆（与黑山边界）的高速公路，全长大约 110 千米，但该高速公路所穿越的黑塞哥维那地区人口较少，该项目优先程度不及 A1 高速公路。

**2. 铁路**

2019 年，波黑全国铁路里程共 1018 千米，其中单线铁路 925 千米，双线铁路 93 千米。[①] 波黑铁路基本都为准轨，但波黑联邦和塞族共和国都有部分窄轨铁路，多用于旅游观光目的。根据国际铁路联盟标准，波黑铁路 85% 路段为 D4 级，即轴重 22.5 吨或每延米质量 8.0 吨，其余为 C3 级，即轴重 20 吨或每延米质量 7.2 吨，以及 C4 级，即轴重 20 吨或每延米质量 8 吨。波黑联邦铁路均为 D4 级或 C3 级，塞族共和国铁路有部分 C4 级路段。[②]

---

[①] 波黑统计局，《波黑交通 2020》，https：//bhas. gov. ba/data/Publikacije/Bilteni/2021/TRA_ 00_ 2020_ TB_ 1_ BS. pdf。
[②] 见波黑对欧盟入盟问卷回答中的交通政策部分，http：//www. dei. gov. ba/dei/direkcija/sektor_ strategija/Upitnik/odgovoriupitnik/? id =19609，PDF 文件"Poglavlje 21"。

波黑单线铁路和双线铁路已电气化的线路长度分别为 655 千米和 93 千米，电气化铁路里程占总铁路总里程的 73.5%，[1] 电气化铁路接触网额定电压为 25kV，额定频率为 50Hz。波黑铁路完成翻新路段火车时速可达 100 千米/时，其余路段平均时速为 50 千米/时。2019 年，波黑火车机车保有量为 168 台，其中 75 台为电力机车，93 台为柴油机车。[2] 波黑最好的火车为西班牙的 Talgo 列车，波黑联邦铁路公司于 2005 年购入 9 辆，列车 2010 年交付，2016 年开始在波黑联邦投运。该列车运行于波黑两个主要的客运火车线路：萨拉热窝—莫斯塔尔—查普利纳（čapljina）和萨拉热窝—巴尼亚卢卡—比哈奇（Bihać）。2019 年，波黑共有客运车厢和轨车 215 个，旅客座位 10464 个，货运车厢 4243 个，总核载重量 220714 吨。[3]

波黑全国共有 92 座火车站。2019 年波黑铁路旅客总数为 65.7 万人次，为 2013 年以来最高水平，客运周转量为 55.8 百万人千米。[4] 铁路远非波黑人主要出行方式，2019 年第四季度，波黑人出行的铁路使用率仅为 3.8%。[5] 2019 年和 2020 年，塞族共和国铁路公司均在铁路客运运行图中取消了塞族共和国佩特罗沃（Petrovo）往返波黑联邦图兹拉（Tuzla）的每天三对火车，由于布尔奇科和图兹拉之间的客运列车已于 2012 年取消，这意味着波黑联邦人口最多的州图兹拉州目前将不通任何客运

---

[1] 波黑统计局，《波黑交通 2020》，https：//bhas.gov.ba/data/Publikacije/Bilteni/2021/TRA_00_2020_TB_1_BS.pdf。
[2] 波黑统计局，《波黑交通 2020》，https：//bhas.gov.ba/data/Publikacije/Bilteni/2021/TRA_00_2020_TB_1_BS.pdf。
[3] 波黑统计局，《波黑交通 2020》，https：//bhas.gov.ba/data/Publikacije/Bilteni/2021/TRA_00_2020_TB_1_BS.pdf。
[4] 波黑统计局，《波黑交通 2020》，https：//bhas.gov.ba/data/Publikacije/Bilteni/2021/TRA_00_2020_TB_1_BS.pdf。
[5] 波黑统计局，《2019 年第四季度公路、铁路和航空统计数据》，https：//bhas.gov.ba/data/Publikacije/Saopstenja/2020/TRA_01_2019_Q4_0_BS.pdf。

火车。低上座率是该线路取消的主要原因，据了解，该线路一列火车旅客平均人数仅有 12 人。[1]

铁路是波黑货运的主要运输方式，2019 年第四季度，波黑货运 53.6% 使用铁路。[2] 2019 年，波黑铁路运输货物总重量为 1353.8 万吨，货运周转量为 1256 百万吨千米。[3] 与波黑工业产业结构相应，波黑铁路运输的主要货物是煤、油和天然气，以及金属矿渣和其他矿产，2019 年两者货运总量分别为 7053 吨和 3332 吨，货运周转量分别为 536.6 百万吨千米和 427 百万吨千米。[4] 波黑铁路 2013—2019 年年均运送旅客人数 53.7 万人次，年均运输货物重量为 1345 万吨。[5]

2019 年，波黑铁路雇员总数 5316 人。[6] 波黑铁路 2019 年总收入 1.3 亿马克（约合 1.2 亿元人民币），其中客运收入 636 万马克，货运收入 1.2 亿马克，其他收入 348.6 万马克。[7]

波黑铁路安全性较差，近年来多次发生货运火车相撞和客运火车脱轨事故。波黑火车在不少路段倚山而行，曾发生过山上滚石致火车脱轨事故。

---

[1] 波黑媒体 klix.ba 2019 年 12 月 15 日报道：https://www.klix.ba/biznis/kroz-tuzlu-putnicki-vozovi-vise-ne-prolaze-prekinuta-je-stogodisnja-tradicija/191215037。

[2] 波黑统计局，《2019 年第四季度公路、铁路和航空统计数据》，https://bhas.gov.ba/data/Publikacije/Saopstenja/2020/TRA_01_2019_Q4_0_BS.pdf。

[3] 波黑统计局，《波黑交通 2020》，https://bhas.gov.ba/data/Publikacije/Bilteni/2021/TRA_00_2020_TB_1_BS.pdf。

[4] 波黑统计局，《波黑交通 2020》，https://bhas.gov.ba/data/Publikacije/Bilteni/2021/TRA_00_2020_TB_1_BS.pdf。

[5] 波黑统计局，《波黑交通 2020》，https://bhas.gov.ba/data/Publikacije/Bilteni/2021/TRA_00_2020_TB_1_BS.pdf。

[6] 波黑统计局，《2019 年第四季度公路、铁路和航空统计数据》，https://bhas.gov.ba/data/Publikacije/Saopstenja/2020/TRA_01_2019_Q4_0_BS.pdf。

[7] 综合波黑统计局 2019 年四个季度的公路、铁路和航空统计数据，https://bhas.gov.ba/data/Publikacije/Saopstenja/2020/TRA_01_2019_Q1_1_BS.pdf，https://bhas.gov.ba/data/Publikacije/Saopstenja/2020/TRA_01_2019_Q2_1_BS.pdf，https://bhas.gov.ba/data/Publikacije/Saopstenja/2020/TRA_01_2019_Q3_1_BS.pdf，https://bhas.gov.ba/data/Publikacije/Saopstenja/2020/TRA_01_2019_Q4_0_BS.pdf。

波黑联邦和塞族共和国的铁路相接。波黑铁路和克罗地亚铁路相连，向南直通克罗地亚港口普罗切（Ploče），向北通过克罗地亚可达其他欧洲国家。波黑铁路也和塞尔维亚铁路相连，可达其他东南欧国家和中东国家。波黑波斯尼亚沙马茨（Bosanski Šamac）到南部与克罗地亚边界的南北走向的铁路是泛欧铁路网中"5c走廊"的一部分，也是欧洲主线铁路，和公路的"5c走廊"走向相同，全长428千米，经过多博伊（Doboj）、萨拉热窝和查普利纳，另有一条规划中的支线铁路R9a，连接巴尼亚卢卡和布尔奇科，经过多博伊和图兹拉，全长202千米，该铁路还有从巴尼亚卢卡延伸到波黑与克罗地亚边界以及从图兹拉到兹沃尔尼克（Zvornik）以及波黑与塞尔维亚边界的支线，分别长110千米和55千米。

3. 航空

波黑共有四座用于民航和货运的机场，分别位于萨拉热窝、图兹拉、莫斯塔尔和巴尼亚卢卡，客货运输均主要集中于萨拉热窝国际机场。图兹拉国际机场2015年成为中东欧地区最大廉航维兹航空（Wizz Air）的波黑基地，巴尼亚卢卡国际机场2018年开始与欧洲最大廉航瑞安航空（Ryanair）进行合作，此后，这两座机场年运送旅客人数有较大增长。主要得益于旅游业的发展，波黑近年来民航旅客数量增长较快（见图1）。2019年，波黑全境飞机起降数量为20900架次。[1] 波黑目前无固定国内航线。

波黑航空货运占各种货运方式的比重较低。2019年第四季度时仅为8.7%，波黑机场货运水平总体较低。[2] 波黑邮包运输

---

[1] 波黑统计局，《波黑交通2020》，https：//bhas.gov.ba/data/Publikacije/Bilteni/2021/TRA_00_2020_TB_1_BS.pdf。
[2] 波黑统计局，《波黑交通2020》，https：//bhas.gov.ba/data/Publikacije/Bilteni/2021/TRA_00_2020_TB_1_BS.pdf。

图1 2013—2019年波黑四大机场运送旅客数量（人次）

数据来源：波黑统计局。

全部经萨拉热窝国际机场，近年来年运送量较为稳定，2013—2019年年平均运输邮包重量为400吨。①

**4. 水运**

波黑的主要内河航道是萨瓦河，萨瓦河航道在南斯拉夫时期是南国内最大河流，海运发展较好，但是波黑战争期间主要港口遭到严重损毁，航道也受到影响，由于资金不足，至今港口和航道还未能完全恢复运行和航行能力，但波黑政府并不希望完全弃用该航道，欧盟也同意复兴从克罗地亚锡萨克（Sisak）到贝尔格莱德的萨瓦河航道。

萨瓦河发源于斯洛文尼亚，全长947千米，流经斯洛文尼亚、克罗地亚、波黑和塞尔维亚，在塞尔维亚首都贝尔格莱德

---

① 波黑统计局，《波黑交通2020》，https://bhas.gov.ba/data/Publikacije/Bilteni/2021/TRA_00_2020_TB_1_BS.pdf。

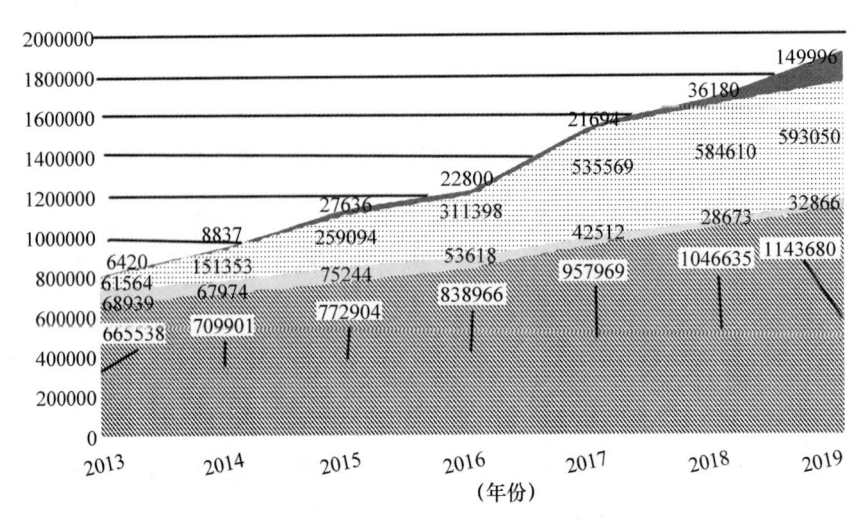

汇入多瑙河。萨瓦河有178千米完全位于塞尔维亚，79千米完全位于克罗地亚，33千米为波黑和塞尔维亚的自然边界，305千米为波黑和克罗地亚的自然边界。萨瓦河在波黑的航段61%位于塞族共和国，32%位于波黑联邦，7%位于布尔奇科特区。另外，汇入萨瓦河的位于波黑西北部的乌纳河（Una）和位于波黑东部的德里纳河（Drina）也各自有距离河口大约15千米的航道。位于波黑的萨瓦河港口有布尔奇科和塞族共和国的波斯尼亚沙马茨，还有一个位于塞族共和国波斯尼亚布罗德（Bosanski Brod）的码头，主要用于布罗德炼油厂的货运。

1990年萨瓦河货运总量为520万吨，主要是散货。[1] 如今，波黑每年河道货运量可忽略不计或者为零。[2]

目前，萨瓦河海运发展受限的因素有：每年较长时期航道水深不足；航道宽度不足；存在多个急弯，不利于较大型船舶和船队航行；河上桥梁高度不足；航道标识缺失；河底有沉船等物体。布尔奇科港平均每年可通航天数为260天。[3] 另外，从乌纳河河口到德里纳河河口的萨瓦河河段波黑一侧有大约8.5万平方千米地区埋有地雷，其中7.4万平方千米可通过技术引爆和清理解决，另外1.1万平方千米需要人工排雷。此项工作目前还未启动，但2018年年底波黑政府将其列为波黑优先项目，希望得到世界银行资金支持。

根据不同情形推演，到2027年，波黑两个内河航道港口货运量较大的港口是布尔奇科港和波斯尼亚沙马茨港，两者差距不大。布尔奇科港是波黑最大港口，目前唯一的国际海运港口，

---

[1] 《波黑2016—2030年交通发展战略》，http：//www.sluzbenilist.ba/page/akt/RGOK3hg2nhA＝。

[2] 见波黑对欧盟入盟问卷回答中的交通政策部分，http：//www.dei.gov.ba/dei/direkcija/sektor_strategija/Upitnik/odgovoriupitnik/？id＝19609，PDF文件"Poglavlje 21"。

[3] 《波黑2016—2030年交通发展战略》，http：//www.sluzbenilist.ba/page/akt/RGOK3hg2nhA＝。

也是欧盟认为波黑应重点和率先发展的港口，该港口距离波黑西北部工业重镇图兹拉州很近，但波斯尼亚沙马茨港到巴尼亚卢卡、普里耶多尔（Prijedor）、多博伊、泽尼察（Zenica）、萨拉热窝和比哈奇等波黑中部和西北部工业重镇距离更近。

**5. 城市交通**

截至2019年，波黑共登记有940933辆小型客车、91168辆货车、11304辆摩托车、4458辆大型客车和小型公共汽车以及5309辆电动自行车。[①] 波黑几乎每四人就拥有一辆小型客车。

波黑机动车普遍排放标准较低，加之居民烧柴取暖以及工业排放等因素，导致波黑秋冬季节城市空气污染严重。2020年，在波黑登记的小型客车当中，79.4万辆车龄大于10年，10.1万辆车龄为6—10年；28万辆为欧3排放标准，27.3万辆为欧4排放标准，仅18.5万辆排放标准更高，且这些车里69.1万辆为柴油车，其中58.1万辆排量在1400—1999毫升。[②] 波黑所有货车当中，6.3万辆车龄大于10年，8.6万辆使用柴油，但排放标准整体高于小型客车。[③] 萨拉热窝州、图兹拉州和泽尼察—多博伊州等波黑联邦工业设施较为密集的州均有重污染天气应对预案，包括交通限行等措施。

波黑较大城市均有市内公交车和近郊公交线路，2019年，波黑市内和近郊公交车日均运送旅客33.4万人次，[④] 但公交车面临数量不足和老化问题。在首都萨拉热窝，每天有39辆电车

---

[①] 波黑统计局，《2019年第四季度公路、铁路和航空统计数据》，https://bhas.gov.ba/data/Publikacije/Saopstenja/2020/TRA_01_2019_Q4_0_BS.pdf。

[②] 波黑统计局，《2020年注册道路机动车统计数据》，https://bhas.gov.ba/data/Publikacije/Saopstenja/2021/TRA_06_2020_Y1_0_BS.pdf。

[③] 波黑统计局，《2020年注册道路机动车统计数据》，https://bhas.gov.ba/data/Publikacije/Saopstenja/2021/TRA_06_2020_Y1_0_BS.pdf。

[④] 波黑统计局，《波黑交通2020》，https://bhas.gov.ba/data/Publikacije/Bilteni/2021/TRA_00_2020_TB_1_BS.pdf。

运行，但满足需求估计需要51辆，而该城现有电车平均车龄高达37年。[①] 萨拉热窝州政府2019年决定采购20辆新电车，并投入8000万马克改建电车停车场。波黑战后城市基础设施恢复缓慢，从萨拉热窝市内阿里帕希那（Alipašina）到萨拉热窝州内主要城市之一沃戈什恰（Vogošća）的16千米电车线路直到现在还没有修缮完成，州政府计划投入984万马克用于该项目，将更新电车接触网，该线路每天运力可达2.4万人次。[②] 萨拉热窝州政府2021年启动了从萨市中心玛丽宫（Marijin Dvor）到伊利扎（Iljdža）的有轨电车重建项目。

波黑目前无城市拥有地铁，也无建造地铁的计划。

### （三）行业优劣势分析

**1. 优势领域**

交通基础设施需求潜力大。波黑目前仍是欧洲（GDP）和人均GDP最低的国家之一，但是其经济为高度外向型，外贸进出口总额近年来呈总体增长态势，且重要产业旅游业近年来有长足发展。波黑最热门旅游目的地仍为萨拉热窝和莫斯塔尔，天主教宗教旅游目的地梅久戈列（Medžugorje）火爆，亚伊采、比哈奇以及特雷比涅（Trebinje）等旅游资源丰富的较小城市也吸引着越来越多的外国游客，但受制于良好交通基础设施的缺乏，波黑各地的旅游开发受限。波黑各级政府深谙"要致富先修路"的道理，将交通基础设施建设列为经济发展的优先战略目标。

目标加入欧盟，市场预期趋稳定。波黑各级政府对加入欧

---

[①] 波黑媒体klix. ba 2019年10月18日报道：https://www.klix.ba/biznis/sarajevu-potreban-51-tramvaj-a-trenutno-ih-ima-39-prosjecna-starost-vozila-37-godina/191018012。

[②] 波黑媒体klix. ba 2019年10月18日报道：https://www.klix.ba/biznis/sarajevu-potreban-51-tramvaj-a-trenutno-ih-ima-39-prosjecna-starost-vozila-37-godina/191018012。

盟有所共识，在欧盟的要求和监督下，各领域法制规范方面向欧盟法规看齐。比如，波黑《2016—2030年交通发展战略》中提出，到2025年将实现公路、道路安全、汽车排放和铁路市场等领域的法律法规与欧盟一致。

**2. 劣势领域**

旗舰项目A1高速公路建成具有不确定性。波黑高速公路建设速度远远落后于地区较大国家，其中涉及政治、财力和造路能力等各方面问题，但政治问题在未来可能会成为A1高速公路建设进度的最大不确定因素，主要原因在于塞族共和国。A1高速公路分布在波黑联邦和塞族共和国两个实体，由两个实体各自的政府和高速公路公司负责建造其境内路段。塞族共和国在建成了大约106千米高速公路后才开始建设其境内的A1高速公路路段，既是因为波黑联邦建造进展慢，也是因为其塞族共和国优先的政治思想。塞族共和国目前积极推进其境内高速公路和"第10走廊"上的萨格勒布到贝尔格莱德高速公路连接，这样其北部的经济重镇便能率先接入泛欧公路网。因此，A1高速公路可能成为塞族共和国的一个政治筹码，而如果这条高速公路无法全线贯通，则波黑联邦境内路段效益也将成疑。

政府财政不稳定，交通企业多深陷困境。波黑政府财政紧张，虽然近年来债务控制情况趋好，但总体债务率仍然较高。目前在塞族共和国已经出现过政府欲毁约影响公路项目执行的情况。波黑政府对贷款利率要求较高，出现过因利率意见不统一而影响项目谈判进度的情况。波黑交通企业也普遍经营状况不佳，财力有限，存在罢工风险。

国企人事变动受政治影响。波黑大型国企均由政党控制，政治势力的变化导致国企人事的变动，从国企董事长到经理层都会发生变化，这种变动不是在波黑选举之后马上就发生的，而是大多根据任期而定，但有时也会发生突然换将的情况。另外，关键国企一般由执政党或执政党团控制，如果执政党团内出现分裂，项目就容易被政治化，对项目谈判以及具体落实产生不利影响。

## 二　波黑交通运输国际合作情况

国际合作方面，波黑致力于发展同西巴尔干地区国家以及与其他欧洲国家的互联互通，近年来与域外国家在交通领域的合作也日渐广泛。缺乏资金仍然是波黑交通基础设施发展的头等难题。

### （一）公路

2019年11月，日本向波黑塞族共和国高速公路公司捐赠了三辆高速公路特种巡逻车，总价值62万马克，用于加强该实体高速公路的安全性。

2019年10月，波黑和克罗地亚商定开始为建造从莫斯塔尔到斯普利特（Split）的快速路做准备。

2018年4月，科威特表示其基金愿投资波黑包括A1高速公路在内的交通基础设施建设以及波黑机场扩建项目，且愿意参与波黑所有交通基础设施项目。

2016年，土耳其向波黑和塞尔维亚提议联合建造连接萨拉热窝和贝尔格莱德的高速公路或快速路，波塞两国均非常重视。目前，该高速公路（含快速路）走向确定为环状，在波黑境内经过比耶利纳（Bijeljina）、布尔奇科、图兹拉、热普切（Žepče）、萨拉热窝、帕莱（Pale）、罗加蒂察（Rogatica）和维舍格拉德，并且连接戈拉日代（Goražde），其中从萨拉热窝到维舍格拉德（与塞尔维亚边界）路段为快速路。波黑境内路段造价预计为30亿欧元，包括133座总长25.8千米的桥梁和53条总长37.5

千米的隧道。

2018年9月，土方表示正在和中国进出口银行就项目融资进行商谈，该行可能将成为项目最大的融资方。2019年8月底，首个路段、位于塞尔维亚境内的斯雷姆拉查（Sremska Rača）到库兹明（Kuzmin）路段开工，承建公司为土耳其Taşyapı公司。2019年12月，波黑和塞尔维亚签署了合作建设这条高速公路（含快速路）的有关协议。根据协议，两国将协调建造连接波黑拉查（Rača）和塞尔维亚斯雷姆拉查的跨萨瓦河大桥，这座大桥将是整条高速公路（含快速路）北半环塞尔维亚和波黑路段的连接点。双方日后将就在这座桥的所在地建立边境口岸以及新建或重建该公路上塞尔维亚科特罗曼（Kotroman）和波黑瓦尔迪什特（Uardišce）的边境口岸另外达成协议。截至目前，波黑段还未开工。

土耳其希望同波黑发展各交通领域的合作。2018年5月，波黑和土耳其签署了强化和扩展两国交通和基础设施领域合作的意向信，信中称，两国将促进对交通基础设施的投资，在铁路、公路、水路、航空和联运交通方面相互合作。

2015年10月，连接塞尔维亚和波黑的一座新的跨德里纳河大桥开建，该桥全长227米，连接波黑的布拉图纳茨（Bratunac）和塞尔维亚的柳博维亚（Ljubovija），2017年5月完工，但由于波黑一侧的海关设施迟迟没有完成，通车被推迟。这座桥的通车对于发展波黑斯雷布雷尼察（Srebrenica）地区的经济有重大意义。

（二）铁路

2020年2月，西班牙向波黑方面提议两国之间就波黑铁路基础设施的新建和维护进行合作，表示西在铁路发展方面是领导者。

2019年10月,波黑和黑山就建造胡姆(Hum)到施切潘波列公路的跨波黑和黑山大桥以及联合倡议建造"亚得里亚海—爱奥尼亚海走廊"上从波黑查普利纳到黑山尼科希奇(Nikšić)的铁路展开磋商,这条铁路可能由欧盟资助。

2017年11月,印度表示该国企业对同波黑进行铁路基础设施合作有兴趣。

2017年5月,波黑和克罗地亚签署更新乌纳河铁路的联合倡议,波克乌纳河铁路连接波黑的诺维格拉德(Novi Grad)和克罗地亚的克宁,全长177.9千米,其中119.44千米位于波黑境内,58.46千米位于克罗地亚境内,在7个地点穿越两国边境,该铁路的复兴对于波黑乌纳—萨纳州和克罗地亚希贝尼克—克宁州的经济发展有重要意义。波克两国打算合作向欧盟申请用于该项目的资金。

### (三)航空

2020年2月,波黑方面向俄罗斯提出有意增补目前两国之间的航空合作协议,并且开通波黑萨拉热窝、巴尼亚卢卡、莫斯塔尔和图兹拉到莫斯科谢列梅捷沃国际机场和圣彼得堡的航线,获得俄方积极回应。波黑目前还没有直飞俄罗斯城市的航线。

2020年2月,日本向波黑航空服务局(BHANSA)捐赠了用于萨拉热窝机场气象服务的设备以及一辆特种车辆,总价值61.8万马克。

2020年1月,波黑和北马其顿双方表示有意开通萨拉热窝到斯科普里的航线,认为这将极大促进两国的经济合作。

2019年9月,法国表示有意以特许经营的方式同波黑进行公路和航空基础设施建设合作。法方此前以该方式同萨格勒布和贝尔格莱德进行了机场建设合作。法方还提出与波黑成立法波商业俱乐部,发展两国的经济关系。2019年4月,法国政府发布的《西巴尔干战略》计划为西巴尔干国家提供100亿欧元资金,用于其政治、经济、社会、国防和法治建设的发展。

2018年11月,波黑与阿联酋签署民航合作协议,协议将允许两国航空公司在对方国家开展航空运输服务。

2018年5月,波黑和黑山双方表示有意建立莫斯塔尔和波德戈里察之间的航线。

### (四)水运

2016年10月,波黑与阿尔巴尼亚签署有关商船海运的协议,这是波黑与外国签署的首个商船海运协议。双方都认为协议对两国的海运事业具有积极意义。

美国2008—2011年和2015—2018年两期向萨瓦河委员会提供支持,包括为萨瓦河全流域建立气象模型以及为萨瓦河及其主要支流建立水文模型,通过LiDAR技术在大约3200平方千米的萨瓦河流域收集数据,为萨瓦河洪水预报系统提供硬件,同时向萨瓦河流域国家传授专业经验。

## 三 中波两国的交通合作

### (一)合作现状

中国—中东欧国家合作开展以及2018年5月中波互免签证协议生效以来,中波两国有关部门交往增多,提出了一系列合作倡议,合作项目落实也稳步推进。

**1. A1高速公路查普利纳段**

三家中企分别中标波黑A1高速公路波契特利—兹维罗维契段两个标段的EPC项目,2019年11月开工。中国建筑股份有限公司中标其中10.1千米的标段,项目金额5652.3万欧元

（不含增值税），工期24个月。中国电力建设集团有限公司领导的联合体中标0.945千米的波契特利大桥工程，项目金额2811.5万欧元（不含增值税），工期30个月。项目资金来自欧洲投资银行贷款和欧盟"西巴尔干投资框架"（EBIF）的援助。这是中企首个在波黑开工的公路项目和桥梁项目，也是中企首次在波黑同欧盟开展三方合作。该段工程完成后，西黑塞哥维那将有更多地区能通过高速公路直达梅久戈列和克罗地亚。

**2. 塞族共和国巴尼亚卢卡—普里耶多尔高速公路**

中国山东对外经济技术合作集团2018年12月取得该高速公路的33年特许经营权，将建设这条高速公路，在波黑成立了"SDHS-CSI BH"公司运作这一项目。该高速公路全长42千米，是巴尼亚卢卡到诺维格拉德72千米高速公路的一部分，中企预计将投资3亿欧元，33年总共回收10亿欧元。根据合同，塞族共和国政府有两年时间征收土地，SDHS-CSI BH公司有一年时间完成项目设计和环评、获取各种建筑许可和进行项目可行性研究，但是2019年12月时，该公司未能按期完成要求。塞族共和国政府又将该期限推后6个月，该公司仍未能完成合同要求，称是被新冠肺炎疫情耽搁了。目前该项目前景还有待观望。此间，塞族共和国政府于2019年曾表示想放弃这一项目，优先建造连接塞尔维亚的高速公路，但中企表示拒绝。

**3. 塞族共和国巴尼亚卢卡—姆利尼什特高速公路**

基于民间呼声，塞族共和国政府2011年决定建造从巴尼亚卢卡到塞族共和国和波黑联邦边界处的姆利尼什特（Mliniste）的高速公路，该公路预期将穿越波黑联邦，直至克罗地亚的斯普利特。该公路第一阶段项目长62千米，包括20千米的巴尼亚卢卡环路，预计将大大缓解巴尼亚卢卡的城市交通拥堵。项目总金额约为6亿欧元，塞族共和国承担15%资金和土地征收工作，其余资金由中国进出口银行提供融资。中国水利水电建设股份有限公司于2015年和塞族共和国政府签订了建造该路段的协议，此后完成了坏评和可行性研究等各种必要工作，然而，为了向中国进出口银行申请贷款，根据该行的要求，塞族共和国作为波黑的一个实体必须得到波黑政府对该项目的背书。由于2014届波黑政府中代表塞族的政党在塞族共和国是反对党，其中一名塞族部长又恰好是对外贸易和经济关系部部长，波黑政府一直没有为此项目出具支持函，从而塞方无法从中国申请贷款，项目目前仍无进展。

**4. 中远在波黑开设代表处**

中远集团2018年9月在波黑开设代表处，该公司表示将积极为中国同波黑以及整个地区的贸易往来提供运输便利，致力于联通波黑、克罗地亚、黑山和塞尔维亚等国，依托希腊比雷埃夫斯港，打造陆海联运路线，进一步提高东南欧地区的运输效率。

**5. 萨拉热窝有轨电车重建项目**

2021年6月，中国山东国际经济技术合作公司和中铁十局组成的联合体作为承建方，和萨拉热窝州政府就萨市一有轨电车重建项目签署协议，该项目为玛丽宫—伊利扎有轨电车轨道重建项目，涉及路段全长21.4公里，合同金额2040万欧元，欧洲复兴开发银行（EBRD）提供贷款。

**（二）存在的主要问题**

**1. 政府财政紧张有项目违约风险**

塞族共和国巴尼亚卢卡—普里耶多尔高速公路即是一例，塞族共和国政府和中国关系良好，出现这种情况表明财政资金的确紧张。进入2021年，塞族共和国政府打算通过进一步划分建造区段的古式重启该项目以及巴尼亚卢卡—姆利尼什特高速公路项目。

**2. 项目建设的顺畅度有待提高**

由于波黑国内政治结构的复杂性，中波在规划、建设、实施项目时所用的沟通成本较高。例如，波黑实体项目向中国进出口银行申请贷款时需波黑政府发支持函，但因波黑政治复杂时常耽搁项目进展。

**3. 部分项目存在负面舆论**

波黑媒体对中国在波项目除客观事实报道外，同时也存在负面舆论。部分波黑媒体通过援引西方智库等研究机构的报告，试图说明中国在波黑的投资存在较大的政治、安全隐患。同时，波黑反对党也经常利用中国投资问题为切入点，批评执政党的方针政策。

**4. 欧盟对中国进入西巴尔干市场感到不安**

欧盟一直以来是西巴尔干地区国家的最大贸易伙伴和投资者，随着中国与西巴尔干国家的经济合作不断发展，欧盟对于中国"抢占"其市场日益担忧。所谓中国在西巴尔干制造"债务陷阱"、中国技术不符合欧盟标准、中企通过非法渠道中标当地项目等说法在当地媒体上并不罕见，虽然多为非波里人的意见。这些说法并不符合事实，仅就"债务陷阱"而言，中国对西巴尔干国家的贷款规模相对欧盟多年来对其的贷款简直是九牛一毛。但是，只要中波合作项目符合波黑发展战略，对当地民生改善有极大效用，波黑政府应会大力支持，中国最近在波黑建设的一个火电项目就一度受到了欧盟的猛烈攻击和批评，但该项目最后仍然在波黑议会高票通过。中企在合作过程中也必须注意确保透明合法。

# 阿尔巴尼亚篇

## 一 阿尔巴尼亚交通运输发展概况

世界经济论坛发布的《2018年全球竞争力报告》显示，在全球参与排名的140个国家和地区中，阿尔巴尼亚的交通基础设施排第100位。阿尔巴尼亚的运输包括陆路、水路和空运，主要由阿基础设施和能源部监管。发展和改善国家运输是阿政府的工作重点。近年来，道路基础设施、城市交通和航空旅行的改善促进了阿尔巴尼亚交通运输业的发展，为国家经济提供了有力支持。交通运输的升级也造成了阿尔巴尼亚经济对建筑业的依赖越发明显。

2019年，出口货物中海运占59.2%，陆运39.1%，空运0.5%，较2018年，陆运占比提升3.1%。进口货物中海运占比48.5%，陆运43.7%，空运3.2%，陆运占比同比增长1.2%。[①]

### （一）发展战略

**1.《交通战略与行动规划2016—2020》（2016年）**

2016年阿尔巴尼亚政府发布的《交通战略与行动规划

---

[①] 阿尔巴尼亚统计局，《2019年12月交通运输数据》，2020年1月27日。https://instat.gov.al/al/temat/industria-tregtia-clhe-shërbimet/transporti-clhe-aksiclentet/#tab3。

2016—2020》① 中提出，主要目标是建设高效的交通系统，改进全国运输系统的可持续性、互联性、互用性，实现同国际和欧洲更广泛地区的一体化，以此促进经济发展并提高民众生活质量。具体的规划包括：第一，加强交通部门治理，为市民和企业提供更好的交通服务。第二，通过消除实体和技术跨界障碍，为提升交通基础设施的使用率制定措施并实施。第三，确保与欧盟运输监管框架保持一致，在国家层面同周边地区创造共同的市场条件和统一的安全标准。第四，通过优化单独的运输模式，开发联合运输解决方案，专注于节能环保的运输模式。第五，引入降低单位运输服务能耗和成本的措施。第六，提出改善铁路运输与水运运输比率的措施，促进铁路服务开放，以及开放铁路运输市场。第七，增加地区内航空运输活动，提高区域航空运输合作。第八，提升智能运输系统的使用。

**2.《欧洲一体化国家计划2017—2020》(2017年)**

《欧洲一体化国家计划2017—2020》② 发布于2017年，是阿尔巴尼亚政府针对加入欧盟制定的全方位规划。交通运输领域的优先事项有三点：其一，建设重点公路运输走廊，包括8号"泛欧洲交通走廊"，连接10号走廊和南北公路走廊（"蓝色走廊"的部分）的都拉斯—莫里纳（Morina）走廊，8号走廊的支路阿尔伯里路（Arbri），以及骨干路网。其二，阿尔巴尼亚铁路网络进一步融入东南欧区域网络，翻修和兴建都拉斯—地拉那—地拉那国际机场铁路线。其三，改善阿尔巴尼亚港口的基础设施。此外，阿政府将继续积极参与跨亚德里亚海管道项目（TAP）和爱奥尼亚海输油管项目（IAP）。

---

① 阿尔巴尼亚司法部，《交通战略与行动规划2016—2020》，2016年11月16日，https://gbz.gov.al/eli/venclim/2016/11/16/8ly。
② 阿尔巴尼亚司法部，《欧洲一体化国家计划2017—2020》，2017年1月25日，https://qbz.gov.al/eli/venclim/2017/01/25/42。

### 3.《经济改革计划2018—2020》(2018年)

2018年阿尔巴尼亚政府发布的《经济改革计划2018—2020》[①]提出,政府计划增加联通方式的多样性,加强同经济走廊的连接,降低阿尔巴尼亚产品的运输成本。同时,计划中明确表示,现有铁路和公路基础设施的容量和运营结构存在不足,未实现现代化或未达到所需标准的运输基础设施是国家融入区域和全球供应链的障碍,从而对经济增长产生不利影响,故而有必要将交通基础设施和服务业投资与互联互通改革结合起来。区域贸易一体化应重视政策协调,其中简化程序和减少贸易运输的时间及费用将有助于缩短与潜在出口市场的经济距离。

### 4.《交通战略与行动规划2016—2020监测报告2018》(2018年)

《交通战略与行动规划2016—2020监测报告2018》[②]回顾了《交通战略与行动规划2016—2020》在2016—2018年的完成情况,并提出了2019—2020年的挑战:第一,铁路方面,实行铁路改革战略;第二,航空方面,完成《欧洲共同航空区协定》(ECAA)的第一阶段和机场总体规划;第三,在海运部门采用船舶交通管理信息系统(VTMIS);第四,为主要公路网络设置交通管理中心;第五,为海港发展制定总体规划。

## (二)主要交通方式

### 1. 公路

阿尔巴尼亚以公路运输为主,公路运输网络主要分为高速公路、城际主干道、城际二级道路、城市主干道和城市二级道

---

[①] 阿尔巴尼亚财政部,《经济改革计划2018—2020》,2018年1月31日,www.financa.gov.al/wp-content/uploads/2018/06/Economic_Programme_2018-20220-1.pdf。

[②] 阿尔巴尼亚基础设施和能源部,《交通战略与行动规划2016—2020监测报告2018》,2018年6月,https://infrastruktuar.gov.al/wp-content/uploads/2018/09/Monitoring-Report-of-Transport-Strategy-and-Action-Plan-2016-2020.pdf。

路，公路总长约 18600 千米。该国绝大多数道路由州政府和地方政府管理和维护。在道路基础设施方面，阿尔巴尼亚在过去 10 年中为建设国家公路网的主要路段进行了重要的投资，并计划完成国家公路网的建设，包括南北向高速公路等战略要道。阿尔巴尼亚近年掀起一股公路建设热潮，包括新建公路、设置现代标志、种植树木以及相关的绿化工程。道路和桥梁的修建得到了世界银行、欧洲复兴开发银行、欧洲投资银行、伊斯兰发展银行、意大利政府等外国投资者的支持。21 世纪以来，尽管在设计和道路安全方面缺乏统一标准，但阿尔巴尼亚主要道路有了显著改善。

阿尔巴尼亚政府制定的《交通战略与行动规划 2016—2020》中提出，公路运输的目标如下：第一，协调国家立法与欧盟关于公路货物和旅客运输的法规；第二，完成包括战略大动脉在内的全国公路网建设；第三，完成亚德里亚—爱奥尼亚高速公路（"蓝色走廊"）可行性研究；第四，改革城际客运交通网络。

目前，阿尔巴尼亚全国共有 3 条高速公路和 7 条国道（快速通道）。A1 高速公路为四车道，全长约 177 千米，从西边的都拉斯港通向东北部山区的莫里纳，途经地拉那、莱扎（Lezhë）和库克斯，属于欧洲 E851 公路，将与"蓝色走廊"和 10 号"泛欧洲交通走廊"连接。A1 与科索沃地区的高速公路相连，将原先 6 小时车程缩短至 2 小时，为两地经贸往来提供便利。A2 高速公路为四车道，全长 46.5 千米，从西南部的费里到南部港口城市发罗拉，属于"蓝色走廊"路段，促进沿海地区的经济、旅游发展。A3 高速公路全长 110 千米，连接了首都地拉那和中部大城市爱尔巴桑，未来将与 8 号"泛欧交通走廊"连接，促进首都与周边地区互联互通。此外，阿政府计划修建新的高速公路，连接苏马纳（Thumanë）、克鲁亚、沃拉（Vorë）

和卡沙尔（Kashar），以加强北部地区和首都间的联通。

除了 3 条高速公路，阿尔巴尼亚还有 7 条重要的国道。SH1 国道总长 125 千米，经地拉那、都拉斯、莱扎和斯库台，向北连接黑山，属于欧洲 E762、E851 公路，未来将与"蓝色走廊"连接。SH2 国道全长 33 千米，连接都拉斯和地拉那，属欧洲 E762 公路。SH3 国道全长 151 千米，由地拉那、爱尔巴桑和科尔察，向南连通希腊，属欧洲 E86、E852 公路。SH4 国道长 215 千米，经都拉斯、地拉那、爱尔巴桑、科尔察，通向希腊，属欧洲 E853 公路，未来将连接"蓝色走廊"。SH7 国道长 40.5 千米，经罗戈日纳（Rogozhina）连接爱尔巴桑和地拉那，属 8 号"泛欧交通走廊"部分路段。SH8 国道长 148 千米，连接费里、发罗拉和萨兰达。SH9 国道长 3.2 千米，由爱尔巴桑通往东部的北马其顿，属欧洲 E852 公路。[①]

阿尔巴尼亚政府高度重视与周边国家和地区的公路互联互通建设，A1 国道连接科索沃地区，SH3、SH4 国道连接希腊，SH9 国道通向北马其顿，在建的"蓝色走廊"和 8 号"泛欧交通走廊"等路段也极大促进了阿尔巴尼亚同周边国家的联通。

### 2. 铁路

阿尔巴尼亚铁路基础设施较为落后，铁路运输发展缓慢。据阿尔巴尼亚铁路管理局 2019 年报告，阿尔巴尼亚铁路干线总长为 416 千米，二级铁路长 92 千米。由于线路安全等原因，部分线路未投入使用。2019 年的实际运营主线路为 352 千米。阿尔巴尼亚铁路线路归国家所有，由 2 家国企和 2 家私企共同管理经营。铁路运输分为货运、客运和混合式三种类型。阿尔巴尼亚国家统计局数据显示，2019 年铁路货运量为 1.92 百万吨/千米，较 2018 年下降 6.0%，受地震灾害影响，铁路基础设施

---

① 数据来源自阿尔巴尼亚公路局，https：//www.arrsh.gov.al。

受损，燃料不足。由于火车行驶速度低、运行时间长，相比其他运输方式，铁路客运的竞争力很低。2019 年铁路客运量仅 59787 人次，较上一年大幅减少 21.2%。①

阿尔巴尼亚的铁路运输网络呈放射状布局，主要铁路线路辐射方向分为东西向的红石（Guri i kuq）—罗戈日纳线，长 122 千米，以及南北向的发罗拉—哈尼霍特（Hani i Hotit）线，长 259 千米。主要路段有都拉斯—罗戈日纳（36.64 千米）、什科泽特（Shkozet）—地拉那（28.3 千米）、沃拉—哈尼霍特（119.74 千米）、罗戈日纳—居拉（Xhyrë，80.9 千米）、罗戈日纳—费里（50.2 千米）、费里—发罗拉（34.2 千米）。②

获特许权的"Albrail"股份有限公司、"Beton Plus"公司和阿尔巴尼亚铁路公司（Hekurudha shqiptare）货运部门 3 家负责货运。"Albrail"股份有限公司管理费里—发罗拉线和费里—巴尔什（Ballsh）线，巴尔什为石油重镇，该线路仅用于货运。随着地拉那火车站的拆除，铁路客运量逐步减少。混合式运输总量较小。

阿尔巴尼亚目前运营的所有火车均为柴油机车驱动，最高时速 55 千米，平均时速仅 30 千米左右。"Albrail"的火车头由捷克制造，型号为 T770 和 T711 的柴油电力机车；"Beton Plus"使用俄罗斯制造的型号为 744 的液压柴油火车头；阿尔巴尼亚铁路公司的 T699 火车头是 1970 年和 1990 年由捷克制造的。货运车厢型号包括 SN4、VS、P9，客运车厢由德国、意大利、奥地利生产。

《交通战略与行动规划 2016—2020》中，铁路运输规划为：第一，改革铁路系统，建立开放的市场，让公共投资者和私人

---

① 数据源自《2019 年 12 月交通运输数据》。
② 数据源自阿尔巴尼亚铁路局，https://www.dih.gov.al。

投资者参与市场运作、基础设施管理；第二，加强人力资源储备，有效建立确保开放市场顺利运作所必需的法律和制度；第三，为吸引外国投资创造有利的法律和制度条件；第四，创造一个与其他交通方式公平竞争的环境。2020年，阿尔巴尼亚铁路总局有如下规划：第一，提高铁路运输安全；第二，改善线上检查水平；第三，针对负责行驶安全的雇员进行专业技术测试；第四，保持同欧盟铁路署、科索沃铁路管理局以及其他地区内铁路局的合作；第五，继续检测有问题的铁路线路，主要涉及爱尔巴桑—马尔纳（Mallna）—沃拉—巴伊扎（Bajza）等枢纽。

### 3. 航空

2019年，阿尔巴尼亚航空货运吞吐量达2.372吨，较上一年增长5.7%；旅客吞吐量达333.8万人次，同比增长13.3%。2019年，正班航线的起降航班为24122架次，同比增长9.4%；包机起降航班为4172架次，同比增长25.4%。[①]

《交通战略与行动规划2016—2020》中，航空运输规划如下：第一，在阿尔巴尼亚南部发展和建设新机场基础设施；第二，放宽航空服务市场，为更具竞争性的市场创造条件，从而减少旅客的费用；第三，执行统一的国际航空安全标准。

目前，阿尔巴尼亚仅有"地拉那特蕾莎修女国际机场"（TIA）提供国际航班服务，该机场建设是航空运输发展的重点。机场建于1957年，也称里纳斯机场，位于地拉那市区西北方向17千米处，跑道为45米×2750米。[②] 2016年10月，中国光大控股有限公司成功收购地拉那国际机场100%的股权。2020年12月，光大宣布退出100%股权，由阿当地企业卡斯特里亚蒂

---

① 数据源自《2019年12月交通运输数据》。
② 数据源自地拉那机场官网，https://www.tiraha-airport.com。

集团（Kästriati Group SHA）收购。阿尔巴尼亚暂时没有常规的国内航空服务。库克斯扎耶德机场（Zayed）自2002年开始修建，距库克斯市区3千米远，占地65公顷，[①]已于2021年4月投入使用。建成后对阿北部山区和科索沃地区的交通和经济发展有积极影响。政府正在南部的发罗拉筹建新机场，以改善基础设施，进一步释放阿尔巴尼亚旅游业的潜力，尤其是推动国内旅游发展。2019年12月，基础设施和能源部发布"发罗拉国际机场的设计、建造、运作、维护和转型"计划。经过公开招标，2021年3月，由科索沃商人帕乔利（Behgjet Pacolli）创建的马拜泰克斯集团（Mabetex Group）宣布赢得招标，将负责机场的建造和管理。此外，2021年7月，阿政府宣布在南部海滨城市萨兰达修建机场，计划吸引更多外国游客访阿。

根据商务部2019年投资指南，截至2018年年底，地拉那国际机场共开通正班航线31条、包机航线22条，可从地拉那直飞雅典、贝尔格莱德、布鲁塞尔、佛罗伦萨、法兰克福、伊斯坦布尔、卢布尔雅那、伦敦、米兰、慕尼黑、巴黎、罗马、威尼斯、维也纳等44个城市。[②]阿尔巴尼亚尚未开通至中国的直达航线，中国旅客可经土耳其伊斯坦布尔、奥地利维也纳、意大利罗马、德国慕尼黑和希腊雅典等地转机前往阿尔巴尼亚。

**4. 水运**

2019年，阿尔巴尼亚港口货物吞吐量达450万吨，较2018年增长14.5%；旅客吞吐量157.4万人次，同比增长3.4%。全年进出口货物价值总额中51.9%由海运实现。[③]

阿尔巴尼亚西临亚得里亚海和爱奥尼亚海，海岸线约440

---

① 数据源自阿尔巴尼亚民航局，http://www.aac.gov.al。
② 商务部，《对外投资合作国别（地区）指南——阿尔巴尼亚》（2019年版），https://fec.mofcom.gov.cn。
③ 数据源自《2019年12月交通运输数据》。

千米，具备发展海运、旅游、渔业的天然优势。海运和港口是交通运输系统发展和国家经济发展的重要因素。目前，阿尔巴尼亚主要港口包括都拉斯港、发罗拉港、深津港（仅货运）和萨兰达港，以及罗马诺（Romano）、佩特罗丽费拉（Petrolifera）供油港口。

都拉斯港是阿尔巴尼亚最大的港口，根据阿尔巴尼亚运输研究所的统计，2019年，都拉斯港旅客吞吐量占全国总量的55.8%，萨兰达港占32.8%；货运方面，都拉斯港占90.5%，深津港占5.1%。根据地中海航运公司（MSC）数据统计，都拉斯港运输的主要出口物为纺织品和鞋类，沥青、金属及金属矿，原油，蔬菜、水果和烟草，其中51.1%运往意大利，西班牙9.2%，土耳其6.3%，希腊4.4%；主要进口物为机械和设备、食品、纺织品和化学品，其中31.9%来自意大利，希腊9.5%，中国6.4%，德国6.0%，土耳其5.7%。

发罗拉港位于阿尔巴尼亚南部，濒临亚得里亚海，是阿尔巴尼亚南部最大的港口。发罗拉港是阿尔巴尼亚的过境港，可以连通科索沃地区、北马其顿和保加利亚，允许商船和渡船进入，也是8号"泛欧交通走廊"的一部分。

在区域互联互通方面，阿尔巴尼亚目前已开通至意大利布林迪西、巴里、安科纳、的里雅斯特及希腊科孚岛、伊古迈尼察等港口的轮渡航线。此外，阿尔巴尼亚波格拉德茨与北马其顿奥赫里德之间也通过奥赫里德湖上的轮渡相连。

《交通战略与行动规划2016—2020》中，海运规划为：第一，提高海事管理能力和相关机构的能力；第二，发展海事立法，达到欧盟标准；第三，建设港口的基础设施。

阿尔巴尼亚政府高度重视港口基础设施建设，计划修缮并扩大港口基础设施及地上建筑，提升面向客运渡轮的服务效率和货运渡轮的加工能力；将港口服务商业化和私有化。根据

2007年4月10日第7910号法令，政府计划建设旅游港口、容纳游艇和其他船舶的船坞。此外，政府计划重点建设北部的申津港，将其打造为面向塞尔维亚、北马其顿等周边内陆国的区域性枢纽港；进一步提升发罗拉港、萨兰达港的接待能力，以推动旅游发展、促进经济增长。

**5. 城市交通**

阿尔巴尼亚的城市交通以公交车、私人小汽车、共享单车为主，目前所有城市均无地铁设施，也尚未有相关建设计划。2014年，阿尔巴尼亚注册的道路车辆已逾49万辆，人均汽车保有量为0.17。由于道路基础设施老旧、缺少大范围的车辆检查以及酒后驾驶等原因，阿尔巴尼亚道路交通事故频发，交通事故死亡率高。2018年6月，中国的共享单车正式在阿尔巴尼亚投入使用，地拉那成为了巴尔干地区首个开展共享单车业务的城市。

**6. 通信**

阿尔巴尼亚的通信近年来有了很大发展。阿尔巴尼亚电信（Albtelecom）是最大的固话通信公司，此前由国家所有，现在公司76%的股份由土耳其电信公司查利克（Çalik）和土耳其电信（Turk Telekom）持有。截至2020年年底，固定电话用户约为22.3万，由于手机的普及，用户密度有所下降。

目前有三家移动电话公司在阿尔巴尼亚提供服务：阿尔巴尼亚沃达丰（Vodafone Albania），阿尔巴尼亚电信（Albtelecom）和一通讯（One Telecommunications）。截至2020年年底，手机注册用户超过330万，活跃用户261万。沃达丰占据47%的市场份额，之后是一通讯37%和阿尔巴尼亚电信16%。[①]

---

① 阿尔巴尼亚电信和邮政局，《2020年电信市场数据指数》，https：//akep. al。

截至2020年年底，阿尔巴尼亚83.3%的家庭能够使用固定或移动互联网，较2019年上涨1.1%。[①] 互联网市场充满活力，不同的互联网服务商的收费和服务质量差别较大。目前国家正在进行大量投资，以改善互联网络领域的服务质量和传输能力。互联网的使用在城市地区很普遍，在农村的普及性逐年增加。

### （三）行业优劣势分析

#### 1. 优势领域

（1）天然的海运优势

阿尔巴尼亚海岸线漫长，西临亚得里亚海和爱奥尼亚海，具备发展海运的天然优势。2019年，出口货物中海运占59.2%，进口货物中海运占比48.5%，海运对国家经济发展的重要性可见一斑。阿尔巴尼亚已开通至意大利、希腊和北马其顿的轮渡航线，并将进一步通过北部的深津港联通西巴尔干内陆国家。发挥海港的战略地位优势，对推动阿贸易、旅游发展，增进与周边国家互联互通，具有重要意义。

（2）政府推进大型企业私有化进程

近年来，阿尔巴尼亚政府大力推进大型企业的私有化进程，希望将具有战略利益的国有企业私有化，如国有石油公司阿尔巴尼亚石油（Albpetrol），还计划出售固定电话运营商阿尔巴尼亚电信（Albtelecom）的剩余公开股份。此外，政府打算将其在非战略部门的资产完全私有化。这一战略有利于阿尔巴尼亚吸引外资，也同时为有意在阿尔巴尼亚投资，包括投资交通运输领域的外商提供了机会。

---

[①] 阿尔巴尼亚统计局，《2020年家庭通讯技术使用情况》，2021年4月2日，https://www.instat.gov.al/media/8267/ict-2020_ shqip_ .pdf。

**2. 劣势领域**

（1）基础设施落后，建设效率低下，道路事故频发

阿尔巴尼亚的公路、铁路基础设施落后，造成运输成本高、效率低且事故频发的问题。

2019年4月，欧盟委员会发布了关于阿尔巴尼亚经济改革计划的评估方案，针对交通领域提出两点意见。其一，鉴于阿尔巴尼亚的地理位置，交通对其竞争力和经济增长具有重要战略意义。由于缺乏投资、疏于维护，以及铁路网络老旧，铁路运输效率低下，铁路运营与基础设施管理尚未实现分离。交通基础设施质量不高，是阿尔巴尼亚融入区域和全球供应链的障碍，对旅游业和过境服务的发展产生负面影响。其二，基础设施的落后和维护不当导致交通事故频发。阿尔巴尼亚的车辆数量在过去十年中急剧增加，致命交通事故的总数此前有所减少，近两三年鲜有变化。根据世界卫生组织《2018年全球状况报告》，阿尔巴尼亚的交通事故死亡率约为每百万人136人死亡，几乎是欧盟死亡率的三倍；其中40%的死者是行人，欧盟的这一数值为21%。

（2）公路网络建设缓慢，路况差

阿尔巴尼亚的公路网建设情况远低于其他欧洲国家的标准，也低于大多数邻国的标准。在欧佩克国际发展基金（OFID）的报告中，阿尔巴尼亚总长18600千米的公路网中，只有35%已经铺好，80%的道路状况不佳。

（3）交通科技创新水平低

阿尔巴尼亚城市交通仍以公交车和私家车为主，公交车整体老旧，采用专人售票模式，全国尚未修建地铁，不具备现代化的公共交通网络。为了改变这一现状，阿政府以地拉那为试验点，引入"共享单车"和"绿色交通"概念，并加入"地中海区域间低碳多式联运城际运输系统的电动汽车网络"，尝试将

城市交通的发展重点转向低碳环保模式。

（4）2019年地震对交通基础设施的严重破坏

根据欧盟、世界银行、联合国和阿尔巴尼亚政府对阿尔巴尼亚地震灾后评估报告数据，2019年地震灾害严重破坏了地拉那、都拉斯等地的交通设施，包括都拉斯火车站、高速公路、高架桥、人行道等，损失约为484万欧元，这使得本就不佳的交通基础设施状况进一步恶化，预计重建需747万欧元。

## 二 阿尔巴尼亚交通运输国际合作情况

### （一）与周边国家和地区多边合作情况

1. 8号"泛欧交通走廊"

"泛欧交通运输网络"是欧盟基础设施政策核心部分，旨在将欧洲现有相互分割的公路、铁路、机场与运河等交通基础设施连接起来，构建统一的综合交通运输体系，从而缩短各国基础设施网之间发展水平差距，解决发展瓶颈，去除技术壁垒。8号"泛欧交通走廊"规划全长约1500千米，连接亚得里亚海东岸的阿尔巴尼亚最大港口都拉斯与黑海西岸的保加利亚最大港口瓦尔纳，横穿整个巴尔干半岛南部，实现阿尔巴尼亚、北马其顿、保加利亚三国首都及亚得里亚海、黑海两个重要海域港口之间的互联互通。8号走廊的主线是阿尔巴尼亚都拉斯/发罗拉—地拉那—波格拉德茨—北马其顿斯科普里—保加利亚索非亚—普罗夫迪夫—布尔加斯/瓦尔纳，意大利为该项目的协调方。8号走廊同希腊和土耳其利益相关，希腊在建的艾格纳提亚国道（Egnatia）横跨希腊，同8号走廊平行。对土耳其而言，从普罗夫迪夫到伊斯坦布尔的4号走廊与8号走廊有交集。8号走廊中都拉斯—瓦尔纳路段长约1100千米，保加利亚和北马其顿境内路况较好，阿尔巴尼亚境内路况较差。此外，铁路线存在两条中断线路，阿尔巴尼亚和北马其顿边境的65千米，以及北马其顿和保加利亚边境的55千米，因此铁路线总长约1200千米。8号走廊中，阿尔巴尼亚境内修建的路段包括地拉那—爱尔巴桑段、曲科斯（Qukës）—普罗切（Qafë Plloçe）段、费里支路、发罗拉支路等。

2．"蓝色走廊"

2015年，西巴尔干投资框架提出修建亚德里亚—爱奥尼亚高速公路（"蓝色走廊"），这是巴尔干半岛乃至整个东南欧的战略项目，也是纵贯整个巴尔干半岛西侧的交通大动脉，建成后将成为地区内高容量、高质量的交通要道。"蓝色走廊"是泛欧交通运输网络（TEN-T）的延伸，包括了通过阿尔巴尼亚南北公路走廊连接黑山和希腊的路段。该工程将通过斯洛文尼亚、克罗地亚、波黑、黑山、阿尔巴尼亚和希腊，连接中欧、意大利。亚德里亚—爱奥尼亚高速公路沿着亚德里亚海和爱奥尼亚海的海岸，从意大利的里雅斯特一直延伸到希腊的港口城市卡拉马塔（Kalamata），总长约为1550千米。项目预期效益包括加强阿尔巴尼亚与邻国的联系，减少交通拥塞、燃油消耗、废气排放和噪声，减少车辆营运费用和能源消耗，提高道路安全，促进以旅游业为重点的经济发展，推进对外贸易。2018年，费里路段建设完成；2019年，阿基础设施和能源部签署设计、建设和维护米罗特—巴尔登（Milot-Ballden）路段的公私合作伙伴关系（PPP）合同。由于所有程序均由WBIF管理，阿政府担心这可能会造成按计划执行和确保下一阶段资金方面出现困难。

3．"西巴尔干贸易和运输便利化"项目（Western Balkans Trade and Transport Facilitation）

2019年4月，世界银行通过了"西巴尔干贸易和运输便利化"项目，旨在降低阿尔巴尼亚、北马其顿和塞尔维亚的贸易成本，提高运输效率。该项目由四个部分组成。第一个组成部分，促进货物在西巴尔干地区的流通，重点是：其一，国家单一窗口（National Single Window）的采用和实施；其二，改善边界过境点和部分贸易走廊的过境点；其三，实施电子数据交换（EDI）。第二个组成部分，提高运输效率和可预测性，重点是：其一，采用智能运输系统（ITS）和走廊性能监测，其二，改善铁路平交道口（RLC）。第三个组成部分，将支持落实改善服务业市场准入和促进区域投资的承诺。第四个组成部分，将支持项目执行单位（PIU）并提供额外的技术支持，包括政策协调、运营成本以及项目的监测和评估。

4. "观察和研究新航线和跨国海上公路的伙伴关系"（PORTS）

2018 年，阿尔巴尼亚同意大利、黑山确立"观察和研究新航线和跨国海上公路的伙伴关系"，旨在基于互联概念促进可持续的运输形式；加强贸易伙伴关系；拓展意大利、阿尔巴尼亚和黑山间跨境通道的全球视野；通过先进技术认证各国交通系统。

5. "地中海区域间低碳多式联运城际运输系统的电动汽车网络"（Interreg MED）

由欧洲区域开发基金（ERDF）和各参与国共同资助的"地中海区域间低碳多式联运城际运输系统的电动汽车网络"项目始于 2018 年，面向地中海国家的城市、山区和海岛发展低碳高效能运输。阿尔巴尼亚、希腊、塞浦路斯、马耳他、意大利、奥地利、克罗地亚、斯洛文尼亚、葡萄牙、黑山、西班牙和法国参与了该项目。项目计划通过实施"可持续电动汽车计划"的通用模型，制定全面的地中海区域电力运输政策；实施平行互联的"地中海跨区域电子移动网络"，在区域和跨区域层面连接城市、岛屿和多式联运终端。

6. 跨亚德里亚海管道项目（TAP）

跨亚德里亚海管道项目是"南部天然气走廊"（SGC）计划

的重要组成部分，该计划是欧盟与土耳其、阿塞拜疆等国近年来大力推进的重要能源合作项目，旨在将阿塞拜疆的天然气经格鲁吉亚、土耳其等国输入欧洲，实现欧洲能源供应渠道多元化。TAP 目前正在建设中，拟从希腊通过阿尔巴尼亚和亚得里亚海抵达意大利。2013 年 2 月，希腊、阿尔巴尼亚和意大利三国签署了支持 TAP 项目的政府间协议（IGA），并进行全面合作。TAP 以靠近土希边境的基波伊为起点，与安纳托利亚管道（TANAP）连接。之后，TAP 的陆上部分穿过整个希腊北部地区，然后由东向西穿过阿尔巴尼亚，到达亚得里亚海沿岸。TAP 的海上部分从阿尔巴尼亚费里附近开始，穿过亚得里亚海，与意大利南部的天然气运输网络连接。TAP 管道总长 878 千米，希腊境内 550 千米，阿尔巴尼亚 215 千米，亚得里亚海 105 千米，意大利 8 千米。管道最高点位于阿尔巴尼亚山区，海拔约 2200 米，最低点海下 810 米。2020 年 5 月，TAP 开始项目测试，将天然气输送至阿尔巴尼亚境内管道。并于 11 月正式投入使用。

7. 爱奥尼亚海输油管（IAP）

2018 年，南部天然气管道顾问委员会提出建设爱奥尼亚海输油管，该管道连接克罗地亚的天然气输配系统，将天然气输送到东南欧和中东欧。管道以阿尔巴尼亚费里为起点，穿越阿尔巴尼亚、黑山、波黑，最终到达克罗地亚的斯普利特（Split）。

## （二）与周边国家和地区双边合作情况

### 1. 黑山

2012 年 12 月，阿尔巴尼亚和黑山签署两国跨境铁路运输协议，该协议属于"亚得里亚—爱奥尼亚倡议计划"。2017 年 7 月，两国建设图兹联合火车站的项目完成，火车站投入使用。

两国商定将把未来的合作重点转向实现穆里坎（Murriqan）火车站货运一站式停留。2018年，阿尔巴尼亚政府在《经济改革计划2018—2020》中提出为IPA管道的阿尔巴尼亚—黑山部分的技术项目做准备，WBIF资助250万欧元。

#### 2. 塞尔维亚

2017年，阿尔巴尼亚和塞尔维亚签署国际旅客和货物公路运输协议。

#### 3. 科索沃地区

2020年6月，由阿尔巴尼亚航空交通局和科索沃航空服务局签署协议，计划开放空中走廊，把地拉那和普里什蒂纳之间的航班缩短约15分钟。该协议是北约领导的巴尔干航空正常化会议（BANM）项目的内容。

2016年，阿尔巴尼亚基础设施和能源部在WBIF会议上申请就在阿尔巴尼亚和科索沃地区间修建天然气管道（该项目被称为ALKOGAP）进行可行性研究和环境评估。2018年，阿尔巴尼亚政府在《经济改革计划2018—2020》中提出为ALKOGAP准备并采用可行性报告，由WBIF资助30万欧元。

#### 4. 德国

2018年，阿尔巴尼亚和德国签署"地拉那绿色交通"（Transporti i gjelbër në Tiranë）项目协议，德国政府拨款167万欧元。

## 三 中阿两国的交通合作

### （一）合作现状

在"一带一路"倡议和中国—中东欧国家合作机制的支持下，中国企业对阿尔巴尼亚的关注逐渐增加，自2015年以来，两国已在陆路、航空领域展开合作，包括"蓝色走廊"高速公路、阿尔巴尼亚骨干路网项目和地拉那国际机场以及共享单车的投放。

2015年11月，太平洋建设与阿尔巴尼亚、黑山签署西巴尔干蓝色走廊项目合作协议，并与阿尔巴尼亚单独签署阿尔巴尼亚全国骨干路网项目协议。太平洋建设与阿尔巴尼亚、黑山共同签署的三方框架合作协议，涵盖两国境内尚未建成的环亚德里亚海"蓝色走廊"高速公路250千米（其中黑山境内长约90千米，阿尔巴尼亚境内长约160千米），合计造价预估30亿欧元，总工期8年，计划分期实施、分段建成。该项目将由两国政府分别提供最低交通流量保证，特许经营期35年。这是迄今为止中国公司在境外投资规模最大的收费高速公路项目。2018年1月，太平洋建设与中铁国际集团就总投资额达30亿欧元的阿尔巴尼亚"蓝色走廊"高速公路项目开发达成战略合作。

2016年10月，中国光大控股有限公司成功收购地拉那国际机场100%的股权，并接管该机场的特许经营权至2027年，共有567名员工。驻阿使馆经济参赞连钢表示，地拉那国际机场的合作优化了中阿双方资源配置，把中国的资金资源、客货资源、开拓规划资源和阿尔巴尼亚的航空服务资源、德国的经营管理资源融合在一起，形成了优势互补，取得了"1＋1＞2"的效果。2020年12月，光大集团退出100%股权，机场改由本地企业经营。

2018年6月，中国的共享单车正式在阿尔巴尼亚投入使用，地拉那成为了巴尔干地区首个开展共享单车业务的城市。

### （二）存在的主要问题

从合作模式和领域看，中阿两国的交通合作以中国企业在阿投资为主，以收购机场、建设道路为重点，缺少技术领域的合作，也缺乏明确的双边合作机制。在中国—中东欧国家推进交通和基础设施互联互通的大背景下，相较于其他国家，中阿交通合作进展较为缓慢。这与阿尔巴尼亚自身的经济发展水平、战略位置等因素不无关系。

从美欧在阿影响力看，在涉及美国、欧盟重点关注的领域，阿尔巴尼亚政府出于国家利益和外交政策的考量，多保持同美欧一致的立场。受美国对华政策影响，阿尔巴尼亚于2020年10月3日同美国签署经济备忘录，在5G网络安全等问题上达成共识。此外，美国总统特朗普致信拉马总理，希望阿尔巴尼亚能退出中国—中东欧国家合作机制。中美关系或成中阿进一步合作的阻碍。

从中国企业的海外投资情况看，由于对当地法律法规、文化习俗和自然环境等缺乏了解，部分投资项目中途夭折。相比于欧盟企业，中方企业行动力强、效率高，但因前期准备工作不充分，实际成本往往高于预期。以共享单车业务为例，地拉那市民本身自行车出行较少，并且受到经济水平影响，对于花钱租自行车的消费模式仍需适应，该项目最终因中方企业改变海外业务发展方向而告终。

受新冠肺炎疫情影响，2020年阿尔巴尼亚国内生产总值出现负增长，跌至-3.3%，且短期内难以实现全面恢复。新冠肺炎疫情对阿尔巴尼亚旅游、服务业打击沉重。依托旅游业的交通业同样遭到冲击，尤以海运和空运为主。

# 北马其顿篇

## 一 北马其顿交通运输发展概况

### (一) 运输发展政策与战略

北马其顿周期性、系统性地制定以各专项规划为核心的国家交通运输发展政策。现阶段北马其顿国家和区域交通发展政策文件包括:[①]

《2007—2013 区域发展规划》《2007—2017 国家运输战略》《2011—2013 和 2014—2016 国家铁路基础设施计划》《2013—2017 国家公共国道企业五年规划》《2013—2017 马其顿共和国政府关于国道建设、重建、修复和养护五年规划》《2014—2018 国家航空运输战略》《2017—2019 经济改革方案》《2017—2020 政府规划》《东南欧运输观察站发展计划（SEETO）》《公共国道企业关于国营公路建设、重建、修复和养护年度计划》。

北马其顿政府于 2007 年 7 月通过了《国家运输战略》，确定了 2007—2017 年国家运输发展优先事项，每两年更新一次。国家运输战略目标为：第一，加强、管理和维护运输服务、基础设施网络，促进经济增长，最大限度地提高运输效率；第二，

---

[①] "Sector Operational Programme for Transport 2014–2020 The former Yugoslav Republic of Macedonia", June 2017.

降低事故发生率并提高行人安全出行意识，改善交通安全现状；第三，加快交通一体化改革，使旅程和票务更方便快捷，确保不同运输方式之间的紧密联系；第四，建设和投资公共交通以及其他高效、可持续的交通方式，最大限度地减少资源和能源排放；第五，连接偏远和弱势地区，增加交通网络的全覆盖性，促进社会包容和公平。

**（二）主要交通运输方式**

**1. 公路**

北马其顿公路网比较发达，地处两条泛欧交通走廊（8号走廊和10号走廊）交汇处，贯通亚得里亚海、爱琴海和黑海。境内有南接希腊、北连塞尔维亚的欧洲75号公路，并有多段高速公路。北马其顿公路里程合计约8735千米。

首都斯科普里路况较好，公共汽车为大众交通工具，出租车相当普及，长途大巴通往全国各主要城市，也有国际长途驶往希腊、保加利亚、土耳其和塞尔维亚等国。与塞尔维亚、科索沃、保加利亚、希腊等邻国及地区连通路况较好，与西部邻国阿尔巴尼亚连通路况较差。近年来，政府大力发展公路建设，新建国家高速公路和地方城市间快速公路，例如，由中国水电建设集团国际工程有限公司承建的米拉蒂诺维奇—什蒂普、基切沃—奥赫里德高速公路以及由希腊公司承建的德米尔·卡皮亚—斯莫科维察高速公路，这些新建公路将推动北马其顿国内互联互通交通网络的改善升级。

2018年4月，德米尔·卡皮亚—斯莫科维察高速公路正式通车，至此北马其顿境内欧洲10号走廊已全线贯通高速公路。

**2. 铁路**

北马其顿铁路总长度696千米，与塞尔维亚和希腊有铁路连通，全国无地铁和城铁等轨道交通。2018年铁路客运量为54.1万人次，货运量为166.8万吨。最主要的国际铁路干线由贝尔格莱德经过北马其顿首都斯科普里向南连接爱琴海上的塞萨洛尼基港，客运列车时速60—70千米。北马其顿铁路系统是国营的，为逐步实现私有化，已在2007年将铁路部门分解成基础设施建设公司和铁路交通运营公司两个分别独立存在的实体。北马近年来致力于发展铁路交通，国家铁路公司使用欧洲复兴开发银行贷款于2014年、2017年相继从中国购置了6列动车组、4台电力机车。目前10号走廊铁路北马其顿境内段215.7千米已经贯通，平均时速90千米，8号走廊铁路北马其顿境内段全长309千米，现已建成152千米，尚余157千米待建。

### 3. 空运

北马其顿拥有两个国际机场，分别位于斯科普里和奥赫里德。斯科普里国际机场夏季有38个航班，分别飞往欧、亚19个国家，冬季有30个航班，分别飞往欧、亚16个国家。奥赫里德国际机场夏季有8个航班，冬季无航班。北马其顿与中国无直达航班，往来均需在伊斯坦布尔、维也纳等城市中转。

北马其顿航空运量较小，但近年来增长较快。2018年斯科普里机场和奥赫里德机场共运送乘客233.4万人次，同比增长15.7%，2018年斯科普里机场登记货运量为2982吨，同比增长19.5%。

### 4. 水运

北马其顿境内水路运输不发达，基本不使用水运。水路货物主要通过陆运至希腊塞萨洛尼基港等转运到世界各地。

### 5. 城市交通

斯科普里公共交通网络很发达，市内巴士覆盖斯科普里市区全境，并延伸至郊外。[①] 中央巴士枢纽位于中央车站附近，从这里有众多开往北马其顿国内主要城市的长途巴士和开经塞尔维亚贝尔格莱德科索沃地区普里什蒂纳、保加利亚索非亚等巴尔干半岛主要都市的国际巴士。北马其顿当地的公交车多数都使用了二三十年，非常破旧。政府为了改善市民出行，2010年，向中国郑州宇通客车公司采购了202辆巴士，其中68辆已于2011年投入斯科普里公共交通运营。该批车辆是宇通公司依据需求量身打造的新型双层公交车，可容纳80人乘坐。它色彩艳丽，造型独特，配备了康明斯欧五发动机，排放达到了欧洲最高标准。全车配备了5个摄像头，驾驶人对车辆内外状况一目了然。特别是电子计数系统，只需通过电子显示屏上的数字，乘客和驾驶人就能知道上层是否有座位，非常实用。

### （三）行业优劣势分析

**1. 优势领域**

（1）泛欧走廊交汇处，地理优势明显

北马其顿位于欧洲东南部巴尔干半岛，距离奥地利和意大利约1000千米，距离德国约1200千米，距离法国约1700千米。除法国之外，从北马其顿出口到欧洲大陆的其他任何国家都可以在一天之内到达。作为东南欧的中心，北马其顿是一个面向欧洲市场理想的转运中心和配送中心。对于投资北马其顿的中国企业，可以将北马其顿作为进入巴尔干地区和欧洲地区的桥头堡。该国有利的内陆地理位置有助于发展与泛欧交通走廊8号线（东西走向）和10号线（南北走向）的国际交通路线。

（2）多方联动齐聚力，重视交通安全效果明显

北马其顿自2001年起开始筹备道路交通安全领域的权力下

---

[①] 李秀菊：《马其顿道路交通》，《道路交通管理》2014年第9期。

放，下放后地方政府在道路交通安全领域的职能和承担的责任更大，如城乡空间规划、中小学交通安全教育、校车组织建设维护和重建当地的道路、街道以及其他基础设施等，这清楚表明了地方政府在道路交通安全管理方面的职责的艰巨性和复杂性。过去两年北马其顿一直在鼓励各市建立本地道路交通安全委员会。现在已有35个城市成立了地方道路交通安全委员会，其主要职能是：制定和完善幼儿园和中小学的交通安全教育计划；实现交通预防性功能和自我保护的合作和协调；改善当地道路交通安全条件；提升道路交通安全领域的公共安全；发展与国家道路交通安全局及其他政府机构、非政府部门、商业部门等利益相关方的合作。通过发挥社会各界的作用，加强合作，形成合力，交通事故预防取得良好效果。

（3）基建设施现代化，打造智能道路安全系统

2013年夏，斯科普里启动了交通管理控制中心。智能道路安全系统连接了斯科普里市30多条主要干道，全天候实时收集交通信息，并且可以控制所有主要路口交通信号灯，可有效地控制整个城市的交通状况。未来，它甚至可以告知驾驶人当前路况。充分运用智能监控系统收集交通信息，有针对性地进行分析、研判，根据不同人群的出行特征和规律进行有效统计，促进交通领域研究与技术研发工作更加科学化、智能化。

（4）区域合作多元化，促进与其他国家互通互联

与邻国的合作从公路、铁路等领域逐渐转至管道运输等未成熟领域，逐步开展多元化合作，逐渐建立功能齐全、发达和现代化的交通运输基础设施系统。

（5）宏观经济向好，为交通领域提供了资金支持

近年来，北马其顿宏观经济稳定发展，通胀水平相对温和，就业状况逐渐向好，国际贸易稳定发展，外资引进大幅回升，良好的经济环境为交通领域基础设施建设提供坚实的资金保障。

**2. 劣势领域**

（1）与邻国的交通运输网络连接有限

北马其顿的公路、铁路等级较低，基础设施领域合作的诉求大。目前，北马其顿的路网已经初具规模，公路与铁路交通能在3小时内到达北马其顿的每个城镇，但交通服务质量一般，公路、铁路交通设施总体水平不高。北马其顿政府计划对其东西向的8号走廊公路和南北向的10号走廊公路进行升级维修，改造全国公路路网。从铁路建设诉求来看，北马其顿尚未形成完善的铁路网络，各城市间通达性不足，铁路等级和主要技术标准偏低，服务水平较低。

（2）用于创新技术和研究的资金不足

由于北马其顿资本市场欠发达，多样化融资模式发展尚不成熟，企业融资主要依赖自身资本或银行资本，融资渠道相对单一，由于替代性融资工具缺乏，银行成为企业筹资的重要来源，2017年，北马其顿贷款利率为4.93%，年平均贷款利率约为5.28%，融资成本偏高对项目融资和企业投资将产生不利影响。

（3）部分道路安全水平较低

北马其顿2013年共发生道路交通事故6750起，1950人重伤，189人死亡，[①] 导致事故的最主要原因是超速、酒后驾驶、不使用安全带、骑摩托车不戴头盔等。在夜间和清晨发生的交通事故中，肇事者多为年轻驾驶人。事故发生的主要原因是有些年轻驾驶人超速驾驶、酒后驾驶或不合理使用精神药物。斯科普里很少设有专门的停车场，而且缺乏统一规划和合理设置。乱停车现象相当普遍，尤其在一些居民区，车辆基本上停放在道路两旁，或停在便道上，带来很大的安全隐患（见图1）。

---

① https://cn.knoema.com/atlas/North-Macedonia.

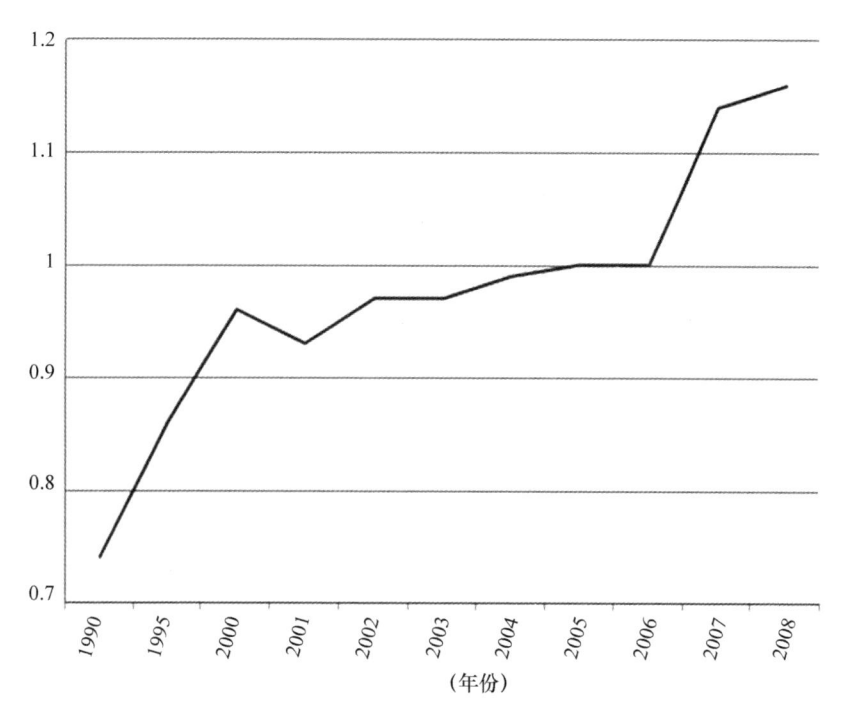

**图1 北马其顿道路运输二氧化碳排放量（公吨）**

资料来源：knoema 数据。

（4）交通污染较大，二氧化碳排放量较高

据 knoema 数据显示，北马其顿道路运输中二氧化碳排放量较高。

## 二　北马其顿交通运输国际合作情况

### （一）北马其顿与周边国家的交通运输双边合作情况

#### 1. 德国

北马其顿和德国在交通运输领域合作密切。2003年10月30日，奥赫里德市 CINAR 中心广场重建项目正式开工，项目包括重新铺设6000平方米的市中心广场路面，安装灯光照明及种植草坪，安装给排水系统以及架设电话线路等。该项目是北马其顿21个市政当局进行的70多个基础设施建设项目之一，德国政府为上述项目提供了3500万欧元的援助。①

2004年3月北马其顿关闭奥赫里德机场，以重修机场内的跑道和照明设施。该项目由欧洲建设和发展银行资助，预计费用为380万欧元，德国西门子公司提供电气设备。②

2. 希腊

2004年1月11日，北马其顿与希腊讨论有关建设从斯科普里到塞萨洛尼基的输油管线问题，同时双方也讨论了从建设塞尔维亚和黑山到北马其顿的输油管线。此举将为北马其顿的发展提供帮助。③

2016年10月14日，北马其顿能源公司（MER）与希腊输气系统公司（DESFA）于斯科普里签署备忘录，计划建设由北马其顿什蒂普至希腊塞萨洛尼基Nea Mesimvria区长达160千米的输气管道。该管道将贯通北马其顿内部输气网络与希腊雷夫索萨天然气枢纽（Revithoussa LNG Terminal），并为将来接入跨亚得里亚海管道（TAP）、土耳其溪（Turkish Stream）等大型输气项目提供基础。④

3. 保加利亚

2004年12月28日，北马其顿政府与两邻国——保加利亚和阿尔巴尼亚签署了共同建设输油管道的备忘录，这条跨三国石油运输管道全长900多千米，该项目建设对本地区经济发展有积极的促进作用。预计此项目建设资金为11.3亿美元。签署备忘录后，具体负责落实此项工程的美国AMBO石油管道公司

---

① http://mk.mofcom.gov.cn/article/jmxw/200301/20030100065492.shtml.
② http://mk.mofcom.gov.cn/article/jmxw/200403/20040300200269.shtml.
③ http://mk.mofcom.gov.cn/article/jmxw/200401/20040100170277.shtml.
④ http://mk.mofcom.gov.cn/article/jmxw/201610/20161001502060.shtml.

即开始与有关各方谈判实施细则。2007年1月31日，阿尔巴尼亚、保加利亚和北马其顿签署协议，共同铺设跨越三国的输油管道。这项工程计划于2008年年底之前开工，2011年完工并投入使用。该管道的日输送石油能力可达75万桶。阿尔巴尼亚经济部部长鲁利、保加利亚地区发展部部长加告佐夫和北马其顿经济部部长拉斐洛夫斯卡分别代表本国政府在协议上签字。该管道东起保加利亚黑海城市布尔加斯，西至阿尔巴尼亚中部亚得里亚海滨城市发罗拉，全长912千米，整个工程造价约为12亿美元。[1]

2017年8月5日，北马其顿与保加利亚签署备忘录，将共同投资完成8号走廊东段。北马其顿建设完成8号走廊北马境内部分（89千米），保加利亚将完成保境内部分。北马境内自库马诺沃至贝利亚科夫采的铁路正在建设，使用欧洲复兴开发银行的4600万欧元贷款。贝利亚科夫采至科瑞瓦帕兰卡的34千米铁路由欧洲复兴开发银行提供。45亿欧元贷款，预计2021年建成。在2017年7月的里雅斯特峰会上，北马得到欧盟7000万欧元补助，用于修建科瑞瓦帕兰卡铁路。科瑞瓦帕兰卡至保加利亚边境的24千米铁路预计耗资3.5亿—4亿欧元。欧盟援助资金（IPA）2014—2020年计划提供6000万欧元。剩下的部分将由其他感兴趣的国际金融机构提供。预计此段铁路将于2020—2025年修建。根据备忘录，保加利亚将于2026年完成索非亚至久埃舍沃的铁路，与2027年完成久埃舍沃至北马其顿边境的铁路。北马—保铁路不仅对两国，更对整个巴尔干地区至关重要，提升交通便利性，并将大大促进经济发展。[2]

**4. 阿尔巴尼亚**

2009年4月，北马其顿与阿尔巴尼亚之间开建铁路，同时7

---

[1] http：//mk.mofcom.gov.cn/article/jmxw/200702/20070204342569.shtml.
[2] http：//mk.mofcom.gov.cn/article/jmxw/201708/20170802631250.shtml.

月开通从北马其顿奥赫里德至阿尔巴尼亚 Podgradec 轮船航班。北马其顿和阿尔巴尼亚签署了邮政和电子通信合作协议,这项协议将方便邮轮运输并增加邮政运输量。[①]

5. 乌克兰

2005 年 9 月,北马其顿最好的建筑商之一 GRANIT 公司中标承包乌克兰首都基辅到 COP 的 96 千米长的公路建设,这次投标竞争激烈,共有来自欧洲和亚洲的 10 个通过资审的公司投标。建设资金来自欧洲复兴开发银行。北马 GRANIT 公司两年前第一次赴乌克兰投标同一条道路的另一段,中标并最终获得了最高质量奖,当时的项目造价为 8200 万欧元。[②]

### (二)重大项目情况[③]

1. 公路

目前,北马其顿政府正在计划对沿东西向的欧洲 8 号走廊公路和南北向的欧洲 10 号走廊公路进行升级、翻修,改造全国公路路网,未来升级改造国家级和地方级公路。将来计划修建的高速公路主要包括戈斯蒂瓦—基切沃(Gotivar-Kicevo)、斯科普里—布拉切(Skopje-Blace)公路和戈斯蒂瓦(Gotivar)—德巴尔(Debar)等公路项目。这些公路建设融资除依靠自有资金外,将寄望欧洲复兴开发银行、世界银行等国际金融机构。目前,由中国水电建设集团国际工程公司承建的合计里程 110 千米的米拉达蒂诺维奇—什蒂普和基切沃—奥赫里德两条高速公路项目已于 2014 年 5 月开工。

2. 铁路

北马其顿计划对南北向的铁路进行扩建和升级改造,并建

---

① http://mk.mofcom.gov.cn/article/jmxw/200904/20090406180669.shtml.
② http://mk.mofcom.gov.cn/article/jmxw/200509/20050900364126.shtml.
③ http://fec.mofcom.gov.cn/article/gbdqzn/index.shtml#.

设东西向联通阿尔巴尼亚和保加利亚铁路，以实现联通邻国的目标。目前北马着重于开通东西向的铁路，拟利用欧洲复兴开发银行资金修建东线库玛诺沃至保加利亚边境铁路，全长88千米，预计耗资6亿欧元，其中北马其顿边境城市科瑞瓦·帕兰卡（Kriva Palanka）至保加利亚边境的34千米铁路已获得欧盟资金，即将开工建设；西线基切沃至阿尔巴尼亚边境铁路，全长70千米，预计耗资3.15亿欧元，目前仍与欧洲复兴开发银行等机构接洽资金来源。

**3. 石油和天然气管道**

除目前已有的北马保加利亚边境至科瑞瓦·帕兰卡天然气管线外，还在规划建设Stip-Negotino和Skopje-Tetovo两条管线，后期还将建设Tetovo至Gostivar和Kicevo，以及Negotino至Prilep和Bitola与Ohrid等主城市天然气管线网络。

**4. 城市服务改善项目**

2016年1月，世界银行执董会批准向北马其顿提供2500万欧元贷款，实施第二轮城市服务改善项目（Second Municipal Services Improvement Proment ＜MSIP2＞）。该项目旨在改善北马其顿城市服务，如透明度、财政可持续性、配送体系等，并在北马其顿大选结束、新议会成立后开始实施。项目资金通过转贷方式拨至各市，用于水供应、污水处理、固体废物处理、地方公路、建筑物能源效率改善及提高市民福利的基础设施等投资。该资金贷款期18年，宽限期5年。目前，北马其顿80个市中已有57个市参与资金额1890万欧元的首批MSIP项目，其中36%的项目是街道路况改善，13%的项目是水供应，13%的项目是城市建筑修缮，13%的项目是能源效率改善，12%的项目是固体废物处理，13%的项目是公交车服务等。

## 三 中北马两国的交通合作

### (一) 合作现状

进入21世纪以来，中国与北马其顿不断深化交通运输合作，特别是在"一带一路"倡议及中国—中东欧国家合作背景下，合作领域不断扩展，合作模式不断创新，合作内容更加惠及民生。中国与北马其顿政府和企业围绕"一带一路"建设，创新对外投资方式，以投资带动贸易发展、产业发展和设施发展，建设中北马共同发展新局面。中国与北马其顿合作的重要项目有以下几项。

**1. 中国南车与北马其顿国铁正式签署动车组购销合同**[①]

2014年6月24日，中国南车股份有限公司（以下简称"中国南车"）与北马其顿国家铁路公司在北马首都斯科普里正式签署动车组购销合同，由欧洲复兴开发银行提供贷款，包括4列3节动力分散式内燃动车组（DMU）、2列3节多编电力动车组（EMU）、备件、耗材等设备及相关服务，产品将按照北马其顿国家标准、欧盟标准（EN）、国际标准化组织（ISO）标准、欧盟铁路互联互通技术规范（TSI）及国际电工（IEC）标准生产，最高运营速度每小时140千米。该项目合同的签署，标志着中国南车高端整车产品首次进入欧洲市场，也是中国动车组产品突破TSI认证技术壁垒进入欧洲市场的第一单，具有重要意义。

**2. 中国（中车株机）首列出口北马其顿动车组**

2015年7月，北马其顿交通部部长米萨伊洛夫斯基率团赴湖南株洲，出席北马其顿自中车株洲电力机车有限公司购买的首列动车组下线仪式。11月15日，北马其顿铁路运输公司为其

---

① http://mk.mofcom.gov.cn/article/zxhz/hzjj/201407/20140700675662.shtml.

从中国中车集团株洲电力机车有限公司采购的首列电力动车组举行试运行仪式。[①] 北马其顿总理格鲁埃夫斯基、副总理兼财政部部长斯塔夫莱斯基、交通部部长米萨伊洛夫斯基出席并试乘动车组。截至2015年，北马其顿已有30多年未对铁路系统进行过大规模投入。根据北马其顿政府的规划，拟将累计投资6亿欧元，对北马其顿的列车、铁轨、火车站进行全方位升级改造，仅在2016年政府预算中就将达到3300万欧元。2014年北马其顿政府从中国采购的6列动车组亦是该计划的一部分，其中2列电力动车组将投入到塔巴诺夫切—斯科普里—盖夫盖利亚路段、2列内燃机动车组将投入到斯科普里—比托拉路段、1列内燃机动车组将投入到斯科普里—基切沃路段、1列动车组将投入到斯科普里—科查尼路段。全部投入使用后，这批列车将承担北马其顿列车客运60%的运力。北马政府正在对剩余40%运力的列车采购计划进行审核。另外，北马其顿政府还新采购了150节货运车厢。动车组自首都斯科普里试运行至位于东部55千米的城市韦拉斯，列车最高时速60千米，单程用时约50分钟。

### 3. 中欧陆海快线

2014年12月，在中国—中东欧国家领导人贝尔格莱德会晤上，中国、北马其顿、塞尔维亚和匈牙利四国就建设中欧陆海快线达成了共识。四国还签署了通关便利化合作框架协议，为推进中欧陆海联运新通道建设、实现交通物流便利化创造了前期条件。中欧陆海快线是匈塞铁路的延长线和升级版，南起希腊比雷埃夫斯港，北至匈牙利布达佩斯，中途经过北马其顿斯科普里和塞尔维亚贝尔格莱德。中欧陆海快线涉及数个国家，是该地区的重要基础设施项目。

---

① http://mk.china-embassy.org/chn/sgxw/t1315026.htm.

### 4. MS 公路项目和 KO 公路项目[①]

2019 年 7 月 6 日上午，中国电建承建的北马其顿米拉蒂诺维奇—什蒂普高速公路项目（简称 MS 公路项目）通车仪式在圣尼古莱市隆重举行。MS 公路项目是"中国—中东欧国家合作 100 亿美元专项贷款"首批落地项目之一，由中国进出口银行提供贷款，是"一带一路"倡议在中东欧地区的重要示范项目，在中国—中东欧国家合作中起着引领作用。项目工程内容为建设全长 47.1 千米的双向四车道高速公路，设计最高时速为 130 千米/时。MS 公路的开通不仅将大大改善北马其顿的交通条件，有效带动沿线工商业和旅游业发展，而且也有助于打通当地运输网络，促进北马其顿更广泛融入区域互联互通中，为当地民众带来福祉。

除该项目外，中国电建还正在北马其顿承建肯切沃—奥赫里德高速公路项目（KO 公路项目）和科鲁匹斯特—柯查尼快速路项目。这些项目的建设不仅将会为北马其顿经济和民生改善、中—北马两国在基础设施等各领域互利合作的深入开展发挥重大作用，而且还将为地区互联互通和"一带一路"建设作出贡献。

### （二）存在的主要问题

#### 1. 交通运输领域建设资金来源

近年来，北马其顿重点开展交通基础设施投资和建设活动。基础设施建设所需的大部分投资资金通过世界银行、欧洲投资银行、欧洲复兴开发银行等贷款获得。北马其顿政府的预算只构成资金来源的一小部分。目前难以确切预测北马其顿经济增长动力以及未来偿还债务本金和利息的能力，只能确定这仍然

---

[①] http://www.powerchina-intl.com/gszx/1182.html.

是下一代肩负的艰巨任务。从现在到将来，都需要认真计划和兑现信贷还款承诺。

**2. 交通基建设施标准存在差别**

欧洲国家交通运输基础设施领域调度系统、信号系统各行其道，只有部分国家铁路实现了统一技术标准。建立一体化的欧洲铁路运输系统，消除欧盟各国铁路基础设备设施、客货运输、运营管理的通用技术障碍，实现铁路基础设施"无缝隙"对接，构建统一规范的安全管理体系，过境手续交接，统一的货运运价率，开行泛欧国际货物列车，还需要较长的时间。

# 黑山篇

## 一 黑山交通运输发展概况

### （一）发展政策与战略

黑山在2019年6月制定了《2019—2035年交通发展战略》（以下简称《战略》），设立了五个交通领域发展目标：其一，增强经济福祉；其二，提升交通实用性、运营和服务质量；其三，保障安全水平；其四，实现与欧盟一体化；其五，维护环境可持续发展性。《战略》亦对改善基础设施、提升运输服务、加强乘客保护等作出规划，同时推进交通部门整合，以使运输监管框架同欧盟法规政策、环境、安全等标准相一致。

《战略》指出黑山在下阶段将重点发展交通基础设施。公路方面，计划建设两个"走廊"——巴尔—博利亚雷高速公路和亚德里亚（Adriatic）—艾奥尼亚（Ionian）快速路，从而横贯黑山的东北—西南和沿海地区，同时也将翻新通往波黑的路段。铁路方面，将修复巴尔—波德戈里察—比耶洛波列（Bijlo Polje）铁路及波德戈里察—图兹（Tuzi）铁路，并拟在现有部分路段基础上，修建黑山和波黑之间的铁路。航空方面，将重点对波德戈里察、蒂瓦特机场进行现代化翻新及扩建。水路方面，将加强同其他交通方式的对接，并提升港口管理水平。

在黑山加入欧盟谈判的第21章《跨欧洲网络》中，引用

"泛欧交通运输网络"（TEN-T）的概念，通过发展各类交通及其管理系统，弥补彼此间交通网络缺失，使欧盟各地实现地理和经济深度融合，促进成员国之间的货物和人员流动更便捷。黑山所重点发展的巴尔—博利亚雷高速公路和亚德里亚—艾奥尼亚快速路分别属于东地中海线、地中海线。

### （二）主要交通运输方式

#### 1. 铁路

铁路总长度约250千米，轨道宽度系标准宽度（1435毫米），超过50%的路段已实现翻新，近90%的路段已过渡至电气化，最大客运速度为100千米/时。客运分东北（比耶洛波列市，Bijelo Polje）—东南（巴尔市）和中西（尼克希奇市，Nikšić）—中部（波德戈里察市）方向。东北—东南方向线路可达塞尔维亚首都贝尔格莱德，也是黑山目前唯一运营的国际客运铁路线路。货运路线为巴尔—贝尔格莱德线和波德戈里察—斯库台（Skadar，阿尔巴尼亚）线。铁路及列车状况总体较老旧、时速慢，不是黑山人出行的主要选择方式。

#### 2. 公路

公路总长度约7000千米，同欧洲和巴尔干地区路网相连，通向塞尔维亚、克罗地亚、波黑、阿尔巴尼亚和科索沃地区。E65、E80公路自克罗地亚方向通入黑山，经沿海地区穿首都波德戈里察向东北方向延伸至塞尔维亚；E762公路自阿尔巴尼亚方向通入黑山，经波德戈里察向西北延伸至波黑；E763公路自塞尔维亚方向通入至黑中北部城市科拉欣（Kolašin）；E851公路自沿海地区通向阿尔巴尼亚。国内城市间路网部分并入E字头欧洲公路，部分属M字头黑本土公路，亦有P字头新修或路况欠佳公路。受制于地形因素，弯路、桥梁、隧道诸多，普遍为单车道，全长约 4.2 千米的索兹那（Sozina）隧道是全国最长隧道，连接首都和沿海地区。迄今无高速公路，由中国路桥公司承建的黑山巴尔—博利亚雷高速公路优先段项目全长 41 千米，建成后将成为黑山首条高速。项目原计划于 2019 年 5 月完工，但由于增补工程等多方面原因，完工日期推迟至 2020 年 9 月底，现因新冠肺炎疫情再度推迟。黑山亦拟建设亚得里亚—艾奥尼亚走廊公路，预计从黑山西南边境沿海城市新海尔采格出发，通过桥梁延伸至科托尔湾，连接主要沿海城市后自东南方向通向阿尔巴尼亚。

### 3. 水运

黑山水运历史悠久，分为海运及内河（湖）海运。科托尔湾是古代亚得里亚海交通中心之一，如今湾区每年靠港各类大、中、小型游轮、艇上千艘，主要港口有科托尔港、蒂瓦特港、新海尔采格港等。位于南部的巴尔港是亚得里亚海南部深水良港，可停泊大型远洋轮船，同意大利巴里（Bari）有固定客货运航线，系黑山、塞尔维亚物资运输的重要出口之一。内河（湖）海运主要集中在斯库台湖（Lake Skadar）和国内诸多河流中，以小型观光客运为主，无法运输大量货物。

### 4. 航空

黑山全国在用机场为波德戈里察机场和蒂瓦特机场，全年累计吞吐量逾两百万人次。波德戈里察机场全年开放，系全国主要航空港，主要连接欧洲及近、中东目的地；蒂瓦特机场夏季旅游航线丰富，主要连接俄罗斯等目的地，冬季一般关闭。运营航空公司主要为黑山航空、奥地利航空、土耳其航空、法国航空和维兹航空（Wizzair）、易捷航空（Easyjet）和瑞安航空（Ryanair）等。

随着访黑游客量上升，现有机场难以满足客运需求，扩容项目已提上日程。除波德戈里察、蒂瓦特机场外，位于中部的尼克希奇机场和东北部的贝拉内（Berane）机场处于关闭状态，交通主管部门正就其未来恢复运营进行可行性研究。此外，在黑山最东南段、同阿尔巴尼亚接壤的海滨城市乌尔奇尼亦有修建机场打算，以形成沿海地区游客抵离支点，分担蒂瓦特机场压力。

### （三）行业优劣势分析

**1. 优势领域**

地理面积较小，便于规划。黑山国土面积为 1.38 万平方千米，不足北京全境。按黑山现有路况计算，从全国最北至最南端路程仅约 300 千米。新建交通基础设施规划总盘较小，协调难度较易。

处在西巴尔干地区加入欧盟领先地位，可获取潜在资源丰富。黑山在加入欧盟谈判过程中已开启全部谈判章节，处在候选国中最领先地位，外界普遍预测黑即将成为欧盟下一成员国。欧盟通过不同机制在黑交通领域投资额巨大，黑山修建高速公路第二段前期调研即使用欧盟资金。在 2020 年 5 月欧盟—西巴尔干萨格勒布视频峰会上，各方通过《萨格勒布宣言》，[1] 欧盟愿继续加大对西巴国家投入，预计作为入盟"优等生"的黑山将会获得更多投资于交通基础设施的资源。

睦邻关系良好，互联互通是共同需求。黑山同周边国家、地区普遍保持友好关系，人员、货物往来密切，交通基础设施建设具有明显外向性，与周边连通是黑山发展基建的前提条件之一，而地区各国间互联互通的强烈需求也将成为黑山继续大力投入交通基建的动力。

---

[1] https：//www.consilium.europa.eu/media/43789/zagreb-declaration-bs-06052020.pdf.

建设标准高，工程质量符合欧盟标准。黑山在入盟过程中，各项法规、标准逐渐向欧盟看齐，交通基建行业水平、建筑质量等不断提升。全国新建各类交通基建均可达欧盟水平乃至更高质量。

劳动力成本尚可。据最新数据统计，黑山全国税后平均工资约 520 欧元，[①] 远低于欧盟平均水平，修建交通基建人力成本较低。

公、铁、水联运基础较好。黑山巴尔港系南亚德里亚海地区重要深水良港，与地中海多个港口特别是意大利巴里港有密切人员和货物往来。贝尔格莱德—巴尔铁路货运终点直通港口，巴尔市亦处地中海沿线、贝尔格莱德—巴尔公路交通要道节点，港口设有自贸区，具备开展联运优越条件。

**2. 劣势领域**

多山地形限制公路发展。黑山全境约 90% 为山地地形，高差显著，河流纵横，进行道路基础设施施工难度较大、成本较高。现有路段多为崎岖、狭窄山路，悬崖峭壁贯穿始终。例如，巴尔—博利亚雷高速公路优先段全长为 41 千米，桥隧比高达 60%。

基础设施底子较薄。黑山是南斯拉夫中相对落后的国家，工业分布较少，相应配套交通基础设施投入欠佳。现有公路大都沿南斯拉夫时期所建基础进行翻修，覆盖地区有限，维护状况一般，全盘更新需要相当大投资及周期。

较高的环境标准客观上滞缓交通基础设施更新。黑山系全球唯一将建立"生态国家"列入宪法的国家，环保标准较高，且近年来随着黑山入盟谈判，有关环保领域章节对黑环境标准提出更高要求，包括交通、能源、旅游等基础设施等准入不断

---

[①] https://www.bankar.me/2020/02/21/najvece-plate-i-penzije-u-tivtu-najmanje-u-petnjici/.

提升，舆论对环境敏感度也随之上涨，各类项目从可行性研究、招投标、设计到施工、监理、验收等系列环节将必须严格遵守有关环境标准，反之将面临停工乃至修改设计风险。

财政可持续性待提高。黑山财政状况平平，常难以负担包括交通在内的各类大型基建，大多采取"国家财政＋欧盟资金＋借贷"方式获得建设资金，公债率长期高企，预计2020年公债率将达GDP的82.5%。[1] 受新冠肺炎疫情影响，黑山2020年GDP预计下降6.8%，包括支柱产业旅游业在内的多个领域受到严重冲击，财政收入预计将大幅削减，对财政可持续性造成影响。

交通智能化程度欠佳。黑山各类交通方式管理模式较为传统，智能化、数字化、电子化程度不高，这也是黑山政府在下阶段将重点改善的领域之一。

## 二 黑山交通运输国际合作情况

### （一）与周边国家和地区的交通运输双边合作情况

黑山高度重视西巴尔干地区互联互通，致力于泛欧交通运输网络（TEN-T）在黑贯通，欧盟为黑山及其周边国家地区交通运输发展提供支持。2004年，由欧盟和包括黑山在内西巴尔干国家、地区签署的《关于发展东南欧基本区域运输网络的谅解备忘录》奠定了欧盟对西巴地区交通政策基石，黑山以此方式积极参与区域合作。该备忘录主要为合作开发东南欧多式联运提供政策改善和基础设施帮扶，助力地区发展。2017年，黑山及其他西巴国家、地区联合签署《西巴尔干地区建立运输共同体协定》，通过加入该共同体，以可持续方式更好、更快整合

---

[1] http://www.rtcg.me/vijesti/ekonomija/281443/pad-bdp-a-oporavak-2021.html.

地区运输市场，促进基础设施建设，同时在发展战略方面同欧盟保持一致。

作为旅游业为支柱产业的国家，黑山在交通基建领域大笔投入也意在提升旅游接待能力，从而拉动经济、促进就业及其他领域发展，近年来呈全国各地同步修路局面。

### 1. 塞尔维亚

塞尔维亚是黑山的主要游客及商品进口来源国，两国交通特别是陆路运输合作极为密切。黑山目前运营唯一国际客运铁路线路通往塞尔维亚，每日全国各机场起飞航班总量约 1/3 飞往塞尔维亚首都贝尔格莱德，远超其余航线。正由中国路桥承建优先段的黑山巴尔—博利亚雷高速公路建成后，将同塞尔维亚 E763 高速公路相接，从而贯通贝尔格莱德和黑山港口城市巴尔的全程高速路段，黑山可通过高速公路与中欧多国相连。

### 2. 克罗地亚

克罗地亚最南端口岸同黑山相连，系入境黑山最繁忙边境通道，诸多中、西欧自驾游客从此处来黑。两国现仅通过一条沿海快速路相连，根据泛欧交通运输网络规划，黑、克之间预计还将修建亚得里亚—艾奥尼亚走廊公路，提升地中海沿岸运力。黑山与克罗地亚船务公司保持合作关系，与意大利港口巴里联合开通轮渡航线。

### 3. 波黑

数量可观的波黑游客旅游季赴黑，两国交通繁忙，运输压力大。波黑与黑山中部城市尼克希奇原通有铁路，但年久失修已不再使用。在黑《2019—2035 年交通发展战略》中，翻修这条铁路系重点优先事项。黑亦有翻新同波黑部分边境口岸路段打算，改善两国货物及人员往来。

### 4. 阿尔巴尼亚

根据泛欧交通运输网络规划，黑山设想在现有波德戈里察—斯库台货运铁轨基础上，将轨道延伸至阿尔巴尼亚首都地拉那（Tirana），并实现客货运共同开放（现仅有波德戈里察—斯库台货运通道）。黑山首都波德戈里察距阿尔巴尼亚边境仅20余千米车程，双方陆路交通往来密切，并有增设过境口岸计划。斯库台湖作为两国界湖，在水上运输方面合作频繁，黑山维尔帕扎尔港有望同阿尔巴尼亚斯库台港互通水上航线，最南部的博雅娜岛（Ada Bojana）与阿尔巴尼亚仅一河之隔，亦有通航打算，将对游客串联访黑、阿带来很大便利。

5. **科索沃地区**

科索沃地区与黑山交通往来较少，两国现有个别区域级道路相连，可满足通行需求。黑拟在2035年前启动从中部城市科拉欣（Kolašin）向东延伸至科索沃地区的新公路建设。

6. **意大利**

意大利与黑山隔海相望，两国自古以来交往密切，人员流动频繁。黑、意间现通有多架航班，全年大部分时段通有轮渡，自黑山巴尔港夜间起程，次日晨可达意大利东南部港口城市巴里，乘客、小型客车及货车均可上船，为旅游及商品往来带来极大便利。泛欧交通运输网络亦规划从意大利北部边境沿巴尔干半岛西侧沿海延伸至黑山的新公路。

7. **近中东及中亚国家**

近年来，土耳其、阿联酋、阿塞拜疆、以色列等国家同黑政治关系明显加深，对黑投资力度大幅提高，双方人员往来需求愈发密切。黑现有每日通往土耳其伊斯坦布尔航班1—2班次，黑山航空公司预计开通前往阿联酋、阿塞拜疆、以色列航线，但受新冠肺炎疫情影响启动时间难以预估。

### （二）重大项目情况

根据黑山《2019—2035年交通发展战略》和泛欧交通运输

网络安排，黑山现主要进行或筹备两个大型交通基础设施项目。

### 1. 巴尔—博利亚雷高速公路

巴尔—博利亚雷高速公路是黑山历史上最大基础设施项目，起点为东南部城市巴尔，终点为东北部与塞尔维亚接壤地区博利亚雷，斜穿黑山全境，主干道计划长度约180千米。项目预计分五段建设，首段起点为首都波德戈里察北郊的斯莫科瓦茨（Smokovac），终点为中部城市科拉欣附近的马特舍沃（Mateševo），全长约41千米，正由中国交通建设股份有限公司、中国路桥工程有限责任公司承建。该路段施工难度大、技术要求高，桥梁和隧道占到整个路线的大约60%。第二段由马特舍沃作为起点，至东部城市安德里耶维察（Andrijevica）为终点，黑方正做建设前期准备。

### 2. 亚德里亚—艾奥尼亚快速路

亚德里亚—艾奥尼亚快速路旨在改善西巴尔干国家内部及同欧盟建互联互通，北起意大利的里雅斯特、南至希腊卡拉马塔（Kalamata）并入高速路网。全线经斯洛文尼亚、克罗地亚、黑山、阿尔巴尼亚横跨巴尔干半岛西海岸。黑山段长108千米，将通过新建的跨科托尔湾（Kotor Bay）大桥连接沿海地区新海尔采格市、蒂瓦特市、布德瓦市、巴尔市，其中约10千米路段将同巴尔—博利亚雷高速公路重合，最终通向阿尔巴尼亚。黑山段建设尚未启动，但已展开相关调研。

## 三 中黑两国的交通合作

### （一）合作现状

当代中黑合作主要集中在交通基础设施领域，进展顺利。双方正联合开展黑山史上最大基建项目巴尔—博利亚雷高速公路优先段建设，黑山交通部部长连续数年出席在澳门特区举办的国际基础设施投资与建设高峰论坛，媒体界人士曾访问港珠澳大桥并予以大篇幅报道。

巴尔—博利亚雷高速公路全长约180千米，预计分五段建设。全部建成后将与塞尔维亚E763高速公路（欧洲11号走廊公路）相连，将黑山道路并入欧洲高速路网。2014年，中交集团与黑山交通和海事部在波德戈里察签署了巴尔—博利亚雷高速公路斯莫科瓦茨（Smokovac）至马特舍沃（Mateševo）优先段项目《框架协议》和《商务合同》，由中国路桥公司承建。该路段全长41千米，桥隧比达60%，是五段中技术难度最大的一段。合同额8.09亿欧元，中国进出口银行提供85%的优惠贷款，其余15%由黑方自行承担。建设工期原定4年。2019年，黑山政府和中国路桥签署了关于高速公路增补工程的合同附件，将额外向中方支付1400多万欧元，[1] 项目工期延长至2020年9月30日。黑山政府亦同本土公司Bemax签署了高速公路起点互通上、下桥建设合同。2020年受新冠肺炎疫情影响，大批中国工人自春节离黑后未能及时返回，项目施工进度被迫搁置。2020年6月上旬，在黑山疫情趋稳背景下，中国路桥公司分4批包机运回近400名工人[2]抵黑，全力追赶工期，但仍未能按原定9月30日工期完工。

黑山政府对中黑交通合作较为满意，高度重视高速公路建设，将其作为保障民生、提高生活水平、实现国家现代发展的重要抓手，对高速公路常予亲自支持。黑山总统米洛·久卡诺维奇（Milo Đukanović）多次表示，高速公路为提振黑山北部经济发展、促进南北融合注入强劲动力。总理杜什科·马尔科维

---

[1] https：//mondo.me/info/Crna-gora/a744633/Cijena-naknadnih-radova-na-putu-Smokovac-Matesevo-14-2-miliona-eura.html.

[2] https：//www.pobjeda.me/clanak/carter-sa-95-radnika-iz-kine-stigao-u-crnu-goru.

奇（Duško Marković）数次视察工地，2019年10月出席高速公路优先段标志性建筑莫拉契察（Moračica）大桥完工仪式。现议长伊万·布拉约维奇（Ivan Brajović）曾任交通和海事部部长，推动实现了高速公路建设合同签署。现交通和海事部部长奥斯曼·努尔科维奇（Osman Nurković）与中国路桥沟通甚为密切。

黑山民间直接从中黑交通合作中受益，对两国在该领域合作认同度高。路桥黑山分公司注重企业形象建设，积极承担社会责任。自项目启动以来，路桥已捐赠修建了多所教育机构，为黑山国家医疗中心（Klinički Centar Crne Gore）重症监护室提供医疗设备，为项目沿线村庄接通水电，累计为当地创造了上千个就业岗位。2020年新冠肺炎疫情期间，路桥亦向黑山捐赠了医疗物资，获得广泛社会正面舆论。此外，项目日常需求为当地食品、日用品、零售等行业以及工程沿线农户、商户带来很大正面效益。中企也将中国业界技术水平带入黑山，使在修建高速方面略欠经验的黑山同行受益，黑山在加入欧盟过程中，在交通基建领域也不断向欧洲标准看齐，这对中企进一步熟悉欧盟准入原则和技术标准起到重要作用。

中黑在铁路合作较少。水运领域合作主要集中在货物运输，黑山对华出口铝土矿主要使用巴尔港货轮。两国迄未开通直飞航班，海南航空曾短暂运营北京（经停布拉格）至塞尔维亚首都贝尔格莱德直航，乘客从贝尔格莱德转机前往黑山曾短暂作为中黑人员往来便捷方式。

### （二）存在的主要问题

第一，交通基建为黑山带来债务。高速公路优先段建设合同额为8.09亿欧元，中国进出口银行提供约85%的优惠贷款合6.87亿欧元，利率为2%，偿还期为20年，宽限期为6年。该笔贷款是迄今为止利用中国—中东欧国家合作专项优惠买方信贷中数额最大的一笔。黑山所背负的债务受国内外分析家广泛关注。根据黑山财政部预测，2020年年底黑山公债率将达GDP的82.5%。特别是随着新增工程、汇率差价等因素，高速公路建设成本再度上升，接近10亿欧元，更成为黑山国内反对党及部分欧盟高官、西方媒体主攻的痛点。黑《2019—2035年交通发展战略》也指出，尽管黑山在过去几年一直主要因交通基础设施方面投资获得显著经济增长，但投资的很大一部分来自借贷，在这种情况下，应特别注意财政稳定。

第二，高速公路工期拖延问题。根据工程合同规定，高速公路项目开工日期为2015年5月，但因审批、标准差异等多方因素，正式开工日期耽搁至2016年5月。2019年因新增工程，项目工期被延长至2020年9月30日，客观上为企业提供了缓冲期，但亦引起了反对党大幅炒作。2020年由于新冠肺炎疫情，中国工人返工时间被搁置，无法按9月30日工期完工。2020年4月，根据媒体发布黑山交通和海事部消息，高速公路优先段最新完工时期为2021年夏季。[①] 消息发布后在民间再次引发对反复延长工期的激烈讨论。

第三，西方政治压力。欧盟、美国虽未直接阻碍中黑交通运输合作发展，但常有欧美政界人士及媒体借高速公路项目谈债务问题。黑山现已开启加入欧盟谈判的全部章节，成为欧盟下一成员国只是时间问题。在谈判过程中，预计会在交通基建、市场准入、施工标准等问题逐步向欧盟靠拢，将对中企在黑继续开展业务乃至中黑交通运输合作大局带来一定的不确定性。

---

① https：//www.vijesti.me/vijesti/ekonomija/431898/auto-putem-mozda-do-ljeta-2021-s4k5ixpv.

# 克罗地亚篇

## 一 克罗地亚交通运输发展概况

克罗地亚交通系统由公路、铁路、水路和航空运输组成。克罗地亚已经建成覆盖全国的公路网。克罗地亚将基础设施的发展重点放在高速公路网上，于20世纪90年代后期至21世纪初大规模建设。至2011年9月，克罗地亚建成了超过1100千米的高速公路，连接了萨格勒布与全国大部分地区以及欧洲高速公路和第4条泛欧走廊（泛欧交通运输网络，TEN-T）。克国流量最大的高速公路是国道A1号（这条路连接了萨格勒布与斯普利特）和横贯斯拉沃尼亚与克罗地亚西北部的国道A3号。克国境内的国道交通网路连接了其境内主要人口居住地，其高速公路具有高品质和高安全性的特点，并符合《欧洲隧道评估计划》和《欧洲测试》的标准。同时，克罗地亚有着广泛的铁路网，截至2016年，其铁路总长为2722千米，其中984千米为电气化铁路、254千米为双轨铁路，最重要的铁路是分别是通过泛欧走廊的第5B号（里耶卡至布达佩斯）和第10号（卢布尔雅那至贝尔格莱德）这两条线路，它们都经过首都萨格勒布。克国的所有铁路皆由国营企业克罗地亚铁路营运。克国共有萨格勒布、扎达尔、斯普利特、杜布罗夫尼克、里耶卡、奥西耶克和普拉七处国际机场。克罗地亚最繁忙的货运港口是里耶卡港，而在客运港口中，斯普利特港和扎达尔港客流量居前列。克国还有定期渡轮航线与意大利沿海城市相连接，此外还有众多的小型港口连接着克国的岛屿与沿海城市。克国最大的内河港口为多瑙河畔的武科瓦尔，该港口也是该国通往第7号泛欧走廊的出口。

### （一）战略规划

近年来，克罗地亚发布了多项交通运输领域的战略计划，主要集中于运输系统的可持续发展、通信系统和邮政服务的发展以及欧盟交通系统发展基金的使用这三个领域。

**1. 运输系统可持续发展**

《2020—2022年海事、运输和基础设施部战略规划》以及《2019—2021年海事、运输和基础设施部战略规划》在交通系统领域的战略目标主要集中于运输系统的可持续发展，包括：第一，海上运输系统的开发和海产的高效、系统的管理；第二，内河和内陆水域交通系统的发展；第三，海上和内陆水域的安全交通；第四，保持发达的道路运输系统以及道路交通；第五，发达的空中交通系统；第六，发达的公路和铁路基础设施；第七，发达的交通事故研究系统。

**2. 通信系统和邮政服务发展**

在克罗地亚，信息和通信技术部门占GDP的比重为4.2%。克罗地亚致力于实现《欧盟2020年战略》及其战略计划"欧洲数字议程"中设定的目标，以及2016—2020年克国宽带接入发展国家战略的目标：覆盖下一代接入网（NGA），该接入网为克国的所有居民提供至少30Mbit/秒速度的访问。根据欧盟委员会发布的2017年《数字经济与社会指数》（DESI），克罗地亚在成员国中排名第24位，使用互联网的公民比例超过平均水平（见表1）。

表1 2020—2022年运输系统可持续发展的主要目标

| 投资领域 | 当前项目 | 主要成果 | 单元 | 初值 | 2020年靶值 | 2021年靶值 | 2022年靶值 |
|---|---|---|---|---|---|---|---|
| 海港基础设施现代化 | 1. 普罗切港务局向世行（申请贷款）的资助（运输与乘客码头现代化）<br>2. 里耶卡港务局向世行申请贷款的资助（港口道路连接的维修）<br>3. 省级、县级港口建造、维修施工资助<br>4. 扎达尔新港口（乘客码头）项目<br>5. 制定海产划分<br>6. 希贝尼科港务局向世行申请贷款的资助（港口现代化）<br>7. 斯普利特港务局防波堤外码头建筑项目资助<br>8. 洛加奇—多布罗卡海岸项目贷款<br>9. 希贝尼科港务局建造道路铁路链接项目 | 里耶卡港基础设施—装箱码头（萨格勒布码头） | % | 1 | 70 | 100 | — |
| 内河港基础设施 | 1. 内河港基础设施现代化<br>2. 内河港房地产项目的收购<br>3. 内河交通项目的制定与准备 | 斯·布罗德港基础设施现代化程度 | % | 23 | 100 | 0 | 0 |
| 促进水运、海上环境、海产德安全 | 1. 港务局定期配置<br>2. 定期维修国有船只 | 增加到现场审查次数 | 次数 | 7479 | >7500 | >7550 | >7575 |
| 促进铁运 | 1. 促进乘客运输<br>2. 促进铁路结构性改革<br>3. 铁路运输的管理、组织 | 1. 乘客总数<br>2. 因技术问题取消的火车<br>3. 铁路运输 TEU 标准箱的增加 | 数量 | 2113万<br>240<br>50万 | 2156万<br>225<br>55万 | 2199万<br>200<br>57.5万 | 2216万<br>195<br>60万 |

续表

| 投资领域 | 当前项目 | 主要成果 | 单元 | 初值 | 2020年靶值 | 2021年靶值 | 2022年靶值 |
|---|---|---|---|---|---|---|---|
| 道路交通安全 | 1. 铁运安全局管理<br>2. 交通信息化 | 行政和非行政纠纷的解决率/年 | % | 95 | 95 | 95 | 95 |
| 民航安全 | 1. 保持机场安全标准<br>2. 与国际机场合作发展空运 | 机场申请安全标准控制的响应率/年 | 数量 | 10 | 11 | 11 | 11 |
| 道路基础设施的维持与发展 | 落实高速公路特许权 | 新建道路<br>已建公路的维持 | 千米 | 40.63<br>202.60 | 32.17<br>222.10 | 41.56<br>188.70 | 35.26<br>186.10 |
| 铁路基础设施维持与发展 | 5个项目 | 经现代化的铁路 | 千米 | 35.61 | 85.44 | 83.21 | 63.69 |

其中，克国2016—2020年宽带接入发展战略的主要工作是为发展高速宽带互联网接入（至少30Mbit/秒）的国家基础设施和需要高接入速度的服务提供强有力的政治支持，从而提高数字社会对所有公民的可及性。

在邮政服务发展方面，2011年克罗地亚通过《邮政服务法》，从2013年1月完全放开邮政及快递市场。据该法案第67条，克罗地亚邮政公司（Hrvatska Posta，HP）获得在整个克罗地亚境内提供为期15年的普遍服务特许权，而克罗地亚网络监管局（HAKOM）有义务每五年进行一次市场分析。

**3. 欧盟交通系统发展基金的使用**

根据2017年克罗地亚政府通过的《2017—2030年运输发展战略》，与欧盟运输系统和凝聚力政策相关的战略原则主要包括环境可持续性、社会包容性、交通方式的改善、欧盟内部互操作性、与邻国的连通性以及欧盟TEN-T网络内部的互连性。克罗地亚基础设施进一步发展的基本出发点是：加强基础设施建设和使用中的市场机制，完善基于信息技术的现代基础设施管理系统，维护融资体系。为使用和实施欧盟交通和基础设施的基金，海事、交通和基础设施部发挥了关键作用，该机构是负责欧盟"竞争力和凝聚力"运营计划（2014—2020年OPCC）的部门级中间机构。

2014—2020年OPCC通过了十个优先重点领域使用欧盟结构基金（ESI）。该部集中负责第七优先重点领域（移动性和连通性）。2013年克国入盟以来，该部使用欧盟交通系统发展基本资金对克罗地亚19.5千米铁路进行了翻新和重建，在萨瓦河383千米处配备了现代化的河流信息服务（RIS），设立自动识别系统（AIS）提高内河航道的航行安全性，并提高了杜布罗机场的基础设施质量和安全性。

到2017年年底，共有19个项目使用了欧盟基金的资金，总价值约为 87 亿库纳，其中最重要的项目是"南部达尔马提亚道路连通性建设"。该项目的总价值约为 40 亿库纳，包括佩列沙茨大桥工程项目以及连接道路的建设项目。其他的主要项目包括："奥西耶克市电车基础设施的现代化""萨普雷希奇—察科维茨铁路的现代化和电气化""奥西耶克港口建设散装货物转运码头""奥斯耶克市政客运巴士的采购""沃迪采市旁路的建设""特罗吉尔—齐奥沃岛桥的建造，以及连接道路""维尼科夫茨—武科瓦尔铁路重建和电气化"。

### （二）主要交通方式

#### 1. 公路

公路是克罗地亚交通系统中最令人满意的运输方式。目前全国公路网总长 2.68 万千米，主要分为国家级道路（6969 千米）、省级公路（9521 千米）、高速公路（1306 千米）等。克罗地亚公路分为以下几类：其一，高速公路（autocesta，A），此类公路为收费公路，设有售票系统。其二，快速路（brza cesta），是一种限制通行的道路，具有立体交叉口，速度限制一般不超 100 千米/时。与高速公路相比，快速路不一定有双车道，没有应急车道，不收费，速度限制总是较低。其三，机动车辆专用道路（cesta namijenjena iskljucivo za promet motornih vozila），这同样是一种限制通行的公路，通常类似于多车道高速公路，但在十字路口速度可能较慢。其四，国道（drzavna cesta，D），有国家级意义的大城市之间的公路。其五，省道（zupanijska cesta，Z），连接省内的主要城市。其六，县道（lokalna cesta，L），包括所有其他的公路。长期以来，克罗地亚缺乏高速公路，1991 年宣布独立时，唯一真正的高速公路是长约 40 千米的萨格勒布—卡尔洛瓦茨高速公路以及长约 130 千米的萨格勒布—斯·布罗德高速公路（后者是从卢布尔雅那到斯科普里南斯拉夫国道1号，"兄弟情谊与团结高速公路"的一部分）。克罗地亚高速公路建筑"大潮"开始于21世纪初。连接里耶卡与斯洛文尼亚边界的A7高速公路2009年建完。2005年，A1高速公路（萨格勒布—斯普利特部分建完）延伸至杜布罗夫尼克（目前位于普洛切内）。萨格勒布—斯·布罗德的A3高速公路延伸至塞尔维亚边界（利博瓦茨）和斯洛文尼亚边界（布列干纳）。2010年建完的还有一条从萨格勒布到里耶卡的A6高速公路，从萨格勒布到东北部（匈牙利边境）的A4高速公路，从萨格勒布到西北部（斯洛文尼亚边境）的A2高速公路，普拉和斯洛文尼亚边界之间的A9快速路。2010年后，新增高速公路的建设明显放缓，但仍在继续。截至2014年，A8高速公路（坎法纳尔—里耶卡）以及伊斯特拉"Y形快速路"的剩余部分被升级。

2. **铁路**

截至2016年，克罗地亚共有2722千米铁路，包括254千米的双轨铁路。铁路电气化里程984千米，共有598个火车站和其他铁路设施。克罗地亚政府2006年确定，克罗地亚铁路分为三种，即国际、区域和地方的铁路。国际铁路（medjunarodni promet，M）是指位于泛欧走廊和泛欧走廊分支的铁路，连接泛欧走廊与对于国际运输重要的海港或河港的铁路。区域铁路（regionalni promet，R）是指连接克罗地亚特定地区与国际铁路、邻国铁路网、对国际运输不重要的港口的铁路。地方铁路（lokalni promet，L）包括连接克罗地亚区域、小型城市的铁路以及所有其他的铁路。虽然克罗地亚政府宣布了在克罗地亚增加货运和客运运营商数量的计划，但是截至2019年，克罗地亚所有铁路均由国家铁路集团运营。克罗地亚铁路基础设施由国铁集团分公司国铁基础设施公司（HZ Infrastruktura）进行管理和维护。

### 3. 航空

克罗地亚航空系统较为发达，2018年航空总客运数为973万人，是欧盟第21大航空客运国。目前境内共有大小机场约68个，境内沿海的机场数量最多，其次是北部和中部，主要机场有萨格勒布的弗拉尼奥·图季曼机场、斯普利特机场、杜布罗夫尼克机场、里耶卡机场、普拉机场和扎达尔机场。克罗地亚最大航空公司是克罗地亚航空公司（Croatia Airlines），于2004年加入星空联盟。近几年，克罗地亚航空客运伴随着克国旅游业的发展而大幅增长。2018年，克罗地亚航空客运增长10%，其中欧盟内部客运增长9.1%。2018年货运周转量为11934吨（排在欧盟最后一位），其中欧盟外货运约占50%。伴随着克罗地亚加入欧盟以及旅游业大幅增长，目前航空客运和货运市场均呈积极发展态势，低成本航空公司在国内市场占较大份额，尤其在旅游旺季（6—9月）。此外，2017年以来，旺季期间克罗地亚还开设了跨洋直飞美国和加拿大的航班。

### 4. 水运

克罗地亚水运系统分为海运和内河运，前者较为发达。克罗地亚大陆的海岸长1777.7千米，岛岸的总长度为4012.4千米。在克罗地亚海岸和岛屿上大约350个港口中，7个可以容纳远洋轮船，并且全部位于大陆海岸上。克罗地亚海港年总吞吐量为2310万吨，其中，里耶卡港、扎达尔港、希贝尼克港、斯普利特港、普罗切港和杜布罗夫尼克港6个港口是克国最为重要的国际港。通往亚得里亚海港口最深通道并最大港口是克罗地亚北部海岸的里耶卡港（对于向中东欧国家运输具有重要地位），其次是达尔马提亚南部的普罗切港。普罗切港对波黑的工业具有战略重要性。克罗地亚最大的客运港口是位于达尔马提亚的斯普利特港，也被称为"通往群岛的门户"，再次是扎达尔港。克罗地亚海岸沿岸有 66 个有人居住的岛屿，因此当地渡轮客运也非常重要。

克罗地亚的最大河流是多瑙河、德拉瓦河和萨瓦河，与西欧、中欧和东欧相连。多瑙河是一条国际河流，从德拉瓦河的汇合处到奥西耶克（23 千米）也是国际河流。萨瓦、多瑙河和德拉瓦河在克罗地亚部分的河流总长度为 601.2 千米，在欧洲水道网中具有重要地位。克罗地亚最大河港包括武科瓦尔港、斯·布罗德港、奥斯耶克港和斯萨科港。

**5. 城市交通**

克罗地亚没有超一百万人口的城市，超五十万人口的城市只有萨格勒布，三个城镇群（斯普利特、里耶卡、奥斯耶克）不超四十万人口。因此，克罗地亚城市的公共交通相对不发达，出行主要依靠公交车和私人小汽车。由于地形平坦和基础设施的改善，萨格勒布公交系统相对便利，该城市主要出行方式包括轻轨、电车、公交车、私人小汽车、出租车、自行车等。根据欧盟 2017 年的统计数据，私人小汽车是目前萨格勒布居民主要的出行方式（52%），其次是公交交通（50%）、步行（26%）、自行车（15%）。目前全国约 220 万辆机动车，人均车辆比例达 1∶2.16。近五年来，人均汽车保有量继续增长，年增长超过 4%。但是，克国内车辆平均车龄为 12.5 年，主要是二手柴油车，对环境的污染更严重。在车辆增长的同时，堵车、停车成为目前克罗地亚城市交通的主要问题。虽然克罗地亚交通城镇化程度并未超过欧盟平均水平，但是旅游旺季来自中东欧国家车流的增长造成沿海城市堵车现象频发。为解决这一问题，克罗地亚政府于 2018 年实施"出租车交通的自由化"政策，简化申请出租车营业的程序，增加了授予出租车营业证的数量，以出租车服务的价格减少带动使用者的增加。

### (三) 克罗地亚交通运输网优劣势分析

**1. 优势领域**

（1）位于欧盟（洲）交通一体化的重要战略节点和泛欧走廊的交汇点

克罗地亚是唯一一个同时属于中欧（潘诺尼亚—多瑙河区）、地中海（亚德里亚海）和东南欧（迪娜拉山脉）的国家。由于这种地理特征，连接中欧与地中海和东南欧主要道路和铁路走廊以及连接波罗的海地区与亚得里亚海和地中海的国际航线都需要"路过"克罗地亚，包括泛欧运输走廊5b号（地中海走廊）、5c号（泛欧综合网络）、10号（泛欧核心网络）和10a号（泛欧综合网络）。克罗地亚加入申根区以及欧盟向西巴尔干地区扩张都会加强克罗地亚战略位置的重要性。

（2）拥有较长海岸线和发达的航海业

克罗地亚海港年度客运周转量超过1200万人次。克罗地亚国内有超12万艘船，是重要的海运国家，国内拥有数所海事学校和培训中心。克罗地亚舰队包括245艘船（127.48万GT）。里耶卡、扎达尔、希贝尼克、斯普利特、普罗切和杜布罗夫尼克等港口具有国家或国际重要经济港口的地位，并且克罗地亚海港是向中欧（奥地利、匈牙利、斯洛伐克）和东南欧（塞尔维亚、波黑）多式联运的主要海港。

（3）旅游业蓬勃发展

克罗地亚境内交通基础设施的改善在增加旅客入境人数方面发挥了重要作用，特别是高速公路网络的建设加快了从内陆到达海岸的速度。此外，空运等一些新的运输方式和价格多样化也对旅游业具有重要意义。廉价航空公司的出现极大影响了全球旅游业的发展。近年来，廉价航空公司在增加克罗地亚游客流量方面发挥了重要作用。2010 年，8% 游客是乘飞机到达克罗地亚，2014 年这个数字已经增到 11%。在 2014 年乘飞机到达克罗地亚的游客总数中，58% 的乘客使用了廉价航空公司的服务。

（4）机构性的支持

克罗地亚运输主管部门特别关注并积极确保欧盟结构和投资基金（ESI）与已采取的行动之间的协调和互补。欧盟多瑙河地区战略（EUSDR）以及亚德里亚海和爱奥尼亚海战略（EU-SAIR）是由欧盟委员会通过的宏观区域战略。这些战略力求在现有政策和倡议之间建立协同增效和协调。克罗地亚的运输部门在 EUSAIR 的背景下主要专注三个战略主题：改善海上运输、内部和能源方面的多式联运与改善多式联运联通性。

**2. 劣势领域**

（1）对旅游业高度依赖造成交通运输存在季节性波动

克罗地亚交通网络的缺点是存在季节性波动，即因高度依赖旅游业的经济，旺季与非旺季期间的交通量差距较大。公路、铁路、海路运输在冬季的周转量大幅减少，造成结构性的问题，如维护基础设施成本不平衡，没有引入统一时限公路税（vignette system），而在高速公路继续按两季进行通行收费制，岛屿居民运输服务以及冬季航线数量减少等。

（2）区域（地方）交通发展和凝聚力失衡，交通网络尚未整合

近年来，克罗地亚的公共交通在所有运输方式中占比下降。2012 年客运量下降了 20.1%，其中铁路运输下降了 45.5%，公路运输下降了 0.5%，海运和沿海运输下降了 3.5%，空运则下降了 5.7%。同时，私人车辆的数量、汽车行驶的平均千米数以及汽车的车龄都增加了。在农村人口流失和大城市人口增长的

趋势下，大城市公交容量逐渐不足，而农村（尤其离岸海岛）与城市交通班线越来越难以维持。私人交通是导致城市拥堵的主要原因，也造成了更大的污染、噪声水平的上升，以及停车位不足。目前，克罗地亚的公共交通尚未整合，即从一种运输方式过渡到另一种运输方式的多式联运终端极为罕见。除了萨格勒布之外，含有铁路、公路在内的共同运输时间表或票证几乎不存在。而公交车、大巴车和铁路常常有相互竞争的"平行线"。

（3）环保问题

在目前的情况下，克罗地亚的交通对环境产生了较大的影响。数据显示，克罗地亚的运输部门贡献了全国排放温室气体的20%，而公路运输占交通运输总排放量的95%。运输主管部门在2011年制定《能源战略》中预计，即使在采取措施后的有利情况下，2012—2025年运输部门造成的温室气体排放量仍会继续增加。大气污染颗粒物（PM）的排放是影响克罗地亚空气质量最大的问题。

克罗地亚交通还导致了野生动植物栖息地的减少和破坏。由于道路和其他通讯设施的建设，克国动植物栖息地破碎化趋势显现。

（4）交通运输系统的竞争力

克罗地亚的运输系统仍远没有达到理想的标准，特别是从欧盟及其运输通道的角度来看。根据对克罗地亚运输系统与欧盟运输系统竞争力的比较，可以看到克罗地亚仅在两项指标上优于欧盟平均值，即道路质量（由于21世纪初的公路建设大潮）和居民一年在交通拥堵上花费的小时数。泛欧交通运输网络的普铁基础网的完成率在克罗地亚仅为5%，铁路电气化为37%（而欧盟平均为52%）（见表2）。

表2　　欧盟和克罗地亚交通运输系统的比较指标

| | 克罗地亚 | 欧盟 |
|---|---|---|
| 道路运输 | | |
| 道路质量（共10） | 5.51 | 4.77 |
| TEN-T公路基础网完成率（%） | 61 | 74 |
| 事故数量（一百万人中） | 82 | 52 |
| 铁路运输 | | |
| 铁路基础设施质量（共7） | 2.73 | 4.30 |
| TEN-T铁路传统基础网完成率（%） | 5 | 60 |
| 铁路电气化（%） | 37 | 52 |
| 事故数量（一百万千米） | 0.9 | 0.3 |
| 海上、内河运输 | | |
| 港口基础设施质量（共7） | 4.57 | 5.14 |
| TEN-T内河基础网完成率（%） | 33 | 89 |
| 航空运输 | | |
| 航空基础设施质量（共7） | 4.14 | 5.10 |
| 其他数据 | | |
| 运输时效性（共5） | 3.39 | 3.98 |
| 运输研究私人投资比例（%） | 0.7 | 2.7 |
| 可再生能源在运输燃料消耗中所占的比例（%） | 2.1 | 5.9 |
| 使用替代燃料的新登记车辆的比例（%） | 0.7 | 2.9 |
| 在交通拥堵上花费的小时数（每人/年） | 25.48 | 29.49 |
| 车用电压站数量 | 9.9 | 26.3 |

（5）交通运输基础设施发展对经济可持续增长的影响

在过去20年中，与欧盟其他成员国相比，克罗地亚向交通领域基础设施投资更多。但是，从短期和中期视角看，克罗地亚运输总需求不随着投资率改变，造成交通基础设施收入与投资开支之间差距较大。克罗地亚选择了运输基础设施的密集发展战略。由于国内投资资金不足，导致外部盈余下降。这样的发展模式影响外贸赤字和预算赤字的增长以及导致对克罗地亚宏观经济平衡的消极影响。如果这种趋势继续下去，这种发展模式有可能阻碍经济增长。

## 二 克罗地亚交通运输国际合作情况

交通是克罗地亚开展国际合作的重要方面。作为中东欧、东南欧和地中海国家，克国处于泛欧交通走廊的交叉点，即北接奥地利、匈牙利等中欧国家，沿海西南面与意大利隔海相望，东接波黑、塞尔维亚，可辐射原南斯拉夫所有国家、保加利亚、土耳其，成为连接西亚与中欧走廊的重要部分。

1990年以来，欧洲国土合作一直是凝聚政策的一部分，并且是2014—2020年财政周期凝聚政策的主要目标之一。欧洲国土合作是欧盟基础设施政策核心部分，旨在将欧洲现有相互分割的公路、铁路、机场与运河等交通基础设施连接起来，构建统一的综合交通运输体系，减少边界的负面影响，从而缩短各国基础设施网之间发展水平差距，寻求共同的解决方案，并共同实现各个发展领域的跨境、跨域合作。行政上，欧洲国土合作分为地方（跨境合作）、区域（区域间合作）和国家间合作（跨国合作）。

地方（跨境）合作旨在享有共同边界的地方共同应对边界区域的挑战，例如，交通基础设施、信息和通讯技术的可用性、环境保护、商业环境、地方和区域当局的联网。在2014—2020年方案拟订期间，克罗地亚省级当局参加五个跨境合作方案：其一，2014—2020年意大利—克罗地亚跨境合作方案。该跨境合作方案是在欧盟多边亚得里亚海跨境合作计划的背景下进行的，参加者包括克罗地亚亚得里亚区8个省和意大利的25个省。海上运输改善作为该合作方案4个优先领域之一，旨在通过多式联运和切实可行的解决方案，提高海上和陆地运输环境的质量、安全性和可持续性。其二，2014—2020年匈牙利—克罗地亚跨境合作方案是连接克罗地亚毗邻匈牙利的5个省和匈牙利3个省，改善跨境交通是该方案主要内容。其三，2014—2020年斯洛文尼亚—克罗地亚跨境合作方案涉及克罗地亚8个省和斯洛文尼亚9个省。除了可持续旅游业、交通基础设施共同发展之外，本期跨境合作计划主要是促进跨境洪水风险管理。其四，2014—2020年克罗地亚—波黑—黑山三国跨境合作方案是旨在促进地方综合发展的多边跨境合作方案。其五，2014—2020年塞尔维亚—克罗地亚跨境合作方案是2007—2013年入盟前援助方案（IPA）的延续方案，涉及克罗地亚6个省和塞尔维亚4个省。

国家间（跨国）合作旨在促进国土合作的全面发展，提高区域的国际竞争力，减少区域之间的社会和经济不平等，实现区域发展的均等化。2014—2020年财政周期克罗地亚参加四个跨国合作计划：地中海跨国合作计划、多瑙河跨国合作计划、亚得里亚海—爱奥尼亚海跨国合作计划和中欧跨国合作计划。

地中海跨国合作计划包括9个欧盟成员国（克罗地亚、塞浦路斯、希腊、马耳他、斯洛文尼亚、法国、意大利、葡萄牙、西班牙）和4个非成员国（阿尔巴尼亚、黑山、波黑和英国）。该计划定义了4个发展优先目标，即促进地中海地区创新能力的发展，以实现智能化和可持续增长，推广低二氧化碳和能效战略，保护自然和文化资源环境和提高资源利用效率，加强地中海地区的治理。

多瑙河跨国合作计划由十个欧盟成员国（奥地利、德国、匈牙利、斯洛文尼亚、克罗地亚、罗马尼亚、保加利亚、斯洛伐克、意大利、捷克）、三个西巴尔干地区国家（波黑、塞尔维亚、黑山）以及两个睦邻伙伴国（摩尔多瓦和乌克兰）组成。

该计划定义了四个发展优先目标，即以加强研究、技术开发和创新，促进和发展自然和自然资源，改善地区的联通性，以发展可持续交通运输和消除关键网络基础设施的瓶颈。

亚得里亚海—爱奥尼亚海跨国合作计划包括四个欧盟成员国（斯洛文尼亚、意大利、希腊和克罗地亚）和四个非成员国（波黑、黑山、塞尔维亚和阿尔巴尼亚），其优先重点目标包括加强交通领域的合作，加强亚得里亚海—爱奥尼亚地区连接，以及发展可持续交通运输和消除主要网络基础设施的瓶颈。

中欧跨国合作计划包括 9 个欧盟成员国（奥地利、德国、波兰、斯洛伐克、捷克、斯洛文尼亚、匈牙利、意大利和克罗地亚），四个优先重点轴包括：第一，在创新领域进行合作，提高中欧的竞争力，加强研究、技术开发和创新；第二，在制定与中欧低二氧化碳排放量有关的战略方面进行合作，支持各部门向低碳经济的转型；第三，在自然和文化资源领域合作，促进中欧的可持续增长，以保护环境并提高资源利用效率；第四，在运输领域合作以更好地整合中欧，发展可持续交通运输和消除关键网络基础设施的瓶颈。

克罗地亚也参加区域间合作计划，主要包括 ESPON, INTERACT, INTERREG VC 和 URBACT 的计划。INTERREG 是一项区域间合作计划，是欧盟凝聚政策框架内欧洲国土合作目标的一部分。该方案旨在促进欧洲的经济现代化和提高竞争力，并提高区域发展政策的效力。INTERREG 是欧盟成员国以及瑞士和挪威的区域和地方行为者之间合作的框架。INTERACT 是一项区域间合作计划，旨在支持负责执行合作计划的当局之间交流良好做法。ESPON 是一个旨在交流空间规划领域以及高等教育与科研机构的一般合作经验的计划。URBACT 旨在交流城市制定发展战略的经验，并与国家战略和优先事项联系起来。

## 三 中克两国的交通合作

克罗地亚是马可波罗的家乡，也可说是丝绸之路经济带和21世纪海上丝绸之路的交汇点。中国—中东欧国家合作机制建立后，克罗地亚积极参与中国—中东欧国家合作建设，双边+多边关系迈上新台阶。2019年4月在克罗地亚杜布罗夫尼克举行了第八次中国—中东欧国家领导人会晤，李克强总理在访问克罗地亚时提出了"钻石阶段"的概念，用以描述中克双边关系的新阶段。这一概念也被克罗地亚领导人所接受。在中国—中东欧国家合作机制下，中克在旅游业、造船业、港口业、交通基建等方面合作不断加强，充分印证了中克关系"钻石阶段"的到来。

### （一）合作现状

2008年中国和克罗地亚签署了关于航空运输的协议；2016年11月，克罗地亚经济部和中国国家发展和改革委员会签署了关于海港和港口科技园合作谅解备忘录；2017年5月克罗地亚政府和中国国务院签署了《关于丝绸之路经济带和"一带一路"倡议下合作的备忘录》。

**1. 中国公司承包克罗地亚佩列沙茨大桥建造项目**

由中国路桥集团承包的佩列沙茨大桥工程是中克合作的最大基础设施项目，成为双边务实合作的重要成果。该项目总价估计为3.57亿欧元，预计2021年完工。2017年6月，欧盟委员会批准旨在连接克罗地亚"大陆"和杜布罗夫尼克地区的大桥建设，并通过欧盟"凝聚力基金"向克罗地亚拨款3.57亿欧元用于该项目。2018年1月，克罗地亚道路公司（HC）宣布中国路桥集团中标。按照克罗地亚道路公司的解释，路桥得标的原因是其报价最优惠（20.8亿库纳，不含增值税，该报价与初始项目总价值的17.5亿库纳最为接近），"资格优秀"，承诺三年内完工（比投标书规定的截止日期提前半年），以及120个月的"缓冲期"。2018年4月，克罗地亚道路公司与中国路桥集团签订合同，2018年9月，项目正式启动，中国路桥第一批负责后勤保障的工程师和工人抵达。2019年4月，中克两国总理现场考察大桥建筑进程，对工程速度表示满意。到2019年夏季，大桥四大支柱已经完工。同时，连接大桥的辅路开始施工。

**2. 参与克罗地亚铁路项目**

里耶卡到萨格勒布铁路的现代化和萨格勒布到克罗地亚—匈牙利边界铁路基础设施的全面现代化是双方主要洽谈的合作项目。这也是中克合作中的"长期"项目。2019年，中国中铁集团代表与克罗地亚基础部和克罗地亚铁路公司进行会谈，克罗地亚承诺准备制定与项目相关的文件，其中以提供详细的财务计划为主。根据计划，里耶卡—克匈边界铁路现代化的长度为约280千米（短缩现有铁路线为50千米），整条铁路线将变为两轨。货运列车将从里耶卡海港在五小时内（120千米的平均速度），客运列车则在两小时内（200千米的平均速度）到达匈牙利边境。现有铁路的现代化和新铁路建设的价值估计约为36亿欧元（270亿库纳），现代化施工预计在2030年前完成。从里耶卡到卡尔洛瓦茨（Karlovac）技术难度大，因此也是最昂贵的部分，耗资17亿欧元。

**3. 造船业**

2018年年底以来，随着克罗地亚"武利亚尼克"（Uljanik）造船厂的重组和重新融资计划失败，严重危及克罗地亚造船业，克罗地亚政府开始寻求能够重组该造船厂的投资者。在2019年杜布罗夫尼克峰会上，中方对部分收购"武利亚尼克"造船厂表现出兴趣，并在 5 月派出商务代表团进行考察和初步评估。造船业对现任政府来说是一个难以解决的经济和社会问题，尤其是在欧盟拒绝参加造船厂的重组计划的情况下。

4. **其他交通合作项目**

中国公司向克罗地亚基础设施部门的投资还包括：2018 年，中远集团公司通过其子公司 Dragon Boats 提出关于普罗切港口现代化的意向。中国建材公司于 2014 年与普罗切港签订了港口设施现代化的合同。2018 年，在普连科维奇访问中国之后，诺里科（Norico）国际公司达成了在塞尼（Senj）建造风力发电站的协议，这是迄今为止中国在克罗地亚的最大投资，价值 16 亿欧元。2017 年，中国豪华房地产公司收购了扎达尔港 23% 的股份，成为主要股东，并承诺扩大与中国市场的联系。在进行这项投资之后，中方提出了在扎达尔机场与中国之间建立直航的计划，随后进行了调整和扩大扎达尔机场接收长途洲际航班能力的投资。2018 年，中克合资公司 Luxury Real Estate 投资扎达尔港口，并设立保税区。

5. **潜在合作领域**

由于里耶卡海港与中东欧国家交通运输网络较好的连接性，中方对里耶卡港萨格勒布集装箱码头表现出了兴趣。此外，在与基础设施部门谈判中中方提议，根据特许经营模式修建一条从里耶卡到卡洛瓦茨的低地铁路，并对资助克尔克岛上的集装箱运输新港口建设表示感兴趣。

### （二）存在的主要问题

1. **国内政策受欧盟压力影响**

今后中克之间再次达成如佩列沙茨大桥这样的项目会遇到限制。这主要受到欧盟因素的影响。根据政治和经济专家提出的意见，克罗地亚"允许中国进入它的市场"在欧盟内部引发负面反应，认为克罗地亚应该重新考虑是否与中国达成大型项目的合作。有些意见则认为，克罗地亚应从"少而大"的项目模式转向为"多而小"的，即中克合作小型项目应该发挥支配作用，所以佩列莎茨桥项目是"一辈子一次的机会"。因此，未来中国交通企业在克罗地亚投资也可能受政治影响而遭受阻力。

**2. 部分权力让渡至欧盟**

作为欧盟成员国之一，克罗地亚在基础设施项目的资金主要依赖欧盟结构性基金，而且采购、项目招标以及基础设施项目的条件与标准要符合统一的欧盟程序与政策。目前欧盟就适用于欧洲的外来投资审查框架达成一致，诸多国家也已逐渐收紧外资审批制度，主要涉及中资企业投标方国有资本份额以及项目贷款金额与国债挂钩的问题。与此相关，中克两方谈判里耶卡—克匈边界铁路现代化项目第一部分中的主要问题之一就是中方提供的17亿欧元贷款超过了克国国债"红线"。

**3. 海港的竞争力有待提升**

亚得里亚海北部的港口是通过海上丝绸之路连接中欧最近节点。当前能连接中国与中东欧国家的亚得里亚海北部有三个海港，即的里亚斯特、科佩尔和里耶卡海港，其中里耶卡海港基础设施质量以及通过能力不如前两个。有限的铁路线数量以及集装箱码头规模是里耶卡海港发展的主要挑战。与此相关，《克罗地亚交通运输发展规划（2017—2030年）》虽规划了里耶卡海港为中东欧战略性的枢纽，但规划中主要的现代化项目，如扩大集装箱码头、液化天然气终站建设以及与铁路连接的现代化升级等尚未开工，而相邻的科佩尔、的里亚斯特港现代化改建的主要工程均已实施。

**4. 克罗地亚经济存在结构性问题**

这不仅是中克合作的挑战，也是克罗地亚与其他国家经济合作的问题,这导致向克罗地亚投资一般集中在银行业、旅游业和相关领域产业(如房地产)。许多经济专家提出克罗地亚单一的外资模式是不可持续的。结果之一是旅游业之外的外资需要依靠国家的金融支持,否则投资项目难以落实。涉及中克交通运输合作,两国合资项目(如上述里耶卡—卡尔洛瓦茨铁路现代化项目)在很大程度上依赖政府的支持,因而进一步引起对中国企业"依靠国家"的批评。此外,自欧债危机以来,克罗地亚交通运输行业发展高度依赖旅游业发展,因此与旅游业没有直接关系的交通基础设施新项目也受到了一定的影响,部分港口和道路存在缺修少养的状况,而旨在发展货运基础设施的项目也出现了实施落地问题,提升了中资企业海外投资风险。

**5. 交通运输战略计划实施与邻国不协调**

作为欧盟成员国,克罗地亚加入了泛欧交通运输网络,但是克罗地亚交通运输国际合作发展也涉及与尚未入盟邻国的合作并受到与他们协调统一的规划、政策和标准等因素的制约。以亚德里亚海上爱奥尼亚海走廊高速公路项目为例,各国对该项目的落实和程序立场不同,使该走廊尚未成为走廊沿线五个国家的优先事项。此外,由于东南欧地区国家之间领土争端以及各国双边关系受到各国政坛短期利益的严重影响,落实跨国基础设施项目需要积极研究政治背景,避免共同协调基础设施项目的政治化。